Les Réseaux sociaux pour les nuls

Yasmina Salmandjee

Les Réseaux sociaux pour les nuls

FIRST ÉDITIONS

Les Réseaux sociaux pour les Nuls , 4e édition

Éditions First, un département d'Édi8
92 avenue de France
75013 Paris
Tél. : 01 44 16 09 00
Fax : 01 44 16 09 01
Courriel : firstinfo@efirst.com
Site Internet : www.pourlesnuls.fr

ISBN : 978-2-412-05318-8
Dépôt légal : janvier 2020
Imprimé en France par EPAC
Mise en page : Catherine Kédémos

Sommaire

Introduction

Partie 3 Les autres réseaux sociaux incontournables

Introduction

Cet ouvrage est, comme son nom l'indique, consacré aux réseaux sociaux ! Facebook, bien entendu, le plus connu et le plus utilisé de tous les réseaux sociaux dans le monde à l'heure actuelle, mais aussi tous les autres réseaux qui comptent et dont vous avez sans aucun doute déjà entendu parler : LinkedIn, Twitter, Snapchat, WhatsApp, YouTube, Tumblr, Instagram, Pinterest, Vine, *etc.*

Il s'agit ici de les découvrir d'un point de vue pratique : à quoi ils servent précisément et à quel public ils s'adressent, comment s'inscrire et utiliser les outils mis à disposition de leurs membres. L'objectif : vous accompagner pour vos premiers pas sur ces réseaux sociaux.

À qui est destiné ce livre ?

Les réseaux sociaux sur le Web font désormais partie du quotidien d'une grande partie de la planète. Véritable phénomène... de société, justement, ils ont de nombreuses utilités et il est primordial, pour qui souhaite y avoir une présence, de bien les appréhender.

Il s'agit alors non seulement de comprendre leurs spécificités, d'apprendre à utiliser les outils mis à disposition des membres, d'y optimiser votre présence, mais aussi de gérer consciencieusement votre image, sans jamais compromettre la confidentialité et la sécurité de vos données. Toutefois, les motivations et les bonnes raisons pour être présent sur les réseaux sociaux aujourd'hui ne manquent pas, et le succès de ces sites Web est souvent justifié.

Cet ouvrage est destiné à tous ceux qui souhaitent débuter ou renforcer leur présence sur les réseaux sociaux. Il couvre en particulier les différentes facettes du plus célèbre d'entre eux, Facebook, mais pas seulement : les principaux réseaux sociaux, généralistes et spécialisés, amicaux ou professionnels, seront abordés.

Ce livre s'adresse autant aux débutants qui souhaitent découvrir les réseaux sociaux et comprendre leur intérêt, pour démarrer facilement et en toute sécurité, qu'aux utilisateurs plus expérimentés, qui cherchent à rationaliser et optimiser leur présence sur ces réseaux.

Organisation de l'ouvrage

Ce livre comporte 16 chapitres, organisés en quatre parties.

Première partie – Introduction aux réseaux sociaux

La partie introductive de cet ouvrage répond à une question simple : qu'est-ce qu'un réseau social et à quoi cela sert-il ? D'où viennent les réseaux sociaux et présentent-ils un risque pour leurs utilisateurs ?

» Le **Chapitre 1, « Qu'est-ce qu'un réseau social ? »,** vous propose une définition du concept de « réseau social » et vous explique comment, concrètement, on y accède. Pourquoi les réseaux sociaux rencontrent-ils un tel succès ? Avez-vous un intérêt réel à en faire partie ? À y participer ? Comment les utiliser et dans quel but ? Ce chapitre offre aussi un panorama des principaux réseaux sociaux existant à l'heure actuelle et présente ceux qui seront abordés spécifiquement dans cet ouvrage.

» Au **Chapitre 2, « Un peu d'histoire et de vocabulaire »,** vous découvrirez les grands évènements et inventions ayant mené jusqu'aux réseaux sociaux tels que nous les utilisons aujourd'hui. Vous découvrirez ceux qui ont marqué l'histoire de la high-tech. Enfin, quelques concepts et mots spécifiques à la culture high-tech seront expliqués.

» Le **Chapitre 3, « Notions de confidentialité »,** aborde, comme son nom l'indique, la question de la sécurité et la confidentialité sur les réseaux sociaux : sujets primordiaux car une présence forte sur les réseaux sociaux peut devenir à la fois chronophage et risquée. Vous découvrirez le concept d'identité numérique. La question du décès des utilisateurs de réseaux sociaux sera aussi traitée.

Deuxième partie – Facebook

La deuxième partie de cet ouvrage est intégralement consacrée au plus célèbre et au plus apprécié des réseaux sociaux à l'heure actuelle : Facebook.

» Le **Chapitre 4, « Introduction à Facebook »**, sera l'occasion de présenter Facebook (si c'est encore nécessaire !). À quoi sert Facebook ? Pourquoi est-ce devenu le réseau social le plus utilisé ? Vous découvrirez quelques concepts et mots propres à Facebook, et la manière dont les informations sont diffusées sur ce réseau.

» Le **Chapitre 5, « Concepts fondamentaux, publications et échanges »**, explore les concepts fondamentaux de Facebook : créer votre compte, ce que sont le profil ou journal, le mur, un statut Facebook. Les célèbres liens **Commenter**, **J'aime** et **Partager** n'auront plus aucun secret pour vous. Vous apprendrez à trouver et ajouter des amis, gérer les demandes et créer des listes. En un mot, à constituer facilement et efficacement votre réseau Facebook. Vous découvrirez aussi comment publier du contenu et partager vos photos.

» Au **Chapitre 6, « Pages, groupes et applications »**, vous découvrirez aussi comment vous tenir au courant de tout et vous divertir grâce aux pages, groupes, évènements et applications Facebook.

» Le **Chapitre 7, « Utiliser Facebook sur un appareil mobile »**, propose un mode d'utilisation et d'accès alternatif pour Facebook : la version mobile, qui conviendra aux nomades, utilisateurs de smartphones et de tablettes numériques. C'est un mode de consultation de plus en plus plébiscité par les utilisateurs de Facebook.

» Le **Chapitre 8, « Facebook Messenger »**, vous permettra de découvrir l'application de messagerie instantanée associée à Facebook et devenue incontournable pour échanger des messages privés avec un ou plusieurs de vos amis Facebook.

» Le **Chapitre 9, « Sécurité, confidentialité et réglages »**, revient sur la question de la sécurité et la confidentialité sur Facebook en détaillant tous les réglages à connaître pour bien protéger votre compte et vos données.

Troisième partie – Les autres réseaux sociaux incontournables

La troisième partie de cet ouvrage est consacrée à deux réseaux sociaux à la fois concurrents et complémentaires de Facebook, Google+ et Twitter, ainsi qu'au principal réseau social destiné aux professionnels : LinkedIn. Il présente aussi le réseau social qui monte : Tumblr.

» Le **Chapitre 10, « Twitter »**, couvre un sujet à la fois simple et complexe : le microblogging, avec la célèbre plateforme Twitter. Simple car les messages tenaient en 140 caractères, lorsque Twitter est né. Complexe car, justement, on peut exprimer beaucoup de choses avec 280 caractères (nouvelle règle depuis 2017), à condition de savoir s'y prendre !

- Le **Chapitre 11, « Snapchat »,** présente la très populaire application de partage de photos et de vidéos.
- Le **Chapitre 12, « LinkedIn »,** aborde en détail le sujet des réseaux spécialement dédiés à la mise en relation professionnelle, et en particulier LinkedIn, l'un des plus connus et performants.
- Le **Chapitre 13, « YouTube »,** présente le réseau social dédié au partage de vidéos.
- Le **Chapitre 14, « Instagram »,** vous propose de découvrir le plus connu et le plus utilisé des réseaux spécialisés dans le partage de photos et de vidéos.

Quatrième partie – Les dix commandements

La dernière partie de cet ouvrage est emblématique de la collection « Pour les Nuls » : ce sont les dix commandements !

- Le **Chapitre 15, « Dix réseaux sociaux spécialisés »,** présente des réseaux spécialisés dans un registre particulier, qu'il s'agisse du partage de contenu, de photographies ou encore de musique.
- Le **Chapitre 16, « Dix réseaux sociaux tombés dans l'oubli »,** rend hommage à des réseaux sociaux ayant connu leur heure de gloire, ou des débuts prometteurs du moins… avant de disparaître au profit de concurrents ou tout simplement parce qu'ils n'ont pas su retenir leurs utilisateurs.

Les sections de chaque chapitre vous permettront d'aller droit au but et d'améliorer votre connaissance des réseaux sociaux. Chacune a un objectif précis ou une connaissance bien définie à vous apporter.

Les tâches sont présentées selon un ordre qui vous permettra de découvrir progressivement chaque sujet, du démarrage aux réglages plus avancés, en passant par les petites choses à savoir faire tous les jours, toutes les fonctions indispensables et plein d'idées pour aller plus loin.

Rien ne vous oblige toutefois à lire cet ouvrage du début à la fin : si une tâche ne vous intéresse pas ou si vous souhaitez l'aborder ultérieurement, vous pouvez passer à la suivante !

Les chapitres sont toutefois émaillés de nombreuses notes ou astuces, et même si vous pensez tout savoir sur les réseaux sociaux, vous pourriez apprendre des choses inédites et découvrir quelques surprises…

Bonne lecture !

Icônes utilisées dans ce livre

Il suffit de feuilleter ce livre pour constater qu'il est truffé de pictogrammes, qui sont un peu dans la littérature ce que les icônes sont à la high-tech. Voici à quoi ils correspondent :

L'info en plus : un complément utile, une note, des chiffres à connaître.

Une information qui rentre un peu plus dans le détail d'un point de vue technique.

LOL : une petite note pour le « fun ».

Un avertissement ou une mise en garde.

Une astuce futée !

Partie 1

Introduction aux réseaux sociaux

Dans cette partie...

Chapitre 1

Qu'est-ce qu'un réseau social ?

DANS CE CHAPITRE

Avant même de nous plonger dans des considérations plus concrètes sur les réseaux sociaux, faisons ensemble un point sur l'essence même de ces sites : qu'est-ce qu'un réseau social au juste ? Même si vous les utilisez au quotidien, êtes membre de l'un ou de plusieurs d'entre eux, ou les connaissez simplement de nom, savez-vous au juste ce que sont les réseaux sociaux aujourd'hui, et les enjeux qu'implique le fait de les rejoindre ? Savez-vous à quoi servent ces différents réseaux, plus ou moins connus et plus ou moins appréciés ?

Réseau social : définition

Dans ce premier chapitre, vous allez découvrir ce qu'est à proprement parler un réseau social. Nous irons bien sûr plus loin que la définition simple du concept – un site Web proposant de créer un réseau relationnel et offrant des services à ses membres pour fédérer ce réseau – et aborderons le fonctionnement concret de ces sites Web ou applications mobiles. Pourquoi les utiliser ? Pourquoi rencontrent-ils un tel succès ? Nous présenterons aussi les différentes familles de réseaux sociaux et dresserons une liste des principaux réseaux existants.

Un *réseau social* est un site qui propose de créer un *réseau* relationnel (un maillage, en quelque sorte) autour de vous, fondé sur un lien spécifique existant entre vous et le reste du monde.

Ce lien peut être amical, familial, professionnel, artistique, autour d'une passion comme le voyage ou la vidéo, *etc.* Il peut aussi s'agir de personnes que vous ne connaissez pas encore ! Quoi qu'il en soit, il s'agit ici de relations avec les autres. On parle donc de réseau *social* (consultez les sections qui suivent pour une définition plus précise des mots « réseau » et « social »).

La notion de réseau social a aussi un sens dans « le monde réel ». Le concept de réseau social existe depuis la nuit des temps ou presque, et en tout cas depuis bien plus longtemps qu'Internet, puisqu'il désigne un groupe d'individus reliés par des interactions sociales. Mais ce n'est pas cet aspect sociologique des réseaux sociaux qui fait l'objet de l'ouvrage que vous tenez entre vos mains. Précisons bien que nous parlons ici de réseau social en ligne, *via* Internet, accessible par un navigateur Web sur un ordinateur ou une application mobile sur smartphone ou tablette.

Un réseau social au sens dans lequel il sera traité dans cet ouvrage est donc un site Web ou une application mobile offrant à ses membres des outils pour créer, gérer et fédérer leur réseau, c'est-à-dire interagir, communiquer, partager du contenu, *etc.*

On parle aussi aujourd'hui beaucoup de « média social » : c'est une notion plus large qui englobe les réseaux sociaux et désigne l'ensemble des sites et outils « sociaux » du Web. Rappel : un *média* est un procédé permettant la distribution ou la diffusion de documents, contenus sonores ou visuels. La frontière entre les concepts de « média » et de « réseau social » est donc mince, en particulier pour les réseaux sociaux fondés sur la diffusion de contenus. Par exemple, Facebook est à l'origine un réseau social dont la puissance en fait un média social incontournable. De la même manière, Twitter, souvent nommé dans la liste des réseaux sociaux incontournables, est en réalité plus un « média » qu'un « réseau » social puisque sa vocation n'est pas de mettre ses utilisateurs en relation, mais de développer des interactions autour de contenus.

Dans cet ouvrage, dédié aux réseaux sociaux et non à tous les médias sociaux, vous découvrirez les sites Web et applications que nous considérons comme des « réseaux sociaux » et non exclusivement comme des médias sociaux sans notion de réseau : au sens strict du terme, par exemple, les blogs et les forums de discussion, par exemple, ne sont pas des réseaux sociaux, mais des médias sociaux, sans aucun doute.

Définition de « réseau »

Issu du latin *retis*, qui signifie « filet », le mot « réseau » a plusieurs définitions :

» Ensemble formé de lignes ou d'éléments qui communiquent ou s'entrecroisent : *Un réseau de tranchées*.

» Ensemble de routes, de voies navigables, de lignes aériennes ou de chemin de fer, qui relient différentes régions entre elles, qui appartiennent à une même compagnie.

» Ensemble organisé dont les éléments, dépendant d'un centre, sont répartis en divers points : *Le réseau des agences d'une banque. Réseau de distribution commerciale*.

» Ensemble de circuits, de canalisations et des appareils qui les relient, permettant la circulation et la distribution de l'électricité, de l'eau, du gaz, du téléphone, *etc*.

» Organisation clandestine dont les membres travaillent en liaison les uns avec les autres : *Un réseau d'espionnage. Un réseau de résistance*.

» *Littéraire*. Ensemble de liens, d'attaches de tous ordres : *Un réseau d'intrigues*.

Source : *Larousse*.

Définition de « social »

Issu du latin *socius*, qui signifie « associé », l'adjectif « social » a plusieurs définitions :

» Qui se rapporte à une société, à une collectivité humaine considérée comme une entité propre : *L'organisation sociale. Phénomènes sociaux*.

» Qui intéresse les rapports entre un individu et les autres membres de la collectivité : *Avoir une vie sociale très développée*.

» Qui concerne les relations entre les membres de la société ou l'organisation de ses membres en groupes, en classes : *Les inégalités sociales*.

» Se dit de métiers, d'organismes, d'activités s'intéressant soit aux rapports entre les individus, les groupes dans la société, soit aux conditions économiques, psychologiques des membres de la société : *Assistante sociale*.

» Qui concerne l'amélioration des conditions de vie et, en particulier, des conditions matérielles des membres de la société : *Les politiques sociales de l'État*.

Source : *Larousse*.

Autre spécificité d'un réseau social : ce type de site Web ou d'application mobile permet à ses membres de constituer un réseau d'amis ou de contacts et de disposer d'outils d'interaction entre eux.

Le succès des réseaux sociaux est tel que ces sites et applications sont devenus incontournables pour les marques, qui s'appuient sur la visibilité offerte à leurs membres pour en faire des supports marketing et publicitaires.

Il existe de nombreuses types de réseaux sociaux : du réseau social le plus connu du monde, Facebook (essentiellement axé sur les relations amicales, au sens large), aux plus spécialisés (avec des photos uniquement, sur Instagram, par exemple), voire fantaisistes (il paraît qu'il existe un réseau social pour les animaux de compagnie), en passant par les plus sérieux (les réseaux de mise en relation professionnelle, par exemple).

On peut aussi classer les réseaux sociaux selon l'utilisation qui en est faite par leurs membres : partage ou publication de contenu ; textes, vidéos, images, sons, *etc.* (exemples : YouTube, Instagram, Tik Tok, Snapchat), messagerie (exemples : WhatsApp, Skype, Telegram), rencontres (exemples : Tinder, Happn, Once), discussions et échanges entre utilisateurs (exemples : Reddit, Yahoo! Questions/Réponses, *etc.*), localisation (exemple : Foursquare, Meetup), relations professionnelles (exemples : LinkedIn, Viadeo, Shapr), entre autres. Certains réseaux sociaux appartiennent à plusieurs familles et offrent des fonctionnalités communes à tous ces types de réseaux, c'est en particulier le cas de Facebook.

Les principales familles de réseaux sociaux seront détaillées plus loin dans ce chapitre.

Concrètement, comment ça fonctionne ?

Certains réseaux sociaux sont gratuits (la grande majorité, en fait), d'autres partiellement payants (c'est le cas des réseaux professionnels), mais le principe est généralement le même : tout commence par la **création d'un compte et d'un profil**, c'est-à-dire une page personnalisée, avec les informations que vous aurez choisi de partager (ciblées selon le type de réseau, bien entendu : on ne diffuse pas les mêmes informations ou photos sur Facebook et sur un réseau social professionnel, par exemple).

Pour les réseaux sociaux qui fonctionnent suivant un principe de mise en relation, comme Facebook ou LinkedIn, il faut ensuite **constituer votre réseau** à proprement parler, c'est-à-dire entrer en contact avec d'autres personnes (qui sont déjà membres elles-mêmes du réseau social) : retrouver vos amis du moment ou vos copains d'enfance sur Facebook, vos collègues et relations de travail sur un réseau professionnel, *etc.* La procédure consiste généralement à effectuer une recherche (certains sites proposent des outils particulièrement bien conçus pour vous y aider) et envoyer des invitations à ces contacts. Autre option, accepter l'invitation reçue par un contact qui aura eu la même démarche que vous. La mise en relation n'est effective que lorsque les deux parties concernées l'ont acceptée, bien sûr. Par un effet « boule de neige », les réseaux se développent ensuite généralement assez vite : en créant un lien avec une personne, vous retrouverez souvent des contacts communs. C'est d'ailleurs l'un des fondements des réseaux sociaux : il y a vous, vos « amis », les « amis » de vos « amis »... et le reste du monde !

Pour les réseaux sociaux qui fonctionnent sur un principe d'abonnés (ou *followers*), comme Twitter ou Instagram, il s'agit plutôt de créer une communauté, constituée de vos connaissances et d'inconnus intéressés par vos publications. L'idée est de commencer par inviter ses amis et proches à suivre votre compte, à interagir lors de vos publications (en aimant, commentant ou partageant vos contenus, par exemple), suivre des personnes qui publient des contenus intéressants ou semblables aux vôtres, et de compter sur un effet de viralité qui incitera de nouveaux membres du réseau à vous suivre à leur tour.

Une fois votre réseau ou communauté constitué, vous pourrez **échanger, partager, communiquer avec l'ensemble ou une partie de ses membres**, selon vos besoins ou vos souhaits, mais aussi selon les outils mis à votre disposition par le site Web. On peut ainsi échanger des mots : messages personnels ou collectifs, annonce de grandes et petites nouvelles, réflexions philosophiques ou idées fantaisistes, coups de cœur ou contrariétés, demandes de renseignements ou de services, *etc.* Et aussi, selon les réseaux, avec plus ou moins de simplicité, partager des photos, de la musique, des vidéos, des liens vers des pages Web, et bien d'autres choses.

Tout dépend de l'objet du réseau social dont il s'agit : Facebook a un côté ludique et personnel, tandis qu'un réseau social professionnel (comme LinkedIn) reste en principe réservé aux échanges... professionnels. Certains réseaux imposent aussi un style ou une manière de communiquer spécifique. C'est le cas de **Twitter**, par exemple, qui exige de se limiter à 140 caractères (depuis quelques mois, le réseau social donne la possibilité à certains utilisateurs de dépasser cette limite pour atteindre 280 caractères), ou d'**Instagram**, qui permet uniquement de partager des photos.

Note technique

La création d'un compte utilisateur n'est parfois même plus une étape obligatoire pour certains réseaux : la popularité de Facebook est telle qu'il est aujourd'hui possible d'utiliser vos identifiants et informations de compte pour vous connecter à d'autres services sans recréer un compte ! Cette fonctionnalité, proposée par Facebook aux créateurs de sites Web et d'applications mobiles, appelée « Facebook Connect », est une option intéressante pour gagner du temps lorsque vous souhaitez vous inscrire sur un nouveau réseau, mais notez qu'elle exige parfois que vous donniez à l'application tierce un accès à vos informations personnelles sur Facebook (adresse e-mail, par exemple), et même à vos centres d'intérêt ou à votre liste d'amis !

Attention

Il faut bien entendu être prêt à « jouer le jeu », car c'est là tout l'intérêt des réseaux sociaux : n'avoir aucun contact dans son réseau n'a pas beaucoup de sens, même si chacun est libre de fonctionner avec un réseau tout petit, restreint au strict minimum ou, au contraire, le plus large possible, quitte à y accepter une majorité d'inconnus ! Cette conception tout aussi extrême n'a d'ailleurs pas beaucoup plus de sens, mais est particulièrement répandue, surtout sur Facebook. Nous reviendrons sur ce point.

Quelle adresse e-mail utiliser ?

Une adresse e-mail est indispensable pour créer un compte sur la majorité des réseaux sociaux (sauf ceux permettant d'utiliser vos informations de connexion Facebook, mais une adresse e-mail est nécessaire pour s'inscrire sur Facebook de toutes façons !).

Si vous utilisez habituellement une adresse e-mail professionnelle ou partagée avec un proche, il est préférable d'en créer une personnelle, spécifiquement pour votre compte Facebook. Vous recevrez en effet des notifications et des messages personnels par courriel très régulièrement.

Pour créer gratuitement une adresse e-mail, rendez-vous sur **www.gmail.com**, **signup.live.com** (Microsoft), **icloud.cdn-apple.com** (Apple iCloud) ou **www.yahoo.fr**, par exemple.

Astuce

Idéalement, prévoyez aussi d'ores et déjà une photo pour votre profil : cela vous épargnera d'avoir à en chercher une au cours de votre inscription.

Accéder aux réseaux sociaux

La très grande majorité des réseaux sociaux sont accessibles au départ sur ordinateur, Mac ou PC, de bureau ou portable, *via* un simple navigateur Web : ce sont des sites Web avant tout.

Tous disposent d'une version mobile ou d'une application optimisée pour les smartphones ou tablettes numériques (iPhone et iPad, systèmes Android, et parfois autres plates-formes).

Réseaux sociaux et mobilité font bon ménage à l'ère des appareils nomades, et les outils (applications, sites Web optimisés, *etc.*) permettant d'en profiter au mieux seront présentés dans la suite de cet ouvrage, en particulier la version mobile et l'application pour smartphones de Facebook.

Enfin, certains réseaux sociaux ont été conçus uniquement pour une utilisation sur appareil mobile et sont accessibles exclusivement *via* une application pour smartphones ou tablettes : c'est le cas par exemple de Instagram, Tik Tok ou Snapchat (qui permettent de publier des vidéos et des photos directement depuis un smartphone) Foursquare et des autres réseaux sociaux fondés sur la géolocalisation, ou encore certaines applications de rencontres comme Tinder ou Happn.

Vous ne pourrez tout simplement pas accéder à ces réseaux *via* un ordinateur ; les applications mobiles utilisent d'ailleurs des fonctionnalités propres aux smartphones et tablettes, comme la géolocalisation, l'appareil photo et l'écran tactile.

Les raisons du succès

L'idée de départ d'un réseau social est donc simple : communiquer avec vos contacts ou rencontrer du monde. Elle reprend toutefois de nombreux concepts qui existaient déjà sur le Web auparavant. Le courriel, par exemple, permet aisément de communiquer. Les forums permettent de s'exprimer. Les sites personnels, d'exposer créations diverses et mille autres choses. Et pourtant, le succès des réseaux sociaux est réellement phénoménal depuis quelques années. Il y a plusieurs raisons à cela.

La première de ces raisons est la **simplicité d'utilisation** de ces sites, offrant des fonctionnalités très puissantes sans exiger de solides compétences techniques. L'époque où créer une page personnelle ou une galerie photos en ligne exigeait un bac +2 en informatique est révolue !

Concevoir une page ou un profil techniquement et esthétiquement irréprochable, puis personnaliser le tout, ne prend que quelques instants. Publier des articles ou des photos sous la forme d'une jolie galerie ? Partager des vidéos ou de la musique sans aucun logiciel complexe ? Tout le monde peut le faire, surtout grâce à Facebook.

Sans oublier nombre de fonctionnalités nouvelles, que vous n'auriez peut-être même pas imaginé utiliser un jour : créer votre journal personnel, échanger des messages collectifs, chatter, créer des groupes, envoyer des invitations à un évènement et gérer la liste des réponses, créer des sondages, recevoir un rappel le jour de l'anniversaire de vos contacts, *etc.*

Il existe plusieurs centaines de réseaux sociaux sur le Web à l'heure où ces lignes sont écrites, et seulement une poignée d'entre eux sortent réellement du lot. Les réseaux les plus appréciés et qui durent sont tout simplement ceux qui sont les plus aboutis en termes de fonctionnalités et les plus solides techniquement, tout en restant extrêmement simples à utiliser. Et c'est un cercle vertueux : plus le réseau est performant et plus il compte de membres, devenant ainsi une référence incontournable, puisque tout le monde souhaite en faire partie. Ce qui nous amène au deuxième point.

La deuxième explication au succès des réseaux sociaux est probablement **un certain besoin d'exister** aux yeux du monde et de se montrer, à travers son réseau ou, au contraire, **une grande curiosité envers son prochain**. C'est vraisemblablement ce qui explique le succès initial du plus célèbre réseau social du monde, Facebook.

Ceux qui ont vu l'excellent film de David Fincher consacré à Facebook, *The Social Network*, se rappelleront peut-être que l'une des premières motivations du créateur du site Web comme de ses membres de la première heure (des étudiants) était la conquête du sexe opposé !

Si on ne peut pas dire aujourd'hui que Facebook ne sert qu'à cela, on peut en revanche affirmer que beaucoup de ses membres aiment se dévoiler, un peu ou beaucoup, de manière plus ou moins impudique ou égocentrique, tandis qu'une autre immense partie aime en être spectateur, de manière plus ou moins obsessionnelle, avouons-le. Et pour certains, les deux à la fois !

Info

D'un point de vue professionnel aussi, faire partie d'un réseau a un sens : disposer d'un profil « pro » et d'un réseau renforce la crédibilité et donne une image consciencieuse. Difficile de nos jours de prétendre à un poste, dans quelque domaine que cela soit, sans être présent sur les réseaux de ce type.

La « règle des 150 » ou « nombre de Dunbar »

Connaissez-vous le « nombre de Dunbar » ? C'est tout simplement le nombre d'amis, selon les recherches menées par Dunbar, un anthropologue et psychologue évolutionniste britannique, avec lesquels une personne peut entretenir une relation stable à un moment donné de sa vie. Ce nombre est estimé à 150 personnes environ.

Au-dessus de ce nombre, la confiance mutuelle et la communication ne suffisent plus à assurer le fonctionnement du groupe. Il faut ensuite passer à une hiérarchie plus développée, avec une structure et des règles importantes (on le voit par exemple à l'échelle d'un pays et de son gouvernement).

Dunbar évoque aussi trois autres cercles suivant la « règle de 3 » : un deuxième cercle plus restreint d'une cinquantaine de personnes, que vous inviteriez par exemple à un dîner de groupe mais ne considérez pas comme des « amis intimes » ; un troisième cercle encore plus étroit, d'une quinzaine de personnes, auxquelles vous pouvez vous confier et vers lesquelles vous pouvez vous tourner lorsque vous avez besoin de soutien ; et enfin un dernier cercle de cinq personnes, considérées comme vos plus proches, vos meilleurs amis et souvent des membres de votre famille, sur lesquelles vous pouvez vous reposer en toutes circonstances.

Selon la journaliste spécialiste des questions de psychologie et de science du *New Yorker* Maria Konnikova, dans son article « *The Limits of Friendship* » du 7 octobre 2014, le nombre de Dunbar peut aller de 100 à 200 personnes, avec des variations induites par la sociabilité de chacun, par exemple.

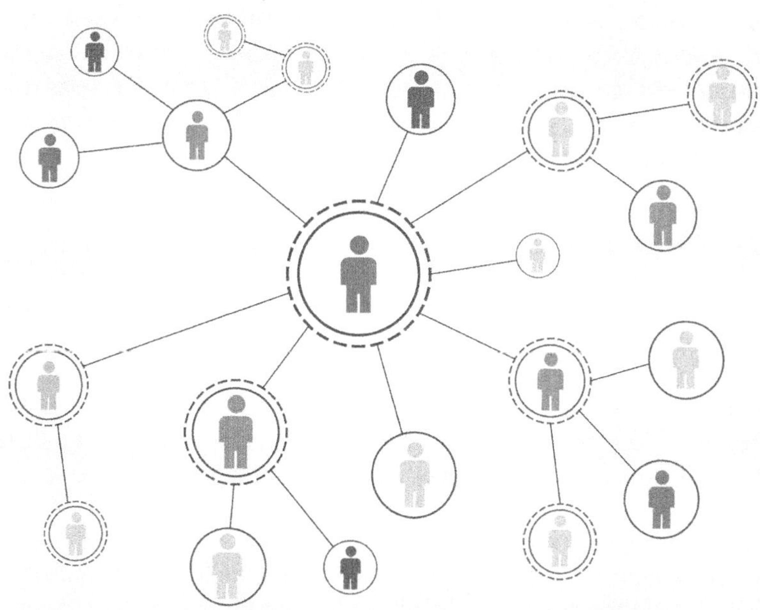

Si cette théorie concerne au départ « la vraie vie », différentes études ont retrouvé des résultats proches du nombre de Dunbar dans le comportement des utilisateurs de réseaux sociaux sur Internet. D'ailleurs, en France, on estime le nombre moyen d'amis par personne membre de Facebook à 177.

Marc Zuckerberg (créateur de Facebook, doit-on le rappeler) remet régulièrement en cause ce chiffre lorsqu'on l'interviewe. Son argument : la technologie, en général, et Facebook, en particulier, permettraient à ses utilisateurs de dépasser ce chiffre. Grâce à Facebook, chacun serait capable de maintenir des relations avec plus de 150 personnes. Ces propos sont discutés et discutables. Plusieurs études, dont celle du physicien Stefan Thurner de l'Université médicale de Vienne, menée pendant près de trois ans sur plus de 7 000 joueurs en ligne, tendent à montrer que la théorie de Dunbar s'applique également aux réseaux sociaux informatiques. C'est tout simplement le cerveau humain qui imposerait cette limite : nous ne serions pas capables de maintenir un nombre infini de relations personnelles. Les chercheurs de l'université Chapman aux États-Unis sont quant à eux allés encore plus loin, en sondant près de 25 000 personnes : leur étude montre que, quel que soit le nombre d'amis sur Facebook des participants, ceux-ci se sentaient réellement proches de 4 à 10 d'entre eux seulement en moyenne.

Que vous ayez 5 000 amis sur Facebook (le nombre maximal autorisé pour un compte utilisateur personnel) ou des millions de *followers* sur Instagram, faites l'expérience et comptez : avec combien d'entre eux entretenez-vous une relation « personnelle » réelle ? Combien d'entre eux inviteriez-vous à votre anniversaire ou votre mariage ? À qui vous confieriez-vous ? Et n'oubliez pas de compter vos amis et proches « de la vraie vie » qui ne sont pas présents sur les réseaux sociaux ! C'est peut-être tout simplement les notions de « relation » et d'« ami » qu'il faut redéfinir...

La théorie des six degrés de séparation

Autre théorie intéressante à connaître lorsqu'on parle de réseaux sociaux : les **six degrés de séparation**.

Selon cette théorie, établie par le Hongrois Frigyes Karinthy en 1929, toute personne sur le globe peut être reliée à n'importe quelle autre, au travers d'une chaîne de relations individuelles comprenant au plus cinq autres maillons.

L'expérience « *Small World* » menée en 1967 par Stanley Milgram a popularisé cette notion : le psychologue avait demandé à un habitant du Kansas ou du Nebraska de transmettre un pli jusqu'à un habitant de Boston, en utilisant une connaissance, qui elle-même devait passer par une connaissance, et ainsi de suite jusqu'au destinataire final. Les résultats furent mitigés : le nombre de degrés de séparation des lettres qui atteignirent leur destinataire final était proche de 6, mais un très grand nombre d'entre elles n'arriva jamais à destination.

Certaines études sur Facebook ont récemment démontré que, grâce au réseau social, le degré de séparation moyen entre deux individus est désormais de 4,74 environ. Facebook a donc « rétréci » plus encore la planète !

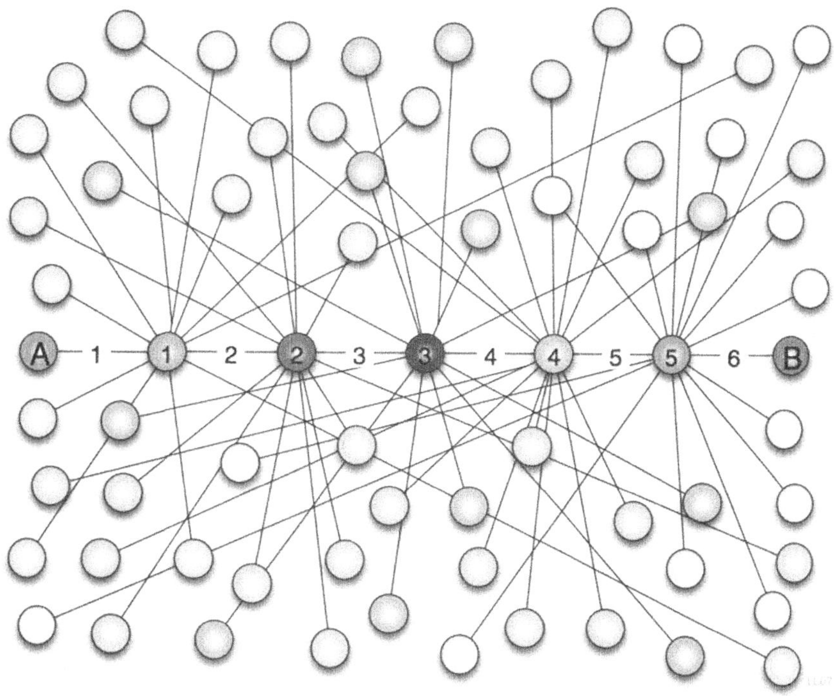

Image © Dannie-walker

La (fausse) gratuité

La très grande majorité des réseaux sociaux sont gratuits. Qu'il s'agisse de s'inscrire – une adresse email suffit généralement – ou de les employer au quotidien, tout est entièrement « gratuit », comme un grand nombre d'activités offertes grâce à Internet.

Avec quelques nuances de taille toutefois : la publicité, la collecte de données personnelles, les contenus payants et les options limitées pour les comptes « non payants ».

Si vous débutez, vous remarquerez vite les publicités qui s'affichent dans votre fil d'actualité Facebook, Instagram, des contenus sponsorisés sur Snapchat, des annonces imposées avant la lecture d'une vidéo YouTube ou d'une chanson sur Spotify, ou même des suggestions d'applications à installer entre deux « crush » potentiels sur Happn ! À l'instar de nombreux services et outils fournis « gratuitement » à leurs utilisateurs sur Internet, les réseaux sociaux imposent en contrepartie non seulement de la publicité, mais aussi, phénomène beaucoup moins visible pour le néophyte, la collecte de vos données personnelles. Autrement dit, en acceptant les conditions d'utilisation d'un site Web ou d'un réseau social sur lequel vous vous inscrivez, partagez des données et agissez, vous autorisez ledit site à collecter des informations vous concernant ! Celui-ci peut ainsi conserver une immense quantité de données très précieuses vous concernant : vos informations personnelles, tout d'abord – date de naissance, lieu de résidence, sexe, situation familiale, *etc.* – mais aussi vos goûts, vos activités et vos préférences sur tout et n'importe quel sujet. Tout peut être consigné sous la forme de données numériques. L'intérêt ? Connaître vos habitudes de consommation ... pour mieux les revendre ou cibler les publicités, bien sûr.

Les réseaux sociaux permettent aussi à des tiers de partager des contenus payants, comme les articles de presse. Si vous souhaitez, par exemple, accéder *via* Facebook à plus de dix articles parus sur le site du journal *Libération*, il vous faudra souscrire un abonnement. Les titres et quelques lignes d'aperçu des articles resteront toutefois en accès gratuit dans votre fil d'actualité Facebook.

Enfin, certains réseaux sociaux, en particulier ceux à vocation professionnelle, comme LinkedIn, proposent différents niveaux de services, avec des options payantes. Pour créer un compte, c'est gratuit, bien entendu, mais pour accéder à des outils de mise en relation destinés aux employeurs ou à la recherche de postes, plusieurs types de comptes « Premium » sont proposés.

Citons aussi Spotify qui, dès le départ, proposait une formule payante pour accéder à de la musique en streaming et dont les avantages étaient si importants, en comparaison avec la version gratuite, que le réseau a conquis un nombre immense d'abonnés Premium en très peu de temps.

La gratuité, qu'elle soit apparente ou optionnelle, reste l'un des grands facteurs de succès des réseaux sociaux.

Attention

Emblématique de la page d'accueil de Facebook, la mention « C'est gratuit et ça le restera toujours », a laissé sa place en août 2019, sans faire trop de bruit, à un laconique « C'est rapide et facile ». À l'heure où ces lignes sont écrites, impossible de savoir si le plan du réseau social numéro 1 dans le monde est d'offrir une version payante, ou carrément de mettre fin à sa gratuité (cette dernière option paraissant improbable). Peut-être est-ce tout simplement une manière de reconnaître que Facebook n'est pas réellement gratuit, si l'on prend en considération le nombre d'outils permettant aux annonceurs de générer des profits en échange d'accès aux données collectées auprès des utilisateurs du réseau.

L'un des plus célèbres et des plus utilisés des réseaux sociaux « grand public », YouTube, offre d'ailleurs depuis juin 2018 une version Premium. Cette version payante permet de visionner des vidéos sans publicité, des options de téléchargement et l'accès à du contenu exclusif pour la somme de 11,99 euros par mois, à l'heure où ces lignes sont écrites.

Pourquoi utiliser les réseaux sociaux ?

Il y a mille raisons de vouloir faire partie d'un ou de plusieurs réseaux sociaux sur le Web et de les utiliser, de manière régulière ou occasionnelle. Tout dépend bien sûr du type de réseau social choisi. Les réseaux sociaux « amicaux » comme Facebook n'ont pas le même but que les réseaux professionnels comme LinkedIn ou Viadeo, ou encore que les réseaux spécialisés comme Instagram, YouTube ou TripAdvisor !

De manière générale, l'idée est d'utiliser son réseau pour communiquer avec ses contacts. Autrement dit : fédérer sa communauté d'amis et garder le contact, échanger avec sa famille, entretenir de bonnes relations professionnelles, *etc.*

De nombreux aspects des réseaux sociaux rendent très pratique leur utilisation : annoncer une nouvelle à tous ceux que vous connaissez, partager les photos de vos dernières vacances, mettre à jour votre CV en ligne, *etc.*

L'emploi des réseaux sociaux peut aussi être plus intéressé : obtenir de l'aide pour trouver un appartement grâce au bouche-à-oreille, ou trouver un emploi, faire de la publicité pour votre entreprise, par exemple.

Stars connectées

Avoir une page Facebook, un compte Twitter, Vine ou Instagram est devenu incontournable pour les célébrités en tous genres : du président de la République aux candidats de la pire émission de télé-réalité, toute personne en quête de popularité ou souhaitant communiquer avec ses admirateurs (comme ses détracteurs, d'ailleurs) se doit d'être présente sur les réseaux sociaux.

Ce n'est d'ailleurs pas forcément la personnalité en question qui gère cette forme de communication : ce sont des conseillers spécialisés, par exemple, qui le font pour elle. D'autres « people », chanteurs, acteurs ou personnalités politiques le font eux-mêmes, c'est vrai, créant ainsi une vraie relation avec leur public. On peut d'ailleurs mesurer la popularité ou la crédibilité d'une personnalité à l'aune de son nombre de fans Facebook.

Les principaux réseaux sociaux

On dénombre près de 700 réseaux sociaux en tout dans le monde entier. Il en apparaît et disparaît d'ailleurs à chaque instant. On peut classer les réseaux sociaux par types, selon l'usage qu'en font leurs membres, mais aussi selon leur nature sociale.

Par objectif

On distingue plusieurs grands types d'usage des réseaux sociaux : le partage et l'agrégation de contenu, original ou non, la publication pure et simple, le réseautage professionnel, la géolocalisation, la mise en relation avec de nouvelles personnes (rencontres) ou encore le jeu :

» **Partager, agréger du contenu :** ces réseaux permettent de partager du contenu – vidéo, photo, sons, essentiellement –, qu'il ait été créé ou non par l'utilisateur. On peut aussi inclure dans cette catégorie les réseaux dits d'agrégation ou de curation, offrant à leurs membres la possibilité de sélectionner et d'organiser des contenus glanés sur le Web, et concernant un sujet donné. Exemples : YouTube, Vimeo, Flickr, Pinterest.

» **Publier, s'exprimer :** ces plates-formes permettent de produire et diffuser simplement un contenu, sous la forme d'articles, aussi appelés « posts » : ce sont les blogs et les wikis, notamment. Exemples : Twitter, Medium, Tumblr, Mastodon.

- **Réseauter, collaborer :** c'est l'objet premier des réseaux professionnels, qui permettent de mettre en relation des collaborateurs ou de rassembler une communauté d'employés d'une même entreprise. Exemples : LinkedIn, Viadeo, Glassdoor, Slack, Shapr.
- **Se localiser :** ces réseaux sont quasiment exclusivement liés à l'emploi d'appareils nomades comme les smartphones et les tablettes, puisqu'ils utilisent les fonctionnalités de géolocalisation de ces machines. Les utilisateurs peuvent partager leur position ou la visite d'un lieu, signifier leur présence dans des lieux à leurs amis ou à la communauté, et gagner des points, mais aussi accéder à des données géolocalisées comme les avis d'autres membres sur le lieu en question. Exemples : Foursquare, Swarm, Yelp.
- **Faire des rencontres :** ces réseaux promettent à leurs utilisateurs de rencontrer l'amour (ou du moins essayer) ou se faire des amis. Des fonctionnalités originales permettent à certains d'entre eux de se démarquer : zapping sur photos, géolocalisation, *etc.* Exemples : Tinder, Happn, Once, Bumble, Meetup.
- **Jouer :** ces réseaux ont un objectif précis, fédérer les communautés d'aficionados d'un ou de plusieurs jeux vidéo. Exemples : Twitch, Playfire.

Vous constaterez que le plus célèbre des réseaux sociaux n'est pas cité en exemple dans cette première typologie des réseaux : Facebook se trouve en effet à la croisée de plusieurs de ces familles et offre des fonctionnalités appartenant à nombre d'entre elles. C'est un réseau généraliste qui permet de partager et publier du contenu, de se localiser, de réseauter de façon pro si vous le souhaitez, de jouer, *etc.*

Par expérience

Une autre manière de classer les réseaux sociaux en grandes familles : la place de l'utilisateur et l'expérience offerte par ces sites à leurs membres. Celle-ci peut être personnelle, orientée vers le partage de contenu ou encore ciblée sur les intérêts communs à un groupe :

- **Les réseaux sociaux personnels** placent l'utilisateur, le membre, c'est-à-dire vous, au centre de leurs fonctionnalités. Il s'agit ici de rester connecté ou de reprendre contact avec des proches, amis ou collaborateurs, et de partager des choses, des moments, des contenus personnels ou ayant un intérêt particulier à vos yeux avec ceux-ci. Il y a évidemment souvent ici un très fort aspect privé, une intention d'engager son entourage autour de publications positives, souvent courtes et visuelles, incluant les proches dans les publications ou sous forme d'identifications dans les photos. Exemples : Facebook, Google+, Foursquare.

» **Les réseaux sociaux de partage de contenu** sont orientés vers le partage de contenus personnels et non personnels, c'est-à-dire produits par d'autres, dans le but de créer la discussion, construire de nouvelles relations et étendre son audience, parfois à un niveau professionnel. On retrouve la notion d'inclusion de contacts dans les publications pour favoriser l'engagement, mais il ne s'agit plus seulement de membres connus à titre personnel : le concept de « *followers* » et de sujets identifiés par des « *hashtags* » est propre à ce type de réseaux. Exemples : Twitter, Instagram, YouTube, Pinterest, Spotify, Deezer, SoundCloud.

» **Les réseaux sociaux ciblés sur les intérêts communs à un groupe** sont très orientés « communauté » et ont généralement une nature informative, fondée sur des intérêts à la fois personnels et professionnels. L'objectif est d'apprendre ou de montrer ce que l'on sait, ou de rester connecté avec les membres d'un groupe. Il s'agit ici de poser des questions, trouver des réponses et partager son expérience, tout en cultivant un réseau, parfois à des fins professionnelles. Exemples : LinkedIn, Viadeo, Glassdoor, Quora, Ask, Yahoo! Questions/Réponses, TripAdvisor, Waze.

Les réseaux sociaux les plus actifs

Voici la liste des réseaux sociaux ou communautés en ligne ayant plus d'utilisateurs actifs à l'heure où ces lignes sont écrites :

Réseau social	France	Monde
Facebook	35 millions	2,4 milliards
YouTube	21 millions	2 milliards
Instagram	17 millions	1 milliard
Snapchat	13 millions	203 millions
Twitter	12 millions	321 millions
Pinterest	9 millions	300 millions
LinkedIn	6,8 millions	260 millions

Source : Google –Septembre 2019.

Info

Un compte utilisateur est considéré comme actif lorsque le membre s'est connecté au cours des trente derniers jours et a effectué une interaction avec la communauté.

Les réseaux sociaux traités dans cet ouvrage

Parmi les centaines de sites Web et applications existant à l'heure actuelle, avec des nouveaux venus chaque jour et des disparitions plus ou moins tragiques de façon régulière, nous avons sélectionné ceux qui nous semblaient les plus intéressants : soit parce qu'ils sont très largement plébiscités, soit parce qu'ils sont très utiles, soit parce que leur avenir semble prometteur. Voici notre sélection :

» **Facebook :** le numéro 1. Une partie entière de cet ouvrage est consacrée à ce réseau social qui a conquis le monde.

» **Twitter :** difficile de faire l'impasse sur le concept unique de Twitter. Le réseau de microblogging dispose de ses propres codes et est devenu un media social incontournable, même si le nombre d'utilisateurs actifs stagne depuis quelques années.

» **Snapchat et WhatsApp :** deux célèbres applications de messagerie instantanée, la première permettant d'échanger des photos et la seconde d'échanger des messages de type SMS *via* Internet.

» **LinkedIn :** le réseau professionnel de référence !

» **YouTube :** la référence des sites de partage de vidéos sur le Web (ce n'est pas le seul, mais il est de loin le plus populaire ; citons aussi Dailymotion et Vimeo).

» **Instagram :** la référence du partage de photos et de vidéos à partir d'un appareil mobile. Nous présenterons aussi d'autres réseaux sociaux visuels.

Info

Dans les éditions précédentes de cet ouvrage, nous présentions aussi **Google**+, bien que peinant déjà à s'imposer. Le réseau social de Google fut proche de Facebook en nombre d'utilisateurs inscrits au départ, mais plus personne ou presque ne l'utilise.

Nous terminerons par une exploration plus rapide des réseaux sociaux thématiques : les réseaux de discussion, les réseaux sociaux géolocalisés, *etc.*

LOL

Notez pour finir que plusieurs réseaux sociaux figurant parmi les plus utilisés au monde en nombre d'utilisateurs ne seront pas abordés dans cet ouvrage. Et pour cause, si QQ (officiellement Tencent QQ), QZone, Baidu Tieba ou encore Sina Weibo rassemblent plusieurs milliards d'utilisateurs, ils sont destinés à... un public exclusivement chinois. De même pour VK, un réseau très semblable à Facebook aussi connu sous le nom de VKontakte, extrêmement populaire en Russie uniquement, ou encore Taringa, un site de partage d'expériences et de contenus très suivi en Amérique latine.

DANS CE CHAPITRE

La déferlante du mobile social et des objets connectés

•

Petit historique des réseaux sociaux

•

Phénomènes viraux, buzz et mèmes

•

Émoticônes et argot d'Internet

Chapitre 2

Un peu d'histoire et de vocabulaire

Les réseaux sociaux semblent une évolution tout à fait logique et naturelle d'une des facettes d'Internet. Ne vous demandez-vous pas comment, de l'imprimerie, étape reconnue comme fondamentale vers la société de l'information dans laquelle nous vivons aujourd'hui, nous en sommes arrivés à « liker » des photos de nos amis en vacances, tout en regardant une petite vidéo rigolote sur YouTube, ou à épingler des adresses de restaurants et trouver un emploi grâce à LinkedIn ? Revenons un peu en arrière.

La déferlante du mobile social et des objets connectés

Les années 2005 à 2010 sont marquées par ce qu'on appelait il y a encore quelque temps le « Web 2.0 ». Les blogs, les wikis et bien entendu les réseaux sociaux, avec en tête de peloton Facebook, ont peu à peu permis à chacun, même sans aucune connaissance technique, d'exister sur le Web.

Avec l'avènement des réseaux sociaux et du smartphone, c'est devenu un véritable phénomène : le « mobile social » est selon nous la dernière des révolutions connues par la high-tech, bouleversant les habitudes, les comportements et les enjeux relatifs aux nouvelles technologies.

Mettre son statut Facebook à jour à tout moment de la journée, utiliser une application de géolocalisation pour indiquer où l'on se trouve, partager une photo sur Instagram au restaurant ou un *selfie* avec Snapchat lors d'une soirée, twitter en regardant la télévision : voici quelques exemples du mobile social, qui fait désormais partie de notre quotidien. Et ce n'est que le début !

Petit historique des réseaux sociaux

Le concept de « réseau social » est aujourd'hui sur toutes les lèvres, mais quand cela a-t-il réellement débuté ?

1979 : USENET

Dès 1979, soit huit ans après les premiers e-mails (en 1971), on voit apparaître le système de réseaux de forums USENET, par un groupe d'étudiants de Caroline du Nord et qui existe encore aujourd'hui. Ce système qui permettait de publier et lire des articles est devenu un site d'échange de fichiers et de téléchargement. C'est l'ancêtre des réseaux sociaux !

1982 : Le Minitel

Pour tous les Français de plus de 30 ans, toute évocation du Minitel est généralement liée à une plaisanterie et quelques souvenirs nostalgiques. Il faut dire que cette invention 100 % *made in* France avait sa place dans un très grand nombre de foyers de l'Hexagone, et ce encore il y a quelques années : apparu dès 1980, il n'est définitivement arrêté qu'en 2012 et, selon certaines sources, 2 millions de personnes l'utilisaient encore en 2010 ! En plus du service de renseignement téléphonique, de nombreux services payants voient le jour, et en particulier des services de messagerie : ce sont les premières expériences de messagerie instantanée !

Figure 2.1
Un Minitel.

LOL

Ah, au fait, Minitel n'est pas une référence à un mini-écran de télévision ou quelque autre tout petit outil de télécommunication, mais signifie « médium interactif par numérisation d'information téléphonique » !

Années 1990 : Geocities, Caramail et les premiers sites Web

Dans les années 1990, tout s'accélère : après la naissance du World Wide Web en 1991 et avec la démocratisation progressive d'Internet, les premiers sites Web personnels font leur apparition, grâce à la plate-forme d'hébergement Geocities. En 2000, le site Web collaboratif devenu une référence incontournable, Wikipédia, voit le jour.

Figure 2.2
Le logo original de Geocities.

Deux sites Web sont emblématiques des débuts de l'Internet en France : Lokace, le premier moteur de recherche de sites francophones, puis Caramail, célèbre service de messagerie et site communautaire gratuit, racheté par Spray, puis par Lycos pour 600 millions de francs... juste au bon moment, deux mois avant l'éclatement de la bulle.

Figure 2.3
Le logo original de Caramail.

Années 2000 : les premiers réseaux sociaux

» **Friendster :** c'est le tout premier réseau social et il date de 2002. C'est le premier site Web fondé sur le concept de réseau d'amis. Rapidement dépassé par ses concurrents comme Myspace, il compterait encore quelque 50 millions d'utilisateurs et est aujourd'hui surtout utilisé en Asie du Sud-Est.

Figure 2.4
Le logo original de Friendster.

» **Myspace** voit le jour en 2003. Ce site Web permet à ses membres de « réseauter », mais surtout de disposer d'un espace personnel pour se présenter, diffuser ses photos et créer un blog. C'est surtout auprès des musiciens, amateurs et professionnels, que le site rencontre un grand succès, car il permet de stocker et diffuser facilement leurs œuvres. Myspace est aujourd'hui aussi un peu tombé en désuétude, malgré plusieurs tentatives de revenir sur le devant de la scène.

Figure 2.5
Le logo original de Myspace.

Tom Anderson / Myspace

Myspace est le premier vrai réseau social (après Friendster) à se faire une place sur le Web, en 2003. Orienté vers la musique et la promotion des artistes, le site Web met gratuitement à disposition de ses membres un espace offrant de multiples fonctions : blog, messages, photos et, surtout, stockage et lecture de musique.

Tom Anderson et son associé Chris DeWolfe sont les fondateurs du site et ceux qui l'ont utilisé se rappellent peut-être leur tout premier « ami » sur Myspace : Tom !

Le site est racheté en juillet 2005 par l'entreprise de Rupert Murdoch, News Corp., l'un des plus grands groupes médiatiques du monde.

» **WordPress :** en 2003, WordPress démocratise la création des blogs personnels. Ce système de gestion de contenu ou CMS (*Content Management System*) est libre et gratuit.

Figure 2.6
Le logo de WordPress.

» **LinkedIn et Viadeo :** 2003 est aussi l'année de naissance du premier réseau social professionnel, LinkedIn, lancé par des anciens de PayPal (ceux qu'on surnomme parfois « la mafia PayPal »), suivi de près en 2004 par le français Viaduc, qui sera renommé Viadeo en 2007.

Figure 2.7
Le logo actuel de LinkedIn.

Figure 2.8
Le logo actuel de Viadeo.

» **Flickr** : le site de stockage et de partage de photos en ligne Flickr apparaît en 2004. Il permet non seulement aux professionnels d'exposer leurs œuvres mais aussi aux amateurs de partager leurs photos personnelles. C'est à l'origine un ensemble d'outils prévus pour un jeu informatique multi-utilisateur sur Internet. Le jeu fut finalement abandonné, mais le projet de Flickr survécut ! Flickr appartient désormais à Yahoo!.

Figure 2.9
Le logo de Flickr.

» **Facebook** : Facebook (ou plutôt Thefacebook, son nom d'origine) voit le jour en février 2004 dans la chambre d'un groupe d'étudiants de Harvard, avec Mark Zuckerberg à sa tête. Le succès est rapide, on peut même dire fulgurant : à la fin décembre 2004, soit moins d'un an après sa création, Facebook revendique un million de membres. En 2015, c'est le cap du milliard et demi qui est atteint ! Il compte aujourd'hui deux milliards d'utilisateurs actifs.

Figure 2.10
Le logo de Facebook.

Mark Zuckerberg et Sheryl Sandberg

Doit-on encore présenter Mark Zuckerberg, le créateur de Facebook ? Ce milliardaire avant même d'avoir 30 ans a été désigné « personnalité de l'année » en 2012 par le magazine *Time*, et un film de David Fincher récompensé par un Oscar a été consacré à son histoire (*The Social Network*) !

Mark Zuckerberg crée le site Thefacebook.com en février 2004, avec ses camarades de classe et de chambrée Dustin Moskovitz, Chris Hughes et Eduardo Saverin. Il quitte Harvard en mai 2004 pour la Silicon Valley en Californie et le site Web devient Facebook.com tout court. Quelques années plus tard, le voici à la tête du plus grand réseau social du monde et sa fortune est estimée à 25 milliards de dollars. Il a épousé sa petite amie Priscilla Chan en 2012, peu après l'entrée en Bourse de sa société.

Le parcours de Zuckerberg, sa personnalité atypique et l'histoire de Facebook pourraient faire l'objet de plusieurs ouvrages et films – et c'est d'ailleurs le cas. Aussi, nous vous invitons à les consulter pour en savoir plus sur ce personnage mythique de la high-tech contemporaine.

Sheryl Sandberg est probablement l'une des seules personnalités de ce chapitre qui n'a pas inventé un site Web ou un concept majeur de la high-tech, mais nous nous devions de la faire figurer dans ces pages. C'est l'une des femmes les plus puissantes du monde mais aussi l'une des plus engagées.

Ex-vice-présidente des ventes et opérations internationales en ligne chez Google, elle est recrutée en 2008 par Mark Zuckerberg pour augmenter la rentabilité de l'entreprise, devenant ainsi le « numéro deux » de Facebook. Son travail porte ses fruits et l'action Facebook à Wall Street se porte mieux en 2014.

Sa fortune est estimée à près d'un milliard de dollars et elle a annoncé qu'elle en donnerait la moitié à des associations humanitaires, dans le cadre de l'initiative The Giving Pledge, lancée en 2010 par les hommes d'affaires américains Warren Buffet et Bill Gates, dont les 127 membres milliardaires se sont engagés à céder la moitié de leur fortune à des œuvres caritatives au cours de leur vie.

» **YouTube :** et dire que ce type de sites n'existait même pas il y a encore dix ans de cela ! Aujourd'hui, plus d'un milliard d'utilisateurs uniques consultent YouTube chaque mois et 100 heures de vidéo y sont mises en ligne chaque minute. Grâce à YouTube, vous pouvez regarder le dernier clip de Julien Doré, la bande-annonce de votre film préféré de Martin Scorsese, des chats qui font de drôles de têtes, un cours de yoga, des sketches humoristiques, une recette de cuisine indienne, et plein d'autres choses encore. Mais vous pouvez aussi partager – de façon publique ou plus restreinte – vos propres vidéos ! L'engouement pour les sites de partage de vidéos comme YouTube, qu'il s'agisse de publier ses propres vidéos ou regarder celles des autres, a été largement accentué avec l'arrivée des smartphones. Non seulement, grâce à la connexion Internet et l'écran, on peut regarder des vidéos tout le temps, partout, mais de plus, il est désormais très simple de prendre une vidéo de qualité puis de la partager instantanément (sur YouTube ou d'autres réseaux sociaux). Anecdote : c'est le fameux « incident Janet Jackson » dévoilant un sein lors du Superbowl, en février 2004, qui serait à l'origine de la création de YouTube (voir l'encadré ci-dessous).

Figure 2.11
Le logo de YouTube.

Chad Hurley, Steve Chen et Jawed Karim

L'idée de créer YouTube serait venue à ses fondateurs suite à deux évènements : le premier cherchait en vain une vidéo de « l'incident Janet Jackson » dévoilant un sein lors du Superbowl, les deux autres se désespérant de ne pas pouvoir partager une vidéo facilement par e-mail pour inviter leurs amis à une fête. La toute première vidéo publiée sur YouTube est une courte séquence de 19 secondes nommée *Me at the Zoo*, où l'on voit l'un des cofondateurs du site devant un enclos à éléphants.

La vidéo la plus vue de tous les temps (hors clip musicaux, une catégorie à part qui explose tous les compteurs) s'appelle *Charlie bit my finger – again!* (« Charlie a mordu mon doigt, encore ! ») et nous vous mettons au défi de ne pas sourire, voire plus, lorsque vous la visionnerez à votre tour, après plus de 700 millions (!) d'autres avant vous...

Les fondateurs du plus célèbre site de partage de vidéos, Chad Hurley, Steve Chen et Jawed Karim, sont tous les trois des anciens de PayPal. Le site est acheté par Google en 2006, pour plus de 1,65 milliard de dollars en actions.

» **Twitter :** lancé en juillet 2006, Twitter est un site permettant de publier des messages limités à 280 caractères. Le média social est devenu mondialement connu très rapidement, mais peine à trouver sa voie en termes de monétisation. Twitter, malgré ses 241 millions d'utilisateurs dans le monde, reste relativement confiné à un réseau d'utilisateurs à l'aise avec les réseaux sociaux : les nouveaux arrivants semblent éprouver des difficultés à se lancer et désertent le réseau social peu après leur inscription. Moins intuitif que Facebook au premier abord, Twitter demande, il est vrai, une période d'adaptation plus longue. De plus, on sait que l'entreprise n'est pas rentable, Twitter génère peu de chiffre d'affaires (principalement grâce à la publicité). Le patron et fondateur du réseau social, Jack Dorsey, espère que le fait d'avoir doublé, il y a quelques mois, la longueur autorisée des messages (passant de 140 à 280 caractères) permettra à davantage d'utilisateurs de tweeter, ce qui favoriserait sa croissance.

Figure 2.12
Le logo de Twitter.

» **Foursquare :** la commercialisation du premier iPhone en 2007 marque un nouveau tournant dans la high-tech et va ouvrir la voie à de nouveaux concepts et réseaux tirant parti de fonctionnalités spécifiques aux smartphones, comme Foursquare, fondé sur la géolocalisation, c'est-à-dire le repérage géographique du smartphone, donc de son utilisateur, sur un plan. Foursquare permet à ses utilisateurs d'indiquer qu'ils se trouvent dans un lieu (restaurant, boutique, lieu touristique, *etc.*) et de le recommander aux autres, le concept étant rendu ludique grâce à un système de points.

Figure 2.13
Le logo de Foursquare.

» **Instagram :** toujours dans la lignée des applications nées suite à l'apparition des smartphones, Instagram rencontre dès sa publication en 2010 un immense succès auprès des utilisateurs d'iPhone : il faut dire qu'il n'y avait quasiment aucun moyen facile de partager les photos prises avec l'appareil photo intégré du smartphone sur Internet. Avec ses filtres et options ludiques, Instagram devient rapidement la référence des réseaux sociaux de partage de photos. Facebook rachète Instagram en 2012 pour 1 milliard de dollars. Le réseau social a depuis pris un véritable essor, devenu encore plus facile à utiliser et ultra-connecté à Facebook. Loin devant le partage de photos, ce sont désormais les *stories* qui donnent le *la*.

Figure 2.14 Le logo d'Instagram.

» **Pinterest :** en 2010, un autre site rencontre un grand succès, mais sur ordinateur cette fois. Pinterest est fondé sur le partage de contenus en relation avec les centres d'intérêt de ses utilisateurs. Le principe est d'« épingler » des sites ou des photographies glanés sur le Web sur des tableaux, qu'il est ensuite possible de partager avec les autres membres de Pinterest. Le nom « Pinterest » est d'ailleurs un jeu de mots entre *pin*, « épingle », et *interest*, « intérêt ».

Figure 2.15 Le logo de Pinterest.

» **Google+ :** lancé mi-2011, et faisant donc partie des produits Google (comme le moteur de recherche du même nom, la messagerie Gmail, le chat GTalk, *etc.*), Google+ a bénéficié d'une arrivée en fanfare et revendiquait déjà 60 millions de membres à la fin de son année de lancement. Surnommé G+ par les aficionados, Google+ ne révolutionne toutefois pas les réseaux sociaux et n'est pas radicalement différent de Facebook, et ne rencontre pas du tout le même succès, pour finir par tomber dans l'oubli.

Figure 2.16 Le logo de Google+.

Années 2010 : le mobile social

De 2010 à nos jours, une myriade de services et de nouveaux réseaux ont vu le jour, essentiellement sous la forme d'applications mobiles, mais pas exclusivement. Voici quelques-uns des grands succès de ces dernières années :

» **Spotify :** en version gratuite avec publicité ou sur abonnement mensuel, Spotify donne accès à de la musique en écoute illimitée (plus de 20 millions de titres).

» **Snapchat :** une messagerie permettant d'échanger des photos éphémères (instantanément effacées après affichage). Très appréciée des adolescents et autres amateurs de photos éphémères, souvent très personnelles, donc.

» **Tinder :** une application de rencontres sur smartphone, fondée sur le concept du « *match* ». L'application affiche les photos des membres géolocalisés autour de vous dont le profil correspond à vos critères. Si la photo vous inspire, validez d'un *swipe* (glissement du doigt) vers la droite (sinon, balayez-la d'un glissement vers la gauche). Lors d'une validation mutuelle, on obtient un *match*, ouvrant la possibilité d'entrer en contact... et plus si affinités.

» **Tik Tok :** aussi appelée Douyin (en Chine), Tik Tok est l'application qui fait fureur auprès des adolescents et amateurs de chansons du monde entier depuis quelques mois. Elle permet de partager de courtes vidéos musicales, des petits clips créatifs et ludiques créés par les utilisateurs.

Phénomènes viraux, buzz et mèmes

Le mot « mème » n'existait pas dans la langue française il y a encore une dizaine d'années. D'ailleurs, il sera automatiquement corrigé en « même », voire « mémé » si vous le saisissez dans un traitement de texte.

Trêve de digressions, car il s'agit là d'un concept essentiel à connaître lorsqu'on souhaite avoir un peu de culture Web et se lancer sur les réseaux sociaux ! Un mème est un détournement plus ou moins drôle d'une image, d'une citation, d'un texte ou d'une vidéo, qui se produit, se décline en masse et se répand de manière fulgurante sur le Web. Le mème, sous couvert d'humour, est souvent une forme relativement subtile de parodie ou de moquerie.

On parle de « phénomène viral » : comme un virus, il se répand d'utilisateur en utilisateur, d'ami en ami, jusqu'à terrasser la planète entière dans certains cas. Le « marketing viral » est une variante qui, comme son nom l'indique, utilise les réseaux sociaux afin de faire la promotion d'un produit ou d'une marque, en misant sur le fameux « buzz ». Parfois cela fonctionne, parfois non !

En général, tout part d'une photo de chat qui fait une drôle de tête, d'une vidéo amateur qui tourne mal, d'une blague ratée ou au contraire très réussie à la télé, ou de toute autre source de rigolade. Quelqu'un a alors l'idée de reproduire / d'exagérer / de détourner la blague en y ajoutant un petit plus (voir exemples ci-dessous). Il suffit alors parfois d'une petite étincelle et, par la magie du Web et surtout des réseaux sociaux, en particulier de Facebook, le phénomène devient de plus en plus important, jusqu'à parfois atteindre un niveau mondial. Tout un tas de gens qui ont du temps pour cela s'y mettent à leur tour, amplifiant encore le tout... et voilà comment naît un mème !

Phénomène de mode, souvent éphémère, au succès totalement imprédictible, le mème est un concept qui existe par, pour et grâce à Internet ! Les plus célèbres peuvent même devenir des marques, se retrouver sur des tee-shirts ou, consécration ultime, être mentionnés dans une série télé comme *South Park* ou *Les Simpsons* !

Le mot « mème » existait avant l'explosion d'Internet et vient de l'anglais *meme*, calqué sur « gène ». Il désigne un élément culturel reconnaissable répliqué et transmis par l'imitation du comportement d'un individu par d'autres individus.

Voici quelques exemples de mèmes marquants :

» **Lolcats et Grumpy Cat :** trouver la légende la plus rigolote possible en anglais ou en français approximatif pour accompagner des photos de chats trop hilarantes, et en particulier ce petit chat tout grognon.

» **Chuck Norris Facts :** inventer des blagues sur les qualités surhumaines de l'acteur américain Chuck Norris.

» **Harlem Shake :** reproduire la vidéo originale du Harlem Shake, où un groupe de personnes, souvent déguisées, danse n'importe comment et sans aucune cohérence.

» **Squirrel Portrait :** à la manière du petit écureuil qui a tout déclenché, réaliser une photo avec un intrus inattendu.

Info

Pour découvrir plus de mèmes célèbres et d'autres concepts tout aussi essentiels pour votre culture Web, nous vous suggérons de vous reporter à l'extraordinaire ouvrage *Culture high-tech pour les Nuls*, aux Éditions First, dont est extraite cette section.

Émoticônes et argot d'Internet

Terminons cette introduction aux réseaux sociaux sur une note plus ludique !

Nous ne vous ferons pas l'affront de vous expliquer que le « langage SMS » est justement toléré et tolérable (et encore) uniquement pour échanger des « textos » dans un cadre privé. Qu'il s'agisse de messagerie instantanée, des réseaux sociaux ou de l'e-mail, le respect (dans la limite des capacités de chacun) de l'orthographe et de la grammaire est tout de même de mise.

Toutefois, l'usage des émoticônes et des smileys, ainsi que d'une certaine forme d'argot propre à Internet, s'est généralisé et reste parfaitement acceptable, du moins dans un cadre personnel.

Émoticônes, emoji, smileys, etc.

Quelques définitions pour commencer :

» **Smiley / Binette :** « binette » est la traduction de l'anglicisme *smiley*. Il s'agit de la représentation graphique d'un visage humain souriant, le plus souvent coloré en jaune. Proposé par l'Office québécois de la langue française en 1995, le mot « binette » est plutôt employé au Canada. En France, on devrait dire « frimousse », terme choisi en 1999 par la Commission générale de terminologie et de néologie. On se demande toujours pourquoi cela n'a pas fonctionné.

» **Émoticône / emoji :** utilisés dans les e-mails, la messagerie instantanée, les SMS ou sur les réseaux sociaux, les émoticônes (le nom « emoji » est aussi d'usage) sont de petits dessins réalisés avec des caractères du clavier, qui, vus de côté dans le cas typographique, suggèrent un visage pouvant revêtir diverses expressions.

Les émoticônes servent à préciser ce que les mots (surtout dans le cadre d'un SMS ou de la messagerie instantanée) ne peuvent aisément transmettre, à créer une forme de connivence, à donner un ton léger, humoristique et moins formel à un échange, ou tout simplement à animer la conversation.

On doit généralement comprendre aisément leur signification ; sinon, ils ont un intérêt limité. Notez que certains omettent le tiret qui représente le nez : tout est une question de style ;-)

Sur Facebook, et sur d'autres sites, logiciels et applications de messagerie, les émoticônes sont automatiquement remplacés par le dessin du smiley correspondant. Facebook propose aussi des « autocollants », c'est-à-dire des petits stickers amusants à insérer dans vos conversations.

LOL

Un émoticône ? Une émoticône ? Les experts que nous sommes n'ont pas d'avis tranché sur la question. Notre solution : essayez de toujours l'utiliser dans un contexte neutre ou pluriel : « Ah, moi, les émoticônes, j'ai arrêté en 1998. LOL. »

LOL

L'expression a plus de vingt-cinq ans, alors ne nous dites pas que vous ne l'avez jamais entendue ou lue ! Bon, pour les retardataires, voici l'explication : il s'agit du raccourci de *Laughing out Loud* (littéralement « rire aux éclats ») ou *Lots of Laughts* (« plein de rires »), on ne sait plus très bien, très utilisé pour indiquer le rire, l'amusement ou carrément l'hilarité dans les SMS, sur la messagerie instantanée ou les réseaux sociaux.

Il est vrai que l'expression a ses adeptes (souvent de jeune âge ou au contraire parmi les plus anciens désireux de montrer qu'ils ne le sont pas), ses détracteurs (qui l'emploient volontiers avec ironie, toujours).

Elle fait aussi, paradoxalement, l'objet d'une traduction de la part « des amoureux de la langue française », qui utilisent MDR : « mort de rire ». Paradoxalement, car l'emploi de ces abréviations s'inscrit dans une tendance à quelque peu négliger la grammaire et l'orthographe lorsqu'on utilise des moyens high-tech pour communiquer. Ah ces jeunes !

Sachez aussi que LOL, avant de devenir ce qu'il est (et un succès du cinéma français en 2008 avec Sophie Marceau), était employé par les Anglo-Saxons à l'écrit, dans des lettres et autres missives sur papier, avec une tout autre signification : « lots of love » (version amour) ou « lots of luck » (version chance).

Toujours est-il que l'acronyme « LOL » est tout de même reconnu par l'*Oxford English Dictionary* en 2011 et figure dans le *Le Petit Robert* depuis 2013. C'est un peu l'emblème des mots qui constituent un langage propre aux nouvelles technologies, fait de néologismes, d'anglicismes et d'abréviations, qu'on pourrait qualifier d'argot d'Internet ou même, si on osait, de patois high-tech. LOL.

Voici quelques exemples et leur traduction :

- **+1 :** en réponse à une déclaration ou un commentaire, signifie « être d'accord, du même avis ». Attention, en revanche, on n'utilise quasiment jamais –1 pour indiquer son désaccord.
- **ASAP :** *as soon as possible*, « dès que possible ».
- **BTW :** *by the way*, « au fait, à propos ».
- **Fake :** « factice », « bidon » ou « truqué ». Peut désigner un document vraisemblablement faux, un montage ou une image truquée, une personne qui prend l'identité d'une autre, publie de fausses infos, un faux profil sur les réseaux sociaux...
- **IRL :** *in real life*, « dans la vraie vie », par opposition à la vie sur Internet... Exemple : « On a RDV à 14 heures » « Sur Skype ? » « Non, IRL ».
- **OSEF :** « on s'en fout ».
- **Troll :** petit malin qui n'a d'autre but que de provoquer et perturber les membres d'une discussion, sur un forum, un blog, *etc.*

Info

Si cette section vous a plu et pour découvrir plus de choses dans ce registre, nous vous invitons à consulter (et acquérir, au préalable) l'excellent ouvrage *Culture high-tech pour les Nuls*, aux Éditions First, dont est extraite cette section et dont les auteurs ne sont autres que ceux du livre que vous tenez entre les mains, en toute modestie, bien sûr.

Bienvenue dans la génération des influenceurs

Le terme « influenceur » et le concept lui-même sont des exemples typiques de phénomènes ayant émergé avec l'essor des réseaux sociaux.

Entré dans dans les dictionnaires français Larousse et Le Robert en 2017, le mot *influenceur* désigne, comme son nom l'évoque, une personne qui a une influence sur les internautes qui le suivent et sur leurs décisions d'achat, et ce grâce à son exposition sur Internet.

Il peut s'agir de vidéos – on ne présente plus les célèbres « youtubeurs » –, de photos, ou de *stories* sur Instagram, de contenus divers partagés *via* un blog, *etc.* Les influenceurs sont généralement spécialisés dans un domaine précis : la mode, le jeu, la cuisine, le maquillage, le sport, par exemple.

Leur activité consiste à partager leur passion avec leurs abonnés – ou « followers » – d'obtenir des réactions (des « like », des commentaires, des vues, des partages de publications, *etc.*) et de faire grandir leur « communauté ». Les influenceurs sont évidemment courtisés, et souvent rémunérés, par les marques pour des partenariats, car leur activité leur garantit une excellente visibilité et leur pouvoir de recommandation est immense.

Certaines célébrités deviennent naturellement des influenceurs, et inversement ! Certains influenceurs du Net, suivis par des millions de personnes, deviennent eux-mêmes des superstars, et quelques-uns sont multimillionnaires. Loin d'être un phénomène anodin, tout ceci a donné naissance au « marketing d'influence » et il existe désormais des agences spécialisées dans le domaine. « Influenceur » est même devenu un métier. Notez pour finir qu'il existe aussi de faux influenceurs, tant il est aisé aujourd'hui d'acheter des abonnés ou des « like »...

... et dans l'ère des intox !

Pour terminer ce chapitre, impossible de faire l'impasse sur un autre phénomène exacerbé par l'avènement des réseaux sociaux : l'explosion des « infox », aussi connues sous le nom de « fake news ». Informations mensongères ou fallacieuses, ces contenus déforment la réalité ou inventent de toutes pièces des nouvelles afin de manipuler et/ou tromper l'auditoire. L'objectif étant de discréditer, diffamer, calomnier un individu, une entité, une marque, *etc.*, d'obtenir un avantage, qu'il soit financier, idéologique, politique, stratégique...

On pourrait écrire des ouvrages entiers sur le sujet, qui n'est pas nouveau mais devient un véritable fléau à l'heure des réseaux sociaux, qui encouragent leur diffusion et leur prolifération.

Il faut dire qu'il est relativement aisé de diffuser des fausses informations, parfois inventées de toutes pièces, de manipuler des lecteurs à l'aide de titres accrocheurs ou de photos retouchées, et d'encourager leur propagation *via* les réseaux. Un nombre immense d'internautes se servent désormais des réseaux sociaux pour s'informer et beaucoup ont du mal à faire le tri entre le vrai et le faux.

DANS CE CHAPITRE

La confidentialité et la sécurité sur les réseaux sociaux

•

Qu'est-ce que l'identité numérique ?

•

Que se passe-t-il en cas de décès ?

Chapitre 3

Notions de confidentialité

Avant même de plonger dans l'univers des réseaux sociaux, ce chapitre vous propose de faire un point sur les notions de confidentialité et de sécurité. Comment et pourquoi contrôler la diffusion des informations que vous confiez à ces sites ? Pourquoi est-il essentiel de comprendre la distinction entre contenu public et contenu privé ? Quels sont les risques et dangers des réseaux sociaux ? Nous aborderons aussi la question de l'identité numérique et évoquerons ce qu'il se passe lorsqu'un utilisateur de réseaux sociaux décède.

La confidentialité et la sécurité sur les réseaux sociaux

Quel que soit le réseau social, la confidentialité et la sécurité de vos données, de votre image et de vos propos sont des sujets cruciaux. Ce qu'il faut retenir tient en quelques points essentiels :

» Il est possible de **contrôler la diffusion** de manière précise pour la plupart des informations confiées par vos soins aux réseaux sociaux, grâce aux **paramètres de confidentialité**. En cas de problème, vous pouvez bloquer une personne.

» Tout ce que vous publiez ou partagez, même avec des paramètres de confidentialité restreints, vous **engage** : ne diffusez pas des propos ou photos qui constituent un délit de quelque ordre. Un utilisateur de Facebook peut ainsi signaler une publication qui lui semble abusive.

» Vous devez respecter la propriété intellectuelle, le droit d'auteur et le droit à l'image. Ne reproduisez pas du contenu sans avoir **l'autorisation de son auteur** et ne publiez pas des photos de personnes sans leur consentement.

Attention

En étant membre de tout réseau social, vous acceptez implicitement les conditions d'utilisation du site. Sur Facebook, par exemple, elles précisent de nombreux points, tels que l'interdiction de « spammer », faire du marketing pyramidal ou diffuser des virus à l'aide de Facebook. Vous pouvez les consulter en cliquant sur le lien **Conditions d'utilisation** au moment de l'inscription, et ultérieurement en cliquant sur un lien généralement situé en bas d'écran ou dans l'aide du site. Voici le lien pour Facebook : http://www.facebook.com/terms.php

Réseaux sociaux : soyons prudents

Avec l'explosion du nombre de réseaux sociaux plus ou moins connus, plus ou moins intéressants et plus ou moins faciles à utiliser, se posent de nombreuses questions liées à la sécurité et à la confidentialité. Car l'ensemble des informations livrées à ces réseaux par vos soins constitue ce qu'on pourrait appeler votre « identité numérique » (voir plus loin dans ce chapitre), ou l'image que vous renvoyez au reste du monde *via* Internet. Elle peut refléter ou non vos réelles personnalité et vie, mais elle peut aussi au contraire vite s'en éloigner et donner une image relativement fausse !

Tout d'abord, il faut comprendre que, pour chaque réseau social, une partie des informations est privée (les échanges entre contacts par messages privés, certaines informations de votre profil, notamment), une autre partie publique (une version allégée de votre profil, où figurent votre nom et votre photo, par exemple), et beaucoup de choses se situent entre les deux : c'est le cas des publications de statut ou de photos, par exemple, qui peuvent être accessibles à vos amis, ou aux amis de vos amis... donc à des personnes que vous ne connaissez peut-être pas !

Tout est souvent une question de réglage et les sites Web de réseaux sociaux attendent de vous une certaine maîtrise, pas toujours évidente, des paramètres de sécurité et de confidentialité qui, de plus, varient sensiblement d'un site à l'autre.

Le contenu public est quant à lui généralement indexé dans les moteurs de recherche sur le Web. Ainsi, en saisissant votre nom dans un moteur de recherche comme Google, n'importe quel internaute (un ami, une connaissance, un inconnu, un collègue, un employeur actuel ou potentiel, *etc.*) peut aisément arriver sur votre profil public Facebook ou LinkedIn, sur vos vidéos YouTube ou votre galerie photos Flickr !

Plusieurs précautions s'imposent donc : le paramétrage consciencieux du profil public quand c'est possible (tous les sites ne le permettent pas), mais surtout, une grande prudence quant aux informations livrées.

Il est aussi parfois envisageable d'avoir recours à un pseudonyme, n'ayant aucun rapport avec votre vrai nom, pour toutes les activités considérées comme sensibles ou privées.

Enfin, certains nouveaux services, ayant émergé avec les smartphones et autres appareils mobiles, font appel à la géolocalisation. Mal utilisés, ils peuvent représenter un réel danger : en clair, ils donnent la possibilité à quiconque de vous localiser ! Il est primordial de savoir se protéger de ce type de risques lorsqu'on souhaite utiliser ces outils.

Les risques et dangers des réseaux sociaux

Il existe un autre problème soulevé par la multiplication des réseaux et la volonté, légitime, certes, d'être présent et de manière active sur bon nombre d'entre eux. Certains possèdent et alimentent volontairement un profil Facebook *et* un profil Google+, un compte Twitter *et* un blog, un compte sur YouTube *et* un autre sur Dailymotion, une page pro sur Facebook, LinkedIn *et* Viadeo, *etc.*

On peut aisément imaginer à quel point une telle activité demande de temps et d'organisation, surtout qu'il s'agit souvent de publier les mêmes informations d'un compte à l'autre. Sans oublier le temps passé en tant que spectateur sur ces réseaux, bien entendu.

Une utilisation intensive des réseaux sociaux peut vite devenir très chronophage, même s'il existe des outils très pratiques pour synthétiser les flux de données de différents réseaux sociaux, mais aussi publier des mises à jour sur plusieurs réseaux en une seule opération ! C'est le cas de Seesmic, par exemple, un outil permettant de centraliser les flux et fils d'actualité des différents réseaux sociaux dont vous êtes membre en un seul et unique tableau (**http://seesmic.com**).

Évoquons pour terminer cette section un dernier sujet sensible : il s'agit des risques et dérives possibles d'une utilisation trop intensive des réseaux sociaux (et d'Internet en général). Démotivation, isolement, perte de repères, exposition au harcèlement sont autant de dangers qui guettent les accros à ces sites Web. Soyez prudent et évitez l'excès. Soyez particulièrement vigilant si vos adolescents, voire vos plus jeunes enfants, utilisent ces réseaux.

Comment Facebook protège-t-il certaines informations de ses utilisateurs mineurs ?

Facebook est en principe réservé aux utilisateurs de plus de 13 ans. Des règles spéciales s'appliquent aux utilisateurs mineurs.

L'option **Public** disponible pour les publications des mineurs se limite par exemple aux amis et leurs amis. Dès qu'un mineur atteint l'âge de la majorité, cette option change de signification pour inclure tout le monde sur Internet.

De la même manière, seuls les amis et amis de leurs amis peuvent identifier les mineurs dans les photos.

Enfin, les publicités ciblant des mineurs ne sont pas autorisées à promouvoir des produits ou services dont l'usage par des mineurs est illégal (dans leur juridiction), ou considérés comme douteux/inappropriés.

En revanche, attention : comme les adultes, les mineurs peuvent apparaître dans les résultats de recherche. Ces derniers peuvent donc recevoir une demande d'ajout à une liste d'amis de la part d'utilisateurs qui ne sont pas des amis d'un de leurs amis, tels qu'un membre de leur famille ou un ami avec qui ils n'ont pas d'ami en commun.

Gérer le harcèlement ou les attaques de personnes sur les réseaux sociaux

Le harcèlement et les attaques de personnes par le Web et les réseaux sociaux sont des phénomènes qui prennent malheureusement de l'ampleur. Il existe même désormais un terme pour cela : le *cyber-harcèlement*. Une grande prudence et du bon sens permettent de limiter ce type d'attaques : ajustez vos paramètres de confidentialité avec soin, pour chacun des sites dont vous êtes membre. N'hésitez pas à revenir sur ces réglages de temps à autre : quand votre situation change (lorsque vous recadrez un emploi, par exemple) ou tout simplement pour vérifier que les options n'ont pas évolué (c'est souvent le cas sur Facebook).

N'acceptez pas les invitations de personnes inconnues ou indésirables. Vous pouvez tout simplement ignorer une invitation d'une personne que vous ne semblez pas connaître, ou échanger des messages avant de l'accepter. Facebook demande d'utiliser ses vrais prénom et nom lors de la création d'un compte et désactive les faux profils qui lui sont signalés, mais c'est surtout à vous de décider qui fait partie de votre réseau et accède à votre profil.

Supprimez, et même bloquez, toute personne qui a un comportement abusif et signalez-la.

Enfin, sachez que les personnes pratiquant ce type de harcèlement ou d'attaques n'attendent généralement qu'une chose de votre part : une réaction. Au lieu de leur répondre, publiquement ou en privé, bloquez et signalez systématiquement les messages.

Ce sujet est hélas loin d'être clos sur le Web et nous vous encourageons à prendre les mesures nécessaires, d'un point de vue juridique s'il le faut, si vous ou surtout vos enfants rencontrez ce type de problèmes.

Info

Tous les réseaux sociaux acceptant les signalements traitent ceux-ci de manière confidentielle. Les sites peuvent prendre des mesures en conséquence, comme l'envoi d'avertissements, la suppression d'un compte ou l'exclusion définitive du réseau.

Qu'est-ce que l'identité numérique ?

Chaque individu possède une identité dans la « vraie vie ». Avec l'avènement de la high-tech, et plus précisément du Web et des réseaux sociaux, on parle désormais aussi d'« identité numérique ». Ce terme désigne l'ensemble des données concernant une personne éparpillées sur Internet : des coordonnées, des publications diverses (statuts, liens, photos, vidéos, commentaires, *etc.*) sur les réseaux sociaux, les blogs, les forums, les sites de partage, des avis consommateur et même les scores obtenus à des jeux vidéo.

L'identité numérique englobe à peu près tout ce que vous faites sur le Web et qui laisse une trace : ce que vous exprimez, partagez, consommez, appréciez ou au contraire critiquez, vos coordonnées personnelles et professionnelles, votre parcours professionnel (CV, profil sur les réseaux professionnels), votre réputation (avis laissés par d'autres internautes sur vous, sur eBay par exemple), vos loisirs, vos connaissances (articles sur Wikipédia ou réponses sur Yahoo! Questions/Réponses) et vos relations (personnes suivies sur Twitter ou Instagram, amis sur les réseaux sociaux, *etc.*), la musique que vous écoutez, les films que vous voyez, les lieux que vous fréquentez (et pour lesquels vous utilisez un outil de partage de géolocalisation).

Non seulement les occasions de laisser des traces de vos activités sur Internet se multiplient et deviennent de plus en plus difficiles à réguler, mais, de plus, les sites Web et les moteurs de recherche les enregistrent et les conservent pendant de nombreuses années. Maîtriser, ou du moins contrôler, son identité numérique est donc aujourd'hui un véritable défi pour tous les internautes : chacun doit être en mesure de choisir les informations visibles et la part d'identité numérique dévoilée ou au contraire conserver son anonymat.

C'est justement dans cette optique, et conformément à la décision de justice européenne sur le droit à l'oubli, que Google met à disposition des Européens un « formulaire d'oubli », qui permet aux internautes de demander la suppression de résultats de recherche associés à leur nom :

https://support.google.com/legal/contact/lr_eudpa?product=websearch&hl=fr

Attention : Google reçoit énormément de demandes et l'attente peut se révéler très longue ! Ce n'est d'ailleurs pas la panacée : rappelons que Google référence et indexe simplement l'ensemble du Web : disparaître des résultats de recherche n'effacera pas pour autant le contenu des sites Web concernés.

Disparaître volontairement du Web, mode d'emploi

Vous souhaitez disparaître définitivement et radicalement du Web ? Selon votre « vie d'avant » sur Internet, il n'est pas à 100 % garanti que vous y parveniez (certaines traces ne partent pas en machine !), mais vous pouvez toujours essayer et au moins réduire drastiquement vos empreintes.

Commencez par désactiver tous les comptes de réseaux sociaux et autres sites Web dont vous êtes membre : Facebook, Raw, LinkedIn, Viadeo, Google+, Pinterest, Foursquare, Instagram... Les liens ne sont pas toujours faciles à trouver, mais sont généralement cachés dans les réglages ou paramètres du compte. Demandez la suppression définitive du compte et de toutes les données associées lorsque c'est possible.

Le site Web **http://justdelete.me** pourra vous y aider : cet annuaire de liens indique le niveau de difficulté et, surtout, le lien direct vers la page de suppression de compte. Vous constaterez que de nombreux sites et réseaux rendent la tâche ardue, et qu'il faut parfois demander la suppression définitive de toutes les données pour espérer ne plus y apparaître.

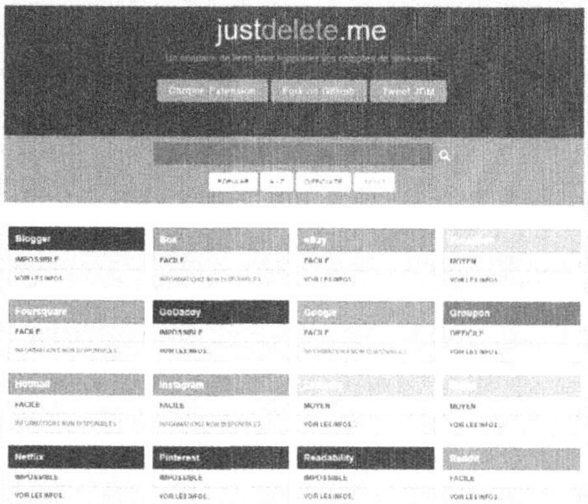

Figure 3.1

Just Delete Me.

Certains sites Web ne vous permettront pas de supprimer votre compte. Dans ce cas, une solution radicale s'impose : modifiez les informations de votre profil, quitte à indiquer un nom inventé, une ville dans laquelle vous n'habitez pas, *etc.* Vous pouvez aussi éventuellement contacter individuellement les webmasters de ces sites et faire preuve d'une certaine patience pour arriver à vos fins.

Si vous manquez d'imagination, le site Web **http://justdelete.me** présenté ci-dessus pourra encore une fois vous être utile : cliquez sur **Fake Identity Generator** pour utiliser le générateur de fausse identité, qui vous fournira de faux nom, adresse, date de naissance, pseudo, mot de passe et même une mini-biographie !

Figure 3.2

Générateur de fausse identité.

Pour vérifier que vous n'en avez pas oublié, googlez-vous vous-même de façon approfondie. Attendez toutefois quelques semaines car la suppression des registres de Google peut prendre un certain temps !

N'oubliez pas ensuite de vous désinscrire de toutes les newsletters auxquelles vous êtes abonné : cliquez sur le lien **Désinscription** ou **Unsubscribe** en bas de chaque message.

Cela devrait en principe vous débarrasser d'une bonne partie de vos traces sur le Web. Si vous souhaitez aller encore plus loin, vous pouvez confier la suite des opérations à une agence spécialisée dans la gestion de l'e-réputation, comme Réputation VIP ou Reputation Squad, mais exigeant beaucoup de papiers et de volonté de votre part !

Que se passe-t-il en cas de décès ?

Au bout de « la vraie vie », il y a aussi « la vraie mort », mais qu'advient-il de votre vie sur Internet, et sur les réseaux sociaux en particulier ? La plupart des sites Web et réseaux ne toucheront pas à votre profil (à l'exception peut-être de Twitter qui commence à supprimer des comptes au bout de six mois d'inactivité), à moins qu'un membre de votre famille ou un représentant de l'ordre public ne le demande explicitement. Les différents sites Web en question exigent des preuves du décès et d'identification pour effacer un profil (c'est préférable pour éviter les mauvaises blagues, d'ailleurs).

Facebook, avec ses deux milliards de membres dans le monde, est forcément confronté à cette situation à grande échelle : chaque minute, trois personnes inscrites sur Facebook meurent dans le monde. Pour l'anecdote, selon le site **xkcd.com**, si la communauté Facebook cesse de s'accroître, le nombre d'utilisateurs décédés dépassera celui du nombre d'utilisateurs vivants autour de 2065 (Figure 3.3).

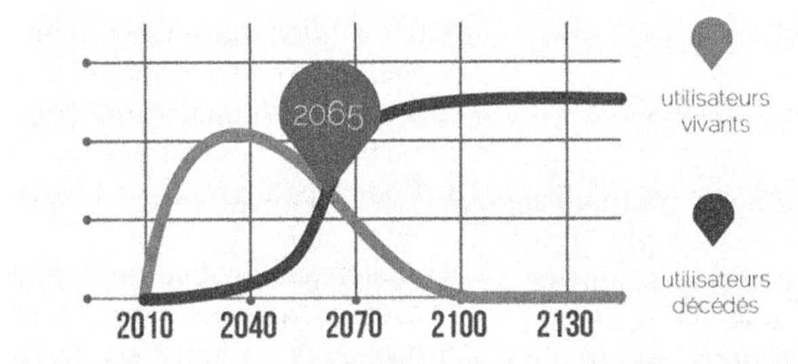

Figure 3.3 Nombre d'utilisateurs de Facebook décédés en 2065.

Si Facebook continue à croître, en nombre d'utilisateurs, ce funeste évènement se produira tout de même aux alentours de 2130 (Figure 3.4) !

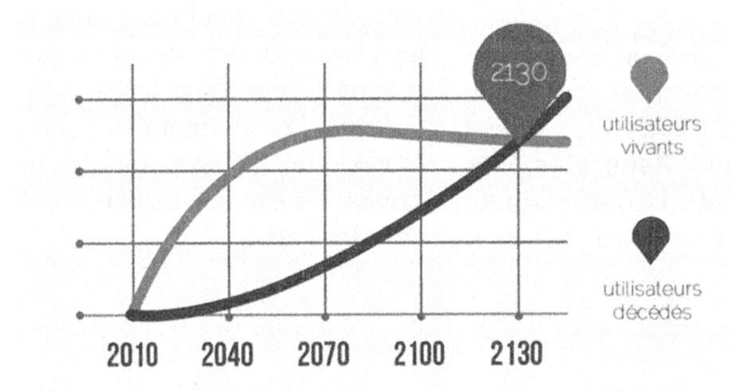

Figure 3.4 Nombre d'utilisateurs de Facebook décédés en 2130.

Il faut savoir que, même si vous ne mettez pas votre profil à jour pendant plusieurs mois, sans pour autant le supprimer, celui-ci continue à avoir une certaine forme d'activité par lui-même : votre anniversaire est signalé à vos contacts, l'ajout en tant qu'ami est proposé à des personnes susceptibles de vous connaître et, si vous l'avez autorisé, Facebook peut même utiliser vos centres d'intérêt dans le cadre de publicités !

Le compte de commémoration

Le site propose toutefois désormais une « solution », à réception d'une demande et d'un avis de décès officiel de la part d'un membre de la famille : Facebook peut transformer le compte d'une personne décédée en « compte de commémoration », dont les principales caractéristiques sont les suivantes :

» Personne ne peut s'y connecter.

» Il est impossible d'ajouter ou de supprimer des amis.

» Les contenus publiés ou les photos ne sont pas modifiables.

» Le profil n'apparaît plus en suggestion d'ami.

» L'anniversaire de la personne n'est plus signalé.

» Les pages dont le membre était le créateur sont supprimées.

» Le nom d'utilisateur redevient disponible pour un autre membre du site.

En revanche, il est toujours possible, selon les paramètres de confidentialité définis par la personne avant son décès, de lui envoyer un message privé ou de publier du contenu dans son journal (bien qu'elle ne puisse pas les lire, évidemment) ! Facebook peut aussi générer un film rétrospectif à partir du journal d'une personne disparue, sur demande depuis la rubrique **Aide** du site.

Quoi qu'il arrive, la confidentialité de vos données est en principe préservée et personne ne peut récupérer vos contenus et messages après votre décès, à moins de disposer de votre mot de passe. L'accès à votre compte peut aussi être autorisé dans des cas particuliers, par injonction judiciaire. Toutefois, l'absence de lois n'interdit pas à ces sites et services en ligne de continuer à stocker ou disposer des photos, vidéos et autres informations appartenant auparavant aux personnes décédées.

Pour accéder au formulaire de demande de compte de commémoration, rendez-vous dans l'Aide de Facebook.

Figure 3.5 Demande de compte de commémoration.

Notez enfin que les membres de la famille proche d'une personne décédée peuvent demander la suppression du compte. Il leur faudra fournir à Facebook plusieurs documents, attestant du lien familial et du décès.

Le Gestionnaire de compte inactif de Google

Google permet aussi d'anticiper cette situation, grâce à son **Gestionnaire de compte inactif** disponible ici :

https://www.google.com/settings/u/0/account/inactive

Cet outil permet de définir un délai d'expiration, de 3 à 18 mois, au bout duquel votre compte sera considéré comme inactif. Vous pouvez programmer le partage de vos données avec des contacts de confiance, puis la suppression de votre compte et des données associées (y compris vos vidéos YouTube, vos messages sur Google+, *etc.*).

Figure 3.6
Gestionnaire de compte inactif de Google.

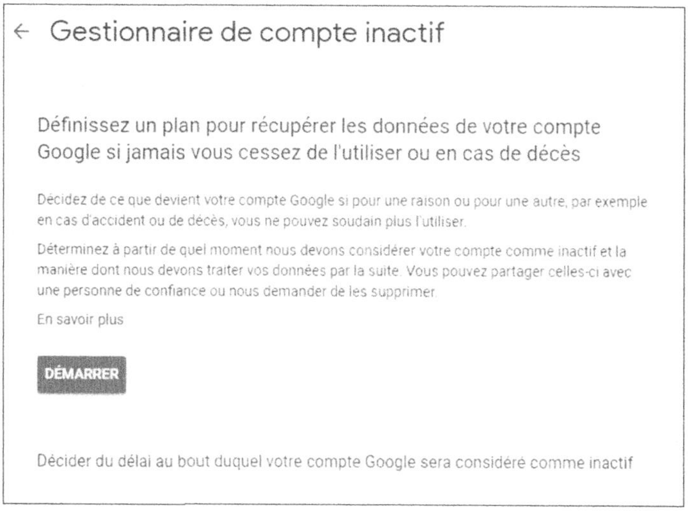

Partie 2

Facebook

Dans cette partie...

» Chapitre 4 : Introduction à Facebook

» Chapitre 5 : Concepts fondamentaux

» Chapitre 6 : Pages, groupes et applications

» Chapitre 7 : Utiliser Facebook sur un appareil mobile

» Chapitre 8 : Facebook Messenger

» Chapitre 9 : Sécurité, confidentialité et réglages

DANS CE CHAPITRE

Qu'est-ce que Facebook exactement ?

•

À quoi sert Facebook ?

•

Pourquoi Facebook est incontournable

•

À quoi sert votre réseau d'amis Facebook ?

•

Utiliser Facebook

•

Parler la langue de Facebook

•

De la diffusion des informations sur Facebook

Chapitre 4 Introduction à Facebook

Facebook est de loin le plus connu, le plus visité et le plus puissant des réseaux sociaux à l'heure actuelle. Facebook permet à chacun de rassembler en un « réseau » personnel l'ensemble de ses amis, des membres de sa famille, de ses connaissances et de ses collègues, de ses anciens copains d'école ou camarades de régiment. Ce premier chapitre consacré à Facebook est une introduction au réseau social numéro un dans le monde : à quoi sert-il ? Comment l'utiliser ? Nous ferons aussi un point sur le vocabulaire propre à Facebook et la manière dont les informations sont diffusées.

Info

Fin 2019, Facebook revendiquait plus de 2,4 milliards de membres. Parmi eux, environ 35 millions de Français.

Qu'est-ce que Facebook exactement ?

Facebook, tout le monde en parle, mais qu'est-ce exactement ? On y associe souvent les termes « réseau social » et « Web 2.0 », on parle aussi de sites similaires, comme Friendster, ou d'ancêtres, comme Myspace, mais Facebook est de loin le plus connu, le plus visité et le plus original de ces sites.

En un mot, Facebook est un « lieu » (totalement virtuel, sur le Web, bien sûr) où tout un chacun peut rassembler en un « réseau » personnel l'ensemble de ses amis, des membres de sa famille, de ses connaissances et collègues, de ses anciens camarades d'école, *etc.*

Info

Qui choisir et inclure dans ce réseau ? Tout est une question de choix, car certains préfèrent conserver une dimension humaine pour leur Facebook, tandis que d'autres, les plus jeunes, souvent, cherchent à déployer le réseau le plus large possible, quitte à y inclure des personnes qu'ils n'ont jamais rencontrées « en vrai » ! Facebook, fort de ses millions de membres dans le monde, vous aidera à construire ce réseau et retrouver vos connaissances, parfois même perdues de vue depuis longtemps... Vous serez aussi « retrouvable » par des personnes qui font la même démarche que vous, grâce à Facebook.

Les dates clés de Facebook

Voici quelques dates clés dans l'histoire de Facebook :

» 4 février 2004 : date de lancement.

» Mars 2004 : après l'université de Harvard, Facebook est présent à Stanford, Columbia et Yale.

» Juin 2004 : Facebook est disponible au sein de 30 campus et atteint les 150 000 membres.

» 30 décembre 2004 : Facebook fête son million de membres.

» 26 septembre 2006 : ouverture de Facebook au grand public.

» Avril 2012 : Facebook achète le réseau social Instagram, pour 750 millions de dollars.

» Octobre 2012 : le milliard de membres est atteint.

À quoi sert Facebook ?

Comme expliqué précédemment, Facebook est donc avant tout un moyen de créer un lien et communiquer avec les autres. Ainsi, Facebook facilite grandement :

» la mise en relation avec vos proches et connaissances, sur toute la planète ;

» les retrouvailles avec des personnes perdues de vue ;

» l'échange d'informations et de liens avec votre réseau, mais aussi avec le reste du monde (Figure 4.1) ;

Figure 4.1

Partagez des informations avec votre réseau.

» l'envoi de messages privés ou publics et la discussion instantanée (chat) avec les membres de votre réseau (Figure 4.2) ;

Figure 4.2

Échangez des messages avec vos contacts.

» la consultation des messages et des informations émis par les membres de votre réseau ;

» le partage de photos et vidéos (Figure 4.3) ;

Figure 4.3 Partagez vos plus belles photos et vidéos.

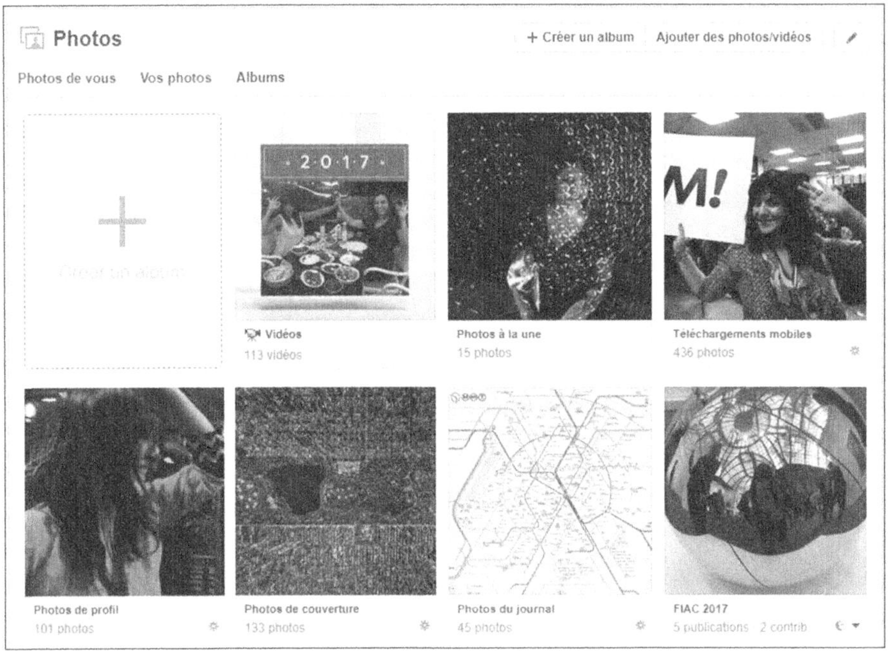

» la création et la gestion d'évènements (Figure 4.4), ainsi que la réception d'invitations ;

Figure 4.4 Participez à des évènements.

» l'organisation et l'animation de groupes.

Facebook permet aussi, par exemple, d'être tenu au courant de l'anniversaire de vos amis (Figure 4.5), de jouer ou encore de suivre l'actualité de personnalités ou d'entreprises de votre choix.

Figure 4.5 N'oubliez plus les anniversaires de vos amis !

Vous découvrirez bien entendu toutes ces facettes de Facebook dans les chapitres à venir.

Pourquoi Facebook est incontournable

Facebook compte à l'heure actuelle près de deux milliards d'inscrits dans le monde, dont 33 millions en France, soit plus d'un utilisateur d'Internet dans l'Hexagone sur deux !

Derrière ces chiffres incroyables se cache un phénomène réel : Facebook a non seulement conquis une grande partie des utilisateurs du Web, mais le plus célèbre site du monde a aussi changé les habitudes de ses membres.

Au départ très vite adopté par les plus jeunes (le concept original du site est né dans l'imagination d'un étudiant aux États-Unis, ne l'oublions pas), Facebook est rapidement devenu un point de ralliement pour toutes les générations.

Il est vrai qu'on peut s'en servir pour communiquer avec les membres de sa famille et ses amis, de tous âges et dans le monde entier, mais aussi pour retrouver d'anciens copains ou collègues de classe, de régiment et de travail.

Une fois votre réseau constitué, vous pourrez suivre l'actualité de vos « amis Facebook » et communiquer avec eux. C'est un concept simple, mais très puissant.

En outre, Facebook offre bien plus que cela ! Que vous utilisiez Facebook depuis longtemps ou que vous veniez de faire sa connaissance, saviez-vous que le site permet aussi de :

- publier des photos, des vidéos et des liens sur votre profil ou celui d'un ami ;
- disposer d'une messagerie gratuite ;
- « chatter » avec vos amis connectés ;
- partager des albums photos en quelques clics ;
- identifier des personnes dans des photos ;
- participer à des groupes en fonction de vos centres d'intérêt ou juste pour vous amuser ;
- suivre l'actualité de marques, de produits, d'associations ou d'entreprises grâce à leurs pages Facebook ;
- créer votre propre page professionnelle aisément et gratuitement ;
- participer ou créer des évènements et gérer vos invitations ;
- regarder des vidéos à la demande sur la nouvelle plate-forme vidéo Facebook Watch (Figure 4.6) ;

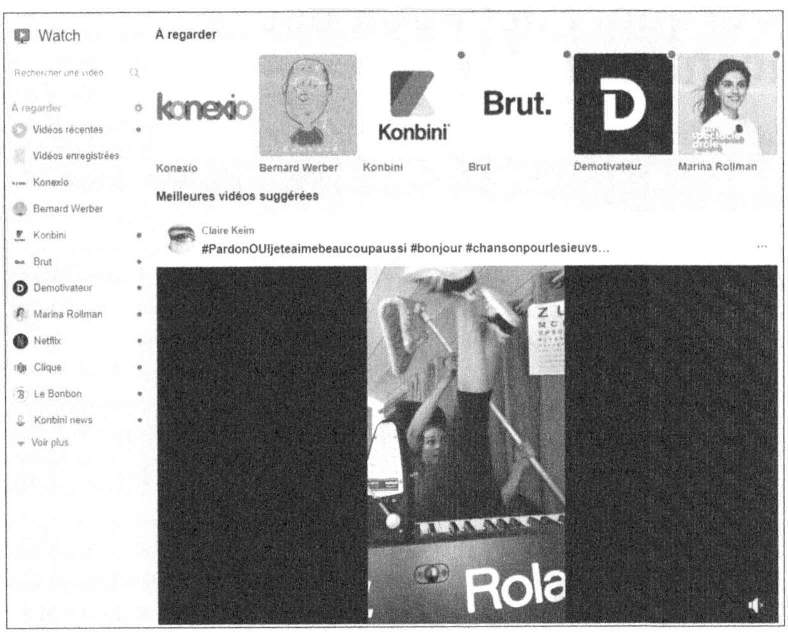

Figure 4.6 Le service Facebook Watch permet d'accéder à des milliers de vidéos.

» acheter et vendre des articles auprès de votre réseau et des autres membres de Facebook via Marketplace (Figure 4.7) ;

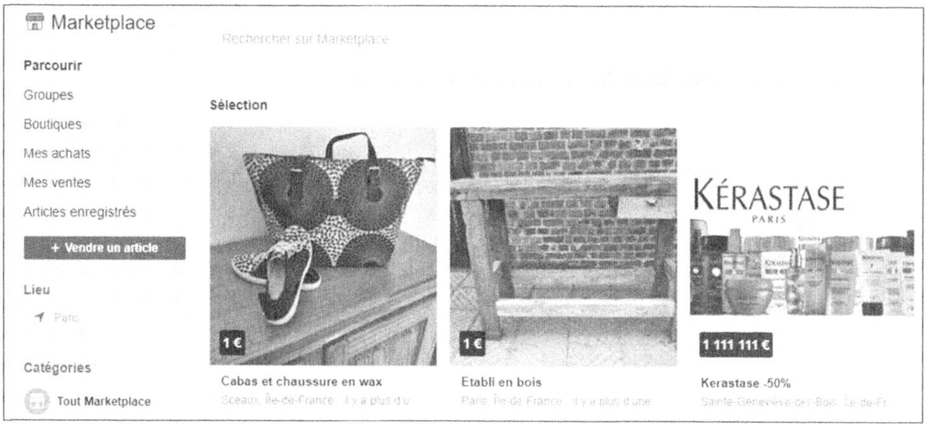

Figure 4.7 Marketplace.

» en cas de crise (catastrophe naturelle, attentat, par exemple), signaler à vos proches et amis que vous êtes en sécurité et être informé de leur propre situation, à l'échelle mondiale ;

» publier des offres ou trouver un emploi ;

» vous divertir et bien plus encore grâce aux applications Facebook.

À quoi sert votre réseau d'amis Facebook ?

Avoir un réseau, c'est bien ; le « cultiver », c'est mieux. Et c'est là que Facebook tire son épingle du jeu, une fois encore. Votre réseau enfin constitué (il évoluera d'ailleurs en permanence, car vous retrouverez sans cesse de nouveaux contacts), vous pourrez non seulement prendre aisément des nouvelles et suivre « l'actualité » de tous ceux qui vous entourent, mais aussi partager des informations, des photos, des vidéos ou des liens avec eux.

Nous y reviendrons en détail, mais une fois encore, si certains se contentent de diffuser des nouvelles « capitales », ou du moins importantes, concernant leur vie, d'autres abreuvent leur profil de petits détails du quotidien ou de photos personnelles (avec les risques qu'une telle exposition induit, ce dont nous parlerons aussi).

C'est pour cela qu'on parle de « Web 2.0 », ce « nouveau » Web qui n'est en fait que la continuité de l'ancien, mais caractérisé par le fait qu'il est créé et existe grâce à chacun d'entre nous, « vous et moi ».

Utiliser Facebook

Comme expliqué précédemment, Facebook permet de créer un lien et de communiquer avec les autres : vous mettre en relation avec vos proches et connaissances, sur toute la planète ; retrouver des personnes perdues de vue ; échanger des messages privés ou publics et profiter de la discussion instantanée (chat) ; consulter des messages et informations émis par les membres de votre réseau ; échanger avec votre réseau, mais aussi avec le reste du monde ; partager des photos et des vidéos ; *etc.*

Par ailleurs, Facebook, c'est aussi un excellent moyen de se tenir au courant de tout ce qui vous intéresse grâce aux **groupes** et aux **pages**. En effet, vous constaterez qu'il existe des « rassemblements » de personnes qui, bien qu'elles ne se connaissent pas, ont un centre d'intérêt en commun : une passion, un pays, un sport, un artiste, une série télévisée, un film, voire un candidat déchu d'une émission de télé-réalité !

Il existe aussi des pages plus commerciales, pour obtenir des informations sur des produits, recevoir des codes de réduction ou participer à des concours exclusivement diffusés sur Facebook.

Cela permet à chacun non seulement de montrer son intérêt pour la chose en question (tout le monde saura ainsi que vous aimez l'iPhone, les voyages, les hôtels W ou la chanteuse Adele), mais aussi de se tenir au courant, car les responsables des groupes ou pages de fans diffusent régulièrement des informations à ceux qui les suivent par ce biais (Figure 4.8). Vous verrez qu'il existe des pages pour tout… et même n'importe quoi.

Figure 4.8 La page Facebook de l'auteure de cet ouvrage.

À ce propos, Facebook constitue une excellente source de divertissement, car les groupes les plus fantaisistes et rigolos créent régulièrement « le buzz » en se répandant sur Internet comme une traînée de poudre. À vous de décider si vous jouez le jeu ou restez simple spectateur…

Enfin, toujours dans le domaine du divertissement, les jeux et les applications Facebook viennent compléter une panoplie déjà très riche en options pour passer le temps !

En résumé, ce qui est vraiment intéressant avec Facebook, c'est **l'interactivité**. Il est peu utile de créer votre réseau si vous ne faites ensuite rien pour échanger, bien que vous puissiez aussi vous contenter de simplement jeter un œil de temps à autre sur Facebook pour vous tenir informé de ce qui s'y passe.

Vous aurez probablement des périodes d'activité et de présence intense sur Facebook, alternées avec des moments de désintéressement relatif et d'absence. C'est tout à fait normal, même si certains y passent quasiment tout leur temps et ne baissent jamais la garde !

Parler la langue de Facebook

Revenons à « Facebook ». Le mot lui-même est déjà entré dans le vocabulaire de tous les jours de beaucoup de monde, et vous vous surprendrez peut-être bientôt à l'employer régulièrement.

Un vocabulaire nouveau

Si on ne demande quasiment même plus « Tu es sur Facebook ? » tant la réponse est évidente pour beaucoup, on se donne souvent « rendez-vous sur Facebook » pour échanger les photos de la dernière soirée, qui était d'ailleurs elle-même un « évènement Facebook ». « On s'envoie une adresse sur Facebook » quand il s'agit de se donner les coordonnées du restaurant ou de la maison d'hôtes dont on discute. On dit même « Facebooker » quelqu'un après une rencontre ou dans le cadre d'un recrutement (ce qui signifie « effectuer une petite recherche sur Facebook pour voir ce qu'on y trouve au sujet d'une personne »). Vous l'avez compris, Facebook, c'est tout un monde, y compris au niveau du vocabulaire !

D'autres termes sont spécifiques à cet univers Facebook et ont probablement aussi contribué à son succès. Ce sont des petits mots, parfois courants et détournés à la sauce Facebook, parfois des néologismes ou mots réinventés par les créateurs du site. Ils vous donneront l'impression de faire partie des initiés.

À ce propos : n'oubliez pas que Facebook est né aux États-Unis. Dans le monde anglophone, il existe presque un vocabulaire complet propre à Facebook. En tant que francophones, nous utilisons donc une version « traduite » du Facebook original et cela explique certains anglicismes conservés en VF : certains concepts étaient tout simplement intraduisibles, comme *to friend/unfriend*, qui pourrait être traduit par « ajouter comme amis/retirer de la liste d'amis », l'inénarrable (et quelque peu oublié) *poke*, ou le plus récent *story*.

C'est ainsi que vous découvrirez dans les sections qui suivent les concepts de « profil » et « statut » Facebook, mais aussi certains outils que tout le monde utilise sans pour autant forcément les connaître ou les appeler par leur nom : le fil d'actualité, le journal et les notifications, par exemple.

LOL

Voici un scoop : Mark Zuckerberg est daltonien ! Le bleu étant la couleur qu'il voit le mieux, c'est probablement la raison pour laquelle celle-ci domine largement l'interface graphique de Facebook.

Votre profil Facebook

Votre **profil** ou **journal** Facebook, c'est votre fiche d'identité. Vous pouvez vous y présenter, avec une photo, indiquer votre parcours et même votre situation personnelle (célibataire, marié, *etc.*). À vous de décider ce que vous affichez et qui peut le voir, grâce aux paramètres de confidentialité.

Votre profil rassemble vos photos, publications et expériences, liste vos amis et centres d'intérêt, ainsi que les évènements et les mises à jour de statut que vous aurez partagés. Le tout est présenté sous la forme d'une chronologie année par année, qui débute à votre naissance (ou, à défaut, si vous ne fournissez pas cette date, au jour de votre inscription sur Facebook). Vous pouvez personnaliser votre journal avec une photo de couverture et choisir les éléments qui y figurent (Figure 4.9).

Figure 4.9
Photos de profil et de couverture.

Nous reviendrons sur les notions de statut, de partage, d'évènement et sur tous les autres concepts évoqués ici dans les chapitres qui suivent.

Les notifications

Le concept de **notification** est primordial dans Facebook. Une notification est tout simplement un message qui vous indique toutes les nouveautés « importantes » vous concernant. Les notifications sont de trois types :

» **les invitations reçues ou acceptées ;**

» **les messages reçus ;**

» **toutes les autres interactions avec des membres de Facebook.**

Elles s'affichent dans une zone spéciale tout en haut de la fenêtre Facebook, à côté du logo. Cette zone est visible à tout moment, sur toutes les pages, lorsque vous naviguez sur le site. Le nombre de notifications non consultées s'affiche dans une pastille rouge (Figure 4.10).

Figure 4.10 Les notifications Facebook invitations, messages et interactions, de gauche à droite.

Cliquez sur l'icône concernée pour voir les nouvelles notifications et en afficher les détails (Figure 4.11). Vous constaterez rapidement qu'il existe de nombreux types de notifications différents : demande d'ajout à une liste d'amis, acceptation par un contact de votre invitation, messages reçus, commentaires et « J'aime » publiés sur vos statuts ou éléments publiés personnels, réponses à vos commentaires dans les profils ou pages de votre réseau, apparition dans des photos, *etc.*

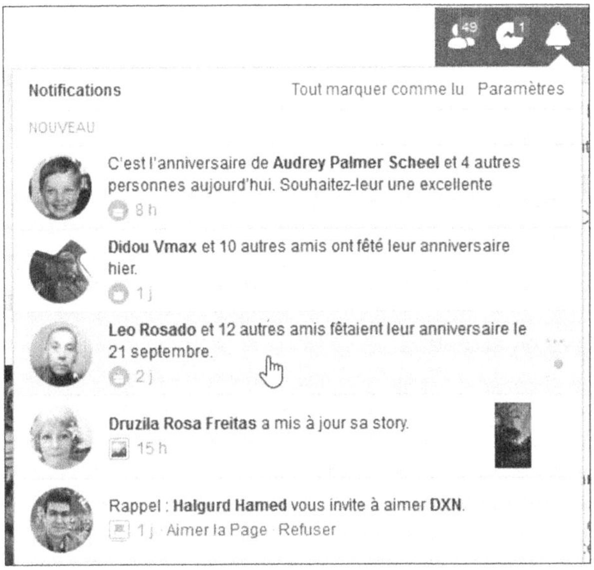

Figure 4.11

Cliquez sur une notification pour en voir les détails.

Est-ce que Facebook est vraiment gratuit ?

Le sujet a été abordé au premier chapitre : l'inscription et les fonctionnalités de Facebook sont accessibles gratuitement pour tous ses membres. Il était d'ailleurs inscrit sur la page d'accueil que « cela le restera toujours » (Figure 4.12) jusqu'en août 2019. Notez toutefois que pour les « pros » – annonceurs ou gestionnaires d'une page professionnelle –, de nombreuses options sont payantes !

Figure 4.12

Anciennement la promesse de gratuité éternelle de Facebook.

Le message a désormais été remplacé par la phrase : « C'est rapide et facile ». Le temps dira s'il s'agit de l'amorce d'une stratégie visant à faire évoluer le modèle économique du réseau social ou non.

Facebook reste gratuit à l'heure où ces lignes sont écrites, mais ne fait pas exception à la règle et vous verrez des encarts publicitaires dans votre fil d'actualité et dans certaines zones de l'écran. Néanmoins, reconnaissons que le temps des affreux et intrusifs bandeaux clignotants dans tous les sens au milieu de l'écran est loin : la pub Facebook sait se faire discrète et se fond dans le « paysage ». Elle n'est toutefois pas toujours pertinente par rapport à vos centres d'intérêt ! Sachez aussi que les annonceurs peuvent cibler précisément leurs publicités sur Facebook, en fonction de toutes les informations sur vous-même que vous confiez au réseau social : vos informations de profil (sexe, âge, situation personnelle et géographique), mais aussi vos centres d'intérêt (pages que vous aimez).

De la diffusion des informations sur Facebook

Pour bien utiliser Facebook, vous devez impérativement comprendre la manière dont fonctionne la diffusion des informations d'un membre à l'autre.

Trois sphères autour de vous

En fait, on peut considérer qu'il existe **trois sphères** bien distinctes qui gravitent autour de vous :

» La sphère contenant vos amis Facebook, tous ceux qui font explicitement partie de votre réseau, parce que vous les y avez invités ou avez accepté leur invitation. Ce sont vos **amis**.

» Les **amis de vos amis**. Cette sphère ne vous est pas totalement étrangère, car elle englobe les réseaux respectifs de chacun de vos amis. Contrairement à ce que dit le dicton, les « amis de vos amis » ne sont pas vos « amis » sur Facebook, mais ils ne sont pas non plus complètement inconnus.

» Le « reste du monde », c'est-à-dire l'ensemble des personnes sur la planète qui ne fait partie ni de vos amis, ni des amis de vos amis : les gens que vous ne connaissez pas, ou pas encore, en somme. C'est la sphère **publique**. Ou du moins le reste des inscrits sur Facebook, car il y a en réalité une dernière sphère au-delà de celle-ci : le monde et la vie « hors de Facebook » !

Ces sphères évoluent en permanence puisque vous pouvez agrandir votre réseau à tout moment en y ajoutant de nouvelles personnes, de même que vos amis le font avec leur propre réseau.

Parmi toutes les informations que vous divulguerez sur Facebook, certaines sont plus ou moins sensibles et plus ou moins personnelles. Vous pouvez choisir **pour chacune d'elles** quelle sphère y a accès.

La sphère **publique** englobe les **amis de vos amis**, qui elle-même englobe vos **amis** : un contenu accessible à tout le monde est donc bien entendu accessible aux amis de vos amis et *a fortiori* à vos amis. Un contenu accessible aux amis de vos amis le sera aussi à vos amis.

Figure 4.13 Les sphères qui gravitent autour de chaque utilisateur Facebook.

Vous pouvez même **personnaliser le niveau de confidentialité** plus encore en choisissant un sous-ensemble de personnes parmi vos amis (à l'aide de listes) ou décider que **personne** (en dehors de vous-même) n'a accès à certaines informations.

Contrôler la confidentialité de vos publications

Comment faire alors pour contrôler la confidentialité et la diffusion de vos informations dans cette jungle ? Eh bien, il existe en fait une manière très simple et efficace.

Chaque fois que vous mettez à jour votre statut, écrivez dans le journal d'un ami, partagez un lien, une vidéo ou une photo, vous avez la possibilité de choisir *le niveau de confidentialité* de cette publication.

Il suffit de cliquer sur le bouton situé à droite du bouton **Publier** et de choisir une option :

- » **Public** rend la publication visible par tous sur Facebook.
- » **Amis** affiche la publication uniquement dans le fil d'actualité de vos amis.
- » **Moi uniquement** affiche la publication uniquement dans votre propre fil d'actualité.
- » **Personnalisé** permet de choisir exactement qui parmi vos contacts peut ou ne peut pas voir la publication.
- » Enfin, si vous avez créé des listes, vous pouvez choisir directement un sous-ensemble de vos contacts pour diffuser la publication.

Figure 4.14 Les options de confidentialité d'une publication.

Bien choisir le niveau de confidentialité d'une publication

L'option par défaut (celle qui s'applique si vous n'effectuez aucun changement) est en principe **Amis**. C'est en effet la plus appropriée généralement pour vos publications sur Facebook. Vous pouvez toutefois la modifier dans les paramètres de confidentialité par défaut.

Il est néanmoins judicieux de penser à changer le niveau de fonctionnalité selon le type de publication, le contexte, mais aussi la manière dont vous avez constitué votre réseau Facebook (uniquement avec vos proches ? avec vos relations de travail aussi ? avec tous les gens que vous connaissez, de près ou de loin ?).

Voici quelques exemples concrets :

» Si vous donnez des informations sensibles, qui indiquent par exemple où vous vous trouvez, ou une absence prolongée de chez vous, n'est-il pas préférable de restreindre leur publication aux personnes en lesquelles vous avez vraiment confiance « dans la vraie vie » ?

» Si, au contraire, vous avez quelque chose à annoncer à la terre entière, un message d'intérêt général ou une petite annonce à diffuser au plus grand nombre, par exemple, vous pouvez envisager une diffusion publique.

» Si vous partagez des photos privées (famille, fêtes, *etc.*) alors que votre réseau Facebook compte bon nombre de collègues de travail, pensez au fait qu'il est peut-être préférable de cloisonner vos univers ! L'option **Personnalisé** et l'utilisation des **listes** sont idéales pour cela.

» Le réglage **Moi uniquement** permet d'utiliser Facebook pour enregistrer des informations ou publier des photos tout en les conservant privées.

Astuce

Si vous êtes soucieux de la confidentialité sur Facebook, organiser votre réseau en listes est primordial. Vous pourrez ainsi gérer précisément la diffusion de vos informations et photos, par types de contacts : amis, famille, connaissances, collègues, *etc*. Consultez la section « Organiser votre réseau » du chapitre qui suit pour plus d'informations à ce sujet.

Un dernier avertissement...

Pour terminer cette introduction, une petite mise en garde s'impose. Peut-on tout dire sur Facebook et sur les réseaux sociaux ?

Facebook étant un réseau social permettant essentiellement de s'exprimer, un mot sur la responsabilité de vos propos et sur la propriété intellectuelle s'impose.

Partager quelque chose dans son profil ne signifie pas forcément se l'approprier et en revendiquer la paternité. Néanmoins, **tout ce que vous publiez vous engage**.

N'oubliez pas une autre chose importante : le statut comme les photos s'affichent dans les fils d'actualité de tous vos amis. Veillez donc à ne pas publier quoi que ce soit qui pourrait les indisposer. À ce propos, lorsque vous partagez des photos, les personnes qui y figurent sont-elles d'accord ?

DANS CE CHAPITRE

S'inscrire sur Facebook

•

Journal, statut et photos de profil

•

Votre réseau Facebook

•

Supprimer ou bloquer des personnes

•

Les abonnements

•

Commenter, « aimer », réagir et partager

•

Le fil d'actualité

•

Mettre votre statut à jour

•

La messagerie Facebook

•

Écrire dans le journal d'un ami

Chapitre 5

Concepts fondamentaux, publications et échanges

Étape incontournable pour quiconque souhaite utiliser Facebook, l'inscription est gratuite et ne prend que quelques instants. Elle sera l'occasion aussi de démarrer rapidement votre réseau et d'apporter quelques éléments essentiels à votre profil, à commencer par votre photo. Une fois votre réseau mis en route, il sera temps de vous lancer ! L'une des fonctions essentielles du réseau est de vous permettre de vous tenir au courant de ce que font et disent... les autres ! Vous pouvez réagir sur tout ce qui s'y passe, grâce au lien **J'aime** et aux **commentaires**. Vous pouvez aussi contribuer à la diffusion d'une publication avec le lien **Partager**. Nous découvrirons tous ces outils dans ce chapitre, ainsi que la manière de compléter votre propre journal en publiant des mises à jour de statut, des photos ou des vidéos, en indiquant des lieux que vous avez visités ou fréquentés, ou encore des évènements marquants.

S'inscrire sur Facebook

Accéder à Facebook et s'y inscrire est aussi simple que rapide, et gratuit, bien entendu. Ce sont d'ailleurs probablement les principales raisons de son succès.

Pour utiliser Facebook, il suffit d'avoir accès à un ordinateur : Mac ou PC, de bureau ou portable, peu importe. Les deux conditions essentielles sont :

» qu'il soit équipé d'un navigateur Web, comme Internet Explorer, Chrome ou Firefox, ce qui est le cas de tous les ordinateurs aujourd'hui ;

» qu'il soit connecté à Internet, par réseau filaire ou *via* le Wi-Fi.

Info

En réalité, l'ordinateur n'est pas le seul moyen d'accéder à Facebook, puisqu'il existe une version mobile et des applications, accessibles depuis les smartphones type iPhone, HTC, Samsung Galaxy SII, *etc.* Néanmoins, l'utilisation d'un ordinateur est préférable au départ, au moins pour l'inscription. Consultez le Chapitre 7 pour plus d'informations au sujet de Facebook Mobile.

Une adresse e-mail est aussi requise. Si vous n'en avez pas, vous pouvez toujours en créer une gratuitement sur www.gmail.com, www.yahoo.fr ou encore www.laposte.net.

En résumé, si vous pouvez accéder à n'importe quel site Web, vous avez tout ce qu'il vous faut pour accéder à Facebook ! L'inscription se déroule en plusieurs étapes, qui ne vous prendront que quelques minutes chacune.

Info

Si vous utilisez habituellement une adresse e-mail professionnelle ou partagée avec un proche, il est préférable d'en créer une personnelle, spécifiquement pour votre compte Facebook. Vous recevrez en effet des notifications et des messages personnels par courriel très régulièrement.

Créer votre compte

L'inscription sur Facebook est simple et accessible à tous. Vous n'avez besoin de rien, si ce n'est de votre adresse e-mail :

❶ Lancez votre navigateur Web préféré (Chrome, Safari, Internet Explorer ou Firefox, par exemple) et saisissez l'adresse de la page d'accueil de Facebook (Figure 5.1) : www.facebook.com

❷ Le site s'ouvre et doit en principe détecter l'usage du français sur votre ordinateur, puis s'afficher automatiquement dans cette langue.

Figure 5.1
Saisissez l'URL de Facebook.

❸ Si ce n'est pas le cas, cliquez sur **Français (France)** en bas d'écran.

❹ Le début du formulaire d'inscription se trouve sur cette page, dans la partie droite (Figure 5.2). C'est très simple : indiquez votre (vrai) prénom et votre (vrai) nom, ainsi que votre adresse e-mail (deux fois, pour éviter les erreurs de saisie).

❺ Choisissez votre mot de passe. Bien entendu, celui-ci doit rester confidentiel.

❻ Enfin, indiquez votre sexe et votre date de naissance.

❼ Cliquez sur le bouton **Inscription** (Figure 5.2).

Figure 5.2
Le formulaire d'inscription.

C'est la fin de la première étape de l'inscription sur Facebook, la seule qui soit obligatoire, d'ailleurs. Les étapes qui suivent vous aident à démarrer avec votre réseau et votre profil. Immédiatement suite à votre inscription, Facebook vous aidera à construire votre réseau et personnaliser votre profil à l'aide d'une photo.

Attention

Dès maintenant, partons du principe que vous « jouez le jeu » et indiquez à Facebook un certain nombre d'informations, à commencer par vos vrais nom et date de naissance. Par la suite, à vous de décider quelles informations vous divulguerez et lesquelles vous garderez sous silence. Dans tous les cas, n'oubliez pas que, même si les options de confidentialité permettent de restreindre l'accès à vos données à certaines personnes, tout ce que vous écrivez vous engage.

Info

Rappel : comme expliqué précédemment, Facebook est gratuit (mais non exempt de publicité).

Quel est l'âge minimal requis pour s'inscrire à Facebook ?

Il n'est pas nécessaire d'être majeur pour utiliser Facebook. Il faut en principe simplement avoir au moins 13 ans pour pouvoir s'inscrire.

Néanmoins, un grand nombre de mineurs de moins de 13 ans utilisent Facebook au quotidien. Il est vrai que la déclaration de l'âge ne fait l'objet d'aucune vérification par Facebook.

Notez aussi que certaines fonctionnalités sont automatiquement bridées ou limitées pour les utilisateurs mineurs, en particulier en ce qui concerne la diffusion de leurs informations personnelles de profil et l'identification dans les photos.

Confirmer l'inscription

Pour finaliser votre inscription sur Facebook, vous devez confirmer votre adresse de messagerie. Cela permet à Facebook de s'assurer non seulement que votre adresse est correcte, mais aussi que vous n'usurpez pas l'identité d'une personne en l'inscrivant avec son adresse e-mail à son insu, par exemple.

1. Connectez-vous à votre messagerie et affichez votre boîte de réception comme vous avez l'habitude de le faire.

2. Vous avez en principe reçu un courriel vous demandant de confirmer votre inscription.

3. Cliquez simplement sur le bouton **Confirmer votre compte** (Figure 5.3). Une fenêtre de navigateur s'ouvre et votre compte est automatiquement confirmé.

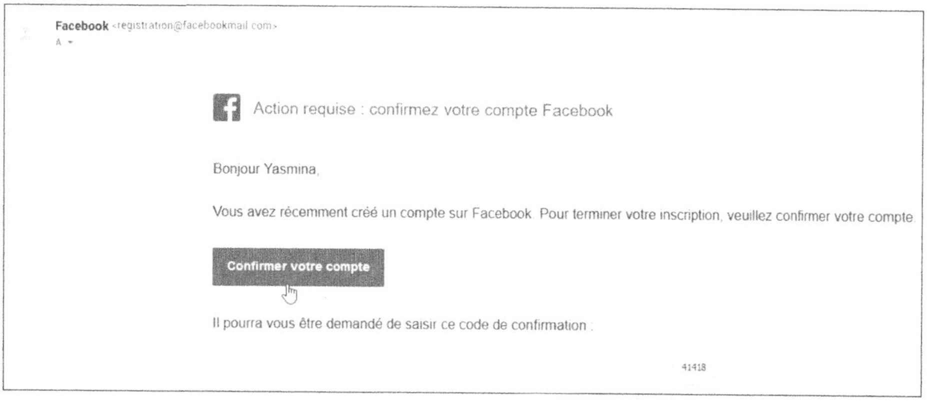

Figure 5.3 Cette opération permet d'éviter les inscriptions abusives.

❹ Vous venez de finaliser le processus d'inscription sur Facebook !

Info

Une fois votre inscription finalisée, vous devrez toutefois attendre un peu que votre réseau se crée pour pouvoir comprendre tout l'intérêt de Facebook. Cela se produira quand un ou plusieurs de vos contacts accepteront vos demandes d'ajout à la liste d'amis ou encore lorsque vous aurez reçu des invitations de la part d'autres personnes.

Compléter votre profil

Immédiatement après votre inscription, Facebook vous proposera de compléter votre profil pour le rendre plus personnel et vous aidera à trouver vos premiers amis, en quatre étapes simples. C'est important, car cela permettra à d'autres membres de Facebook de vous retrouver plus facilement.

❶ Commencez par définir votre photo de profil. Cliquez sur **Ajouter une photo** pour choisir une photo sur votre ordinateur. L'option **Prendre une photo** permet de prendre une photo sur le vif *via* votre webcam, mais il n'est pas évident d'obtenir ainsi des clichés de qualité (Figure 5.4).

❷ Localisez la photo dans votre bibliothèque d'images et double-cliquez pour la sélectionner et la télécharger. Pour choisir votre photo plus facilement, affichez vos images sous la forme de grandes icônes en cliquant sur le bouton **Changer l'affichage** dans l'Explorateur de fichiers (Windows) ou sur **Taille des icônes** dans le Finder (Mac). Cliquez sur **Ouvrir**.

Figure 5.4
Ajoutez votre photo de profil.

❸ Patientez pendant que la photo est transférée et associée à votre profil Facebook (Figure 5.5).

Figure 5.5
Votre photo est associée à votre profil Facebook.

Info

Vous pouvez utiliser une photo d'identité, une photo de vacances, ou toute autre image : il n'y a pas de règle ! Vous pouvez aussi être plus mystérieux ou conceptuel et utiliser n'importe quelle photo qui vous plaira. N'oubliez pas toutefois que la photo du profil sert à vous identifier et éventuellement à vous démarquer de vos homonymes, qui peuvent être nombreux sur Facebook. Attention : la photo du profil est visible par tout le monde, y compris ceux qui ne font pas partie de votre réseau d'amis.

❹ Si vous connaissez déjà des personnes de votre entourage membres de Facebook, vous pouvez à présent les rechercher afin de les ajouter en tant qu'amis. Saisissez un nom ou un e-mail dans le champ de recherche. Vous pouvez, par exemple, effectuer une recherche parmi les membres de votre famille. Vous pourrez néanmoins effectuer cette recherche ultérieurement (Figure 5.6).

Figure 5.6

Recherchez vos premiers amis.

❺ Facebook vous propose ensuite de découvrir et d'ajuster vos paramètres de confidentialité. Cliquez sur le bouton **Suivre le guide** (Figure 5.7).

Figure 5.7

Cette étape optionnelle vous permettra d'explorer quelques fondamentaux sur les paramètres de confidentialité.

❻ Facebook vous propose une présentation rapide de plusieurs concepts fondamentaux, tels que l'accès aux paramètres de confidentialité, l'identification dans les photos, les raccourcis de confidentialité et l'accès de vos données aux applications. Nous reviendrons en détail sur tout cela dans les sections qui suivent.

Figure 5.8

Suivez le guide !

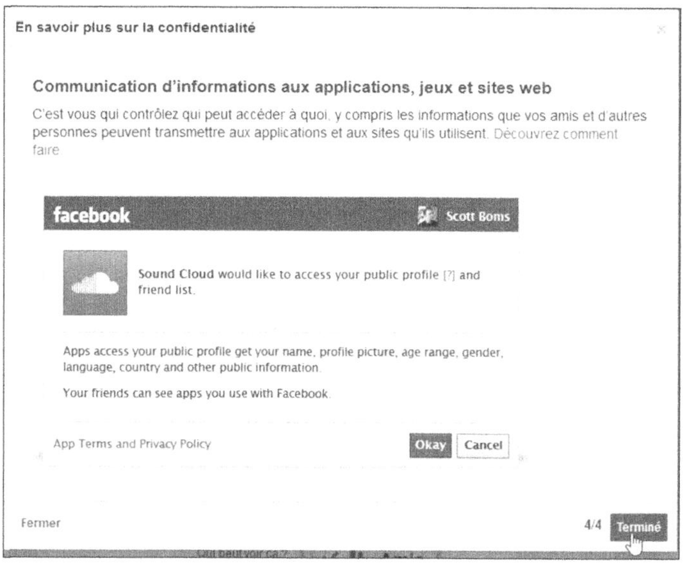

Choisir un mot de passe sûr

Lorsque vous définissez votre mot de passe, au moment de l'inscription, assurez-vous de faire un choix qui garantira une sécurité maximale à votre compte Facebook.

Utilisez de préférence une combinaison de six caractères au minimum, faite de lettres, chiffres et/ou marques de ponctuation. Vous pouvez mélanger des lettres en minuscules et des lettres en majuscules.

Veillez à trouver un bon compromis entre sécurité (pas trop simple à deviner – n'oubliez pas qu'il permet d'accéder à des informations personnelles, concernant également vos amis) et facilité de saisie sur le clavier de votre ordinateur, mais aussi de votre smartphone, par exemple. Une simple combinaison de lettres et de chiffres sera suffisante (et ce, même si Facebook indique une fiabilité « moyenne » pour votre mot de passe). Évitez d'employer les mots courants du dictionnaire.

Choisissez enfin un mot de passe Facebook différent des autres mots de passe que vous utilisez sur Internet, en particulier de celui de votre messagerie électronique.

Accéder aux options de votre compte Facebook

Dès vos premiers pas sur Facebook, vous devez savoir comment accéder aux réglages propres de votre compte :

❶ Cliquez sur ▾ → **Paramètres** en haut à droite de la fenêtre (Figure 5.9).

Figure 5.9
Accédez aux paramètres de Facebook.

❷ La page qui s'affiche permet de gérer toutes les options relatives à votre compte Facebook : vos coordonnées de messagerie et le mot de passe, par exemple, dans la catégorie **Général**.

❸ Cliquez sur **Sécurité** dans la barre de menus à gauche pour accéder à des réglages avancés de votre compte (Figure 5.10). C'est aussi ici que vous devez venir pour éventuellement désactiver votre compte Facebook.

Nous reviendrons en détail sur tous ces paramétrages dans les sections qui suivent.

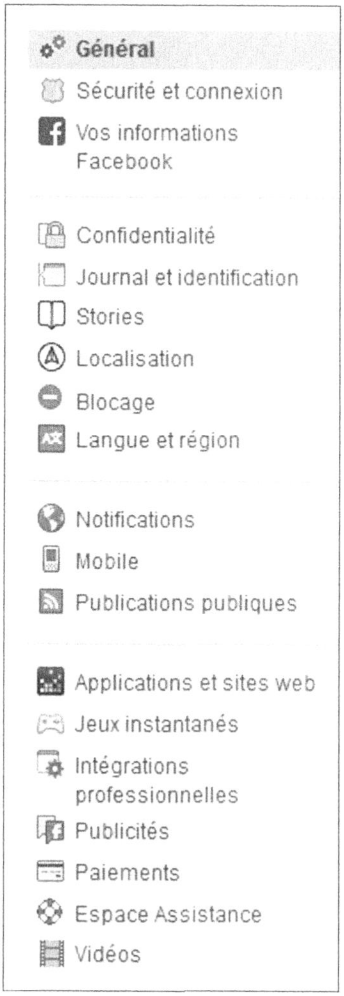

Figure 5.10
Les différentes catégories de réglages.

Se déconnecter de Facebook

L'option de déconnexion de votre compte se trouve dans le menu déroulant **Paramètres généraux du compte**, accessible à tout moment en haut à droite de la fenêtre Facebook.

Pour fermer votre session Facebook, cliquez sur  →**Déconnexion** (Figure 5.11).

Figure 5.11
Déconnectez !

Une fois la déconnexion effectuée, votre fil d'actualité ou profil n'est plus accessible sur cet ordinateur, jusqu'à ce que vous saisissiez à nouveau votre identifiant et votre mot de passe pour vous connecter.

Rendez-vous sur la page d'accueil de Facebook et saisissez vos identifiants dans les champs prévus à cet effet, puis cliquez sur le bouton **Connexion**.

Rester connecté ou se déconnecter ?

Devez-vous ou non vous déconnecter après chaque consultation de Facebook ?

Si vous partagez votre ordinateur avec d'autres personnes, ou si vous pensez que d'autres personnes pourraient se servir de votre ordinateur pour y accéder, la réponse est *a priori* **oui** !

De même, si vous allez occasionnellement sur Facebook depuis votre ordinateur au bureau. La confidentialité d'un compte Facebook est aussi importante que celle de votre compte de messagerie, et même plus encore.

Bienvenue sur Facebook

Une fois votre inscription terminée, prenez le temps d'explorer l'interface de Facebook qui s'offre à vous pour la première fois. Avec un soin particulier, découvrez et, surtout, enrichissez votre journal : ajoutez une photo, une couverture personnalisée, renseignez les informations de votre profil et choisissez un nom d'utilisateur. Tout cela rendra votre profil attrayant et dynamique : d'excellentes bases pour démarrer votre réseau Facebook !

Journal, statut et photos de profil

Passons maintenant à des concepts fondamentaux pour la suite de votre apprentissage de Facebook, mais surtout, pour concrètement y faire votre place. Votre journal, la publication d'un statut et l'utilisation de photos sont essentiels car ils sont les principaux vecteurs de votre présence sur Facebook aux yeux du reste des membres.

Journal

Le **journal**, aussi parfois appelé **profil**, affiche l'ensemble des informations vous concernant et partagées par vos soins sur Facebook : amis, photos, lieux, publications et évènements que vous aurez bien voulu signaler. Le tout est présenté sous la forme d'une chronologie, se déroulant du moment présent à votre naissance. C'est en quelque sorte votre fiche d'identité sur Facebook. Pour afficher votre journal, à tout moment, il suffit de cliquer sur votre prénom, dans la barre d'outils Facebook en haut d'écran (Figure 5.12).

Figure 5.12
Affichez votre journal (ou profil).

Info

À vous de décider ce que vous affichez et qui peut le voir, grâce aux paramètres de confidentialité. Nous y reviendrons plus loin dans ce chapitre.

Photos de profil et de couverture

La photo servant à vous identifier sur Facebook est appelée **photo de profil**. Une autre photo sert à illustrer votre journal : la **couverture**, placée à l'arrière-plan, en bandeau (Figure 5.13).

Figure 5.13
Photos de profil et de couverture.

Consultez les sections qui suivent pour savoir comment les personnaliser.

Mise à jour de votre fil d'actualité ou de votre story

Vous pouvez écrire dans votre propre journal et mettre à jour votre fil d'actualité en publiant un **statut Facebook**. Ce statut, d'un simple mot à quelques lignes, peut être accompagné d'une photo, d'un lien, d'un lieu, *etc.* Autre option, publier quelque chose – du texte, une photo ou une vidéo – dans votre story. Votre story est uniquement visible pendant vingt-quatre heures et disparaît à ce terme, contrairement à un statut, qui reste visible dans le fil d'actualité. Vous pouvez publier du contenu simultanément dans votre fil d'actualité et dans votre story. Vous pouvez aussi choisir l'un ou l'autre.

Pour publier un élément dans votre fil d'actualité ou votre story, saisissez quelques mots dans la zone **Exprimez-vous**. De nombreuses options permettent de personnaliser/enrichir votre publication, nous les explorerons dans les sections qui suivent, mais vous pouvez tout à fait publier quelques mots sans y avoir recours.

Notez que, par défaut, Facebook propose de publier du contenu dans votre fil d'actualité : l'option **Fil d'actualité** est activée. Validez en cliquant sur **Publier**. Et voilà ! Vous venez de mettre à jour votre statut Facebook et de poster la première inscription dans votre journal (Figure 5.14).

Figure 5.14 Cliquez sur Publier pour partager un statut dans votre fil d'actualité.

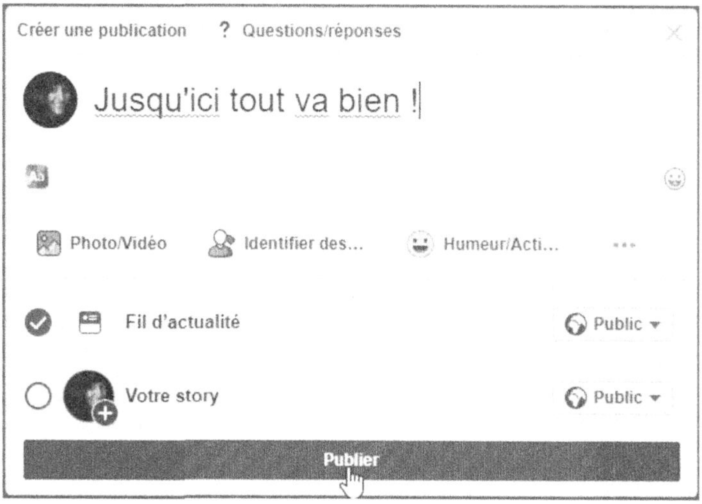

L'autre façon de partager du contenu est de publier une mise à jour par le biais de votre story. C'est tout à fait différent d'une publication dans votre fil d'actualité, car les éléments partagés dans une story sont par définition éphémères : ils ne sont visibles que pour une durée de vingt-quatre heures, contrairement aux publications dans le fil d'actualité qui ne s'effacent pas automatiquement (Figure 5.15).

Pour partager votre publication en tant que story, activez l'option correspondante. Notez que l'option **Fil d'actualité** reste activée : la publication sera partagée à la fois en tant que story et publication du fil d'actualité. Si vous souhaitez publier uniquement le contenu en tant que story, désactivez l'option Fil d'actualité.

Figure 5.15 L'option Story permet de publier du contenu qui sera visible uniquement pendant vingt-quatre heures.

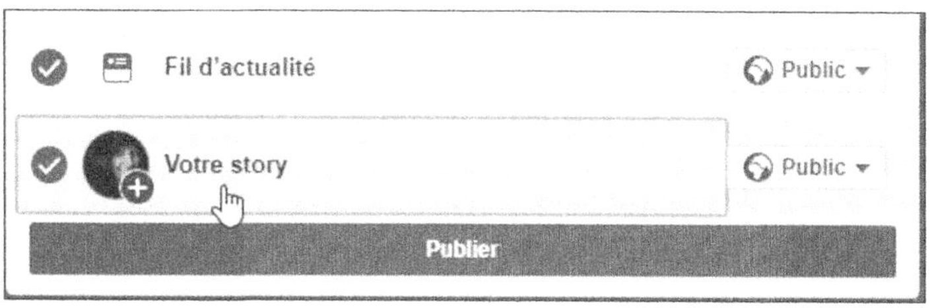

Attention

Chaque fois que vous publiez un nouveau statut ou partagez quelque chose dans votre journal, ce sont les réglages de diffusion par défaut (*public*, *amis* ou *personnalisé*), tels que définis dans la page **Paramètres et outils de confidentialité**, qui s'appliquent. Vous pouvez néanmoins choisir un autre paramètre en cliquant sur le menu situé à gauche du bouton **Publier**. Nous y reviendrons. Vous pouvez également consulter la section « Bien choisir le niveau de confidentialité d'une publication » du Chapitre 4.

Modifier votre photo de profil

Vous pouvez à tout moment modifier et mettre à jour votre profil Facebook et en particulier changer de photo :

❶ Affichez votre profil en cliquant sur votre prénom dans la barre d'outils en haut d'écran.

❷ Survolez le bas du cadre affichant votre photo, puis cliquez sur le bouton **Mettre à jour** (Figure 5.16).

Figure 5.16
Vous pouvez changer de photo aussi souvent que vous le souhaitez.

❸ Pour choisir une photo se trouvant sur votre ordinateur, cliquez sur **Importer une photo**.

❹ Vous pouvez utiliser l'une des photos déjà téléchargées par vos soins sur Facebook : elles s'affichent au-dessous des boutons, à condition que vous en ayez ajouté, bien sûr. Cliquez simplement sur l'une d'elles pour la choisir.

❺ Localisez une photo parmi vos images et cliquez sur **Ouvrir**.

Attention La taille d'image minimale requise pour la photo de profil est de 180 pixels de large. Si votre photo ne respecte pas cette condition, un message d'erreur s'affiche.

❻ Cliquez et faites glisser pour repositionner le cadre autour de votre portrait et éventuellement rogner la photo. Faites glisser le curseur au-dessous de la photo pour ajuster le zoom. Vous pouvez aussi utiliser l'un des décors proposés par Facebook pour ornementer votre photo. Enfin, vous pouvez faire en sorte que la photo soit temporaire : cliquez sur le menu **Rendre provisoire** et choisissez une option, ou **Jamais** pour en faire une photo permanente. Cliquez sur **Enregistrer** (Figure 5.17).

Figure 5.17

Paramétrez les options de votre nouvelle photo de profil.

❼ Votre photo de profil est mise à jour. Vous remarquerez aussi qu'une publication est automatiquement ajoutée à votre journal, indiquant la modification de votre photo : vos amis pourront ainsi voir que vous avez changé de photo, et éventuellement aimer/commenter cet évènement. Si vous ne souhaitez pas que le changement de votre photo de profil apparaisse dans votre journal, cliquez sur ⌄ dans le coin supérieur droit de la publication, et choisissez **Masquer du journal** (Figure 5.18).

Figure 5.18
Votre nouvelle photo de profil fait l'objet d'une publication dans votre journal.

Ajouter une couverture à votre journal

La couverture est la grande image qui occupe toute la largeur de la fenêtre en haut de votre profil Facebook. Elle complète votre photo de profil.

❶ Affichez votre profil en cliquant sur votre prénom dans la barre d'outils en haut d'écran.

❷ Survolez le bouton [📷] en haut à gauche de la couverture actuelle, puis cliquez sur **Modifier la photo de couverture**.

❸ Pour choisir une photo se trouvant sur votre ordinateur, cliquez sur **Importer une photo**. Vous pouvez aussi choisir une photo dans vos albums Facebook si vous avez téléchargé des photos : cliquez sur **Sélectionner une photo** (Figure 5.19).

❹ Localisez une photo parmi vos images et cliquez sur **Ouvrir**.

❺ Une fois la photo téléchargée, vous pouvez choisir la partie d'image utilisée comme couverture : cliquez et faites glisser pour positionner l'image dans le cadre.

Figure 5.19 Personnalisez votre couverture.

❻ Cliquez sur le bouton **Enregistrer les modifications** (Figure 5.20). Votre nouvelle photo de couverture fait l'objet d'une publication dans votre journal.

Figure 5.20 Votre couverture est enregistrée.

Compléter la section À propos

Lors de l'inscription, vous avez initialisé votre profil en indiquant votre nom et en ajoutant une photo. Vous pouvez éventuellement dès à présent compléter plus encore votre profil, en renseignant des informations personnelles : votre ville actuelle et d'origine, vos centres d'intérêt, *etc.* Ces informations seront visibles *via* la section **À propos** de votre journal.

Pour chaque option renseignée, vous pourrez choisir un niveau de confidentialité :

» **Public** rend l'information visible de tous, y compris les membres de Facebook qui ne sont pas vos amis.

» **Amis** rend l'information visible uniquement à ceux qui font partie de votre réseau d'amis.

» **Moi uniquement** conserve l'information comme privée.

» **Personnalisé** permet de rendre l'information visible ou au contraire invisible auprès de personnes ou de listes d'amis spécifiques.

» Dans la partie inférieure du menu, choisissez une liste ou cliquez sur **Afficher toutes les listes** pour en sélectionner une.

Pour compléter la section À propos de votre profil :

❶ Affichez votre profil, puis cliquez sur le bouton **À propos** (Figure 5.21).

Figure 5.21 Complétez votre profil en renseignant les informations de la section À propos.

❷ Les différentes et nombreuses catégories d'informations personnelles à renseigner s'affichent, présentées sous la forme de blocs. Cliquez sur le bouton **Ajouter (…)** pour compléter une rubrique (Figure 5.22).

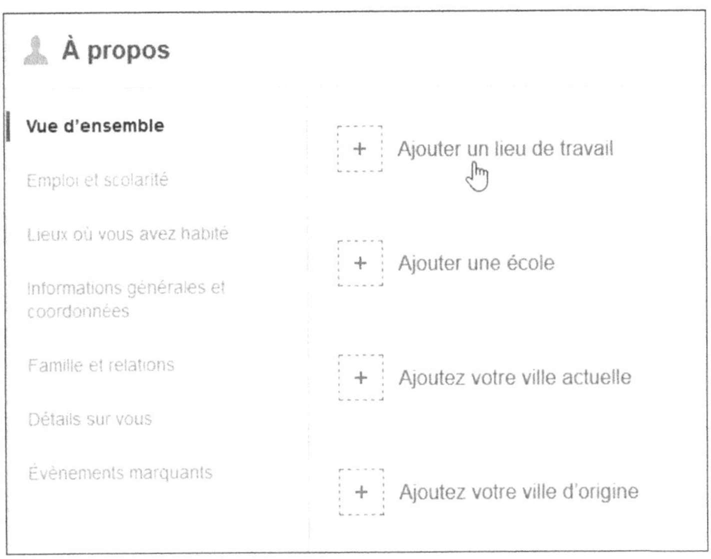

Figure 5.22 La section À propos.

❸ Dans la catégorie **Informations générales et coordonnées**, vous pouvez indiquer votre date de naissance, votre sexe, les langues que vous parlez et de nombreuses autres informations. Paramétrez les options de confidentialité relatives à votre date de naissance (Figure 5.23). Afficher votre jour et votre mois de naissance sur votre profil ou rendre l'information publique est utile, car cela permettra peut-être à vos amis de s'en rappeler plus facilement (ils verront d'ailleurs une notification spéciale vous concernant le jour de votre anniversaire).

Info

Vous constaterez enfin que Facebook va très loin dans la possibilité de vous laisser exprimer librement vos préférences : vous pouvez même indiquer vos inclinations religieuses et vos opinions politiques. Veillez à paramétrer avec discernement les options de confidentialité si vous décidez de renseigner ces informations ! Cliquez sur le nom d'une autre catégorie et renseignez les informations comme bon vous semble. Aucune n'est obligatoire : laissez simplement le champ vide si vous ne voulez pas répondre. Renseignez les informations puis cliquez sur **Enregistrer** en bas de fenêtre.

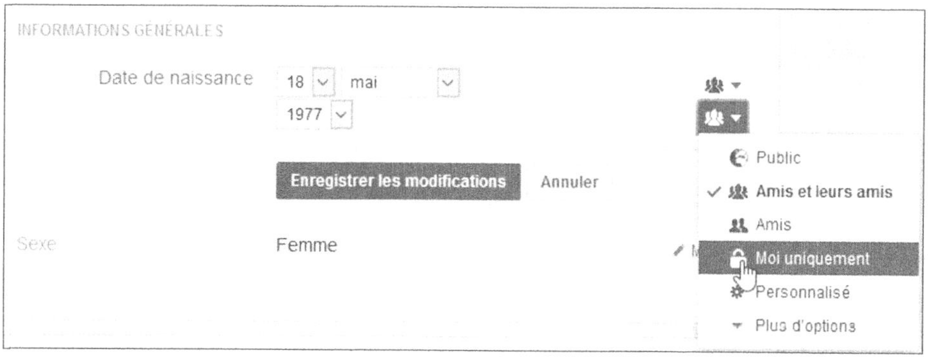

Figure 5.23 Si vous ne souhaitez pas pour autant que tout le monde connaisse votre âge, vous pouvez choisir de masquer l'année (choisissez Moi uniquement) ou de la rendre visible uniquement à vos amis (choisissez Amis) ou à une liste spécifique (choisissez Personnalisé).

Voici quelques remarques sur certaines catégories du profil :

» **Emplois et scolarité** est une catégorie intéressante à renseigner car elle facilitera les retrouvailles avec vos anciens camarades de classe et collègues.

» **Lieux où vous avez habité** permet d'indiquer les différents lieux où vous avez vécu et votre ville actuelle. Des lieux seront ajoutés au fur et à mesure que vous renseignerez des évènements dans votre journal. Indiquer votre ville actuelle ou d'origine permettra aussi de filtrer automatiquement vos amis selon leur emplacement géographique (consultez la section consacrée aux listes intelligentes, plus loin dans ce chapitre, pour plus d'informations à ce sujet).

» **Famille et relations** sert à indiquer votre situation amoureuse et vos liens de parenté avec des contacts faisant déjà partie de votre réseau. Vous pouvez ainsi indiquer que tel contact est votre conjoint, votre enfant ou tout autre membre de votre famille. Cliquez sur **Ajouter un membre de la famille**. Le lien familial ne sera « officialisé » (c'est-à-dire visible dans les profils des personnes concernées et le vôtre) que lorsque celles-ci l'auront confirmé.

» **Détails sur vous** vous permettra d'en dire plus sur vous-même, vos passions, ou tout ce qui vous passera par la tête.

» **Évènements marquants** regroupe les évènements importants que vous avez déjà indiqués dans votre journal au fil du temps. Vous pouvez en ajouter un en cliquant sur **Ajouter un évènement marquant**.

Astuce

Vous pouvez décider précisément qui a accès à chaque information. Attention : indiquer toutes vos coordonnées personnelles (en particulier votre adresse ou votre numéro de téléphone) n'est pas recommandé si vous envisagez d'accueillir toutes sortes de personnes dans votre réseau, de simples connaissances par exemple. Dans tous les cas, prenez le temps d'ajuster les paramètres de confidentialité de votre profil avant de continuer à explorer Facebook. La plupart de vos informations de profil et évènements marquants sont par défaut visibles par vos amis. Certaines sont publiques et donc visibles de tous. Vous pouvez toutefois modifier individuellement le niveau de confidentialité de chacun des paramètres au moment de leur édition. Cliquez sur un évènement ou survolez la ligne d'une information et observez le pictogramme situé à côté de la date ou à gauche du bouton **Modifier** (Figure 5.24) :

» indique que l'information est publique (visible de tous, y compris des membres de Facebook ne faisant pas partie de vos amis).

» indique que l'information est visible uniquement par vos amis.

» indique que l'information n'est visible que par vous-même.

» indique un réglage personnalisé, incluant ou excluant certaines personnes spécifiques.

» , et les autres icônes indiquent que l'information est visible par une liste spécifique.

Figure 5.24 Pour modifier le niveau de confidentialité d'une information, cliquez sur le pictogramme et choisissez une option.

Info

Certaines informations sont volontairement publiques par défaut (emplois et scolarité, par exemple), pour permettre aux membres de Facebook de vous retrouver plus facilement (anciens camarades de classe ou collègues). D'autres sont privées (numéro de téléphone, en particulier) et il est judicieux de ne pas les divulguer au plus grand nombre. Vous pouvez toutefois appliquer un réglage personnalisé ou employer une liste (amis proches, par exemple). Consultez la section « Organiser votre réseau », dans ce chapitre, pour plus d'informations à ce sujet.

Voir les informations de profil d'autrui

Pour afficher les informations de profil d'un membre de Facebook, cliquez sur le lien **À propos** au-dessous de son nom. Les informations visibles dépendent à la fois de vos relations avec ce membre (êtes-vous amis ?) et des paramètres de confidentialité définis par celui-ci pour les informations de profil (public, amis ou personnalisé). Vous verrez uniquement les informations que vous êtes autorisé à consulter.

Nom de compte Facebook et messagerie

Le « nom de compte » est un concept essentiel sur Facebook. Ce nom d'utilisateur est unique (contrairement à la combinaison « nom + prénom » d'une personne qui peut correspondre à de nombreux homonymes). Il permet de personnaliser l'adresse Web (ou URL) qui apparaît dans le navigateur lorsque votre profil est affiché, mais aussi, d'un point de vue pratique, de bénéficier d'une adresse de messagerie unique pour être contacté sur Facebook.

N'importe quel membre de Facebook peut créer son nom de compte et il est intéressant de le faire dès que possible après la création de votre profil, car les noms d'utilisateurs sont, comme nous venons de le voir, uniques ! Il est donc possible que la combinaison de votre nom + votre prénom (éventuellement séparés par un point) ne soit pas disponible.

Info

Vous pouvez choisir n'importe quel nom de compte, à condition qu'il contienne uniquement des caractères alphanumériques (A-Z, 0-9) ou un point (.) et ne soit pas déjà pris par un autre membre de Facebook. Notez que le point ne différencie pas deux noms de comptes : ainsi, *yasmina.salmandjee* est identique à *yasminasalmandjee*.

Choisir votre nom d'utilisateur Facebook

Pour choisir votre nom de compte :

❶ Cliquez sur ▼ → **Paramètres** pour afficher les paramètres de votre compte Facebook.

❷ Cliquez sur **Modifier** (Figure 5.25) en regard de **Nom de compte** (catégorie **Général**).

Figure 5.25 Cliquez pour modifier votre nom de compte.

❸ Saisissez votre nom d'utilisateur dans le champ. Facebook effectue une vérification et indique sa disponibilité (Figure 5.26).

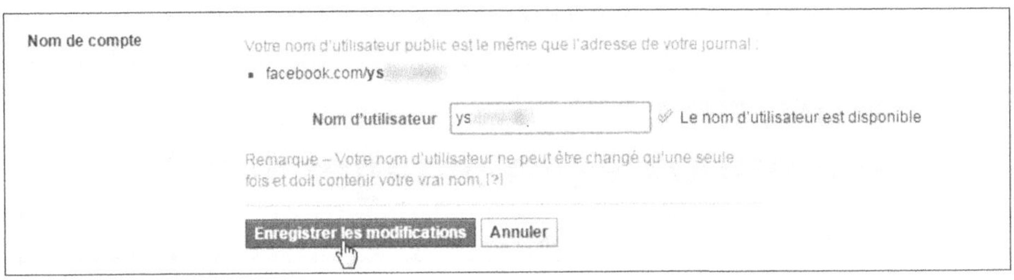

Figure 5.26 Si le nom choisi n'est pas disponible, vous devez en saisir un autre.

❹ Après avoir saisi un nom disponible puis votre mot de passe, cliquez sur **Enregistrer les modifications** (Figure 5.27).

Figure 5.27 Attention vous ne pouvez changer votre nom d'utilisateur qu'une seule fois après sa création !

❺ Une fois votre nom d'utilisateur créé, votre profil est accessible *via* l'URL indiquée, et composée de http://www.facebook.com/ et votre nom d'utilisateur : http://www.facebook.com/yasminalecomte, par exemple. Si la personne y accédant fait partie de vos amis et a ouvert une session sur Facebook, il s'agit de votre profil complet ; sinon, il s'agit de votre profil public (Figure 5.28).

Figure 5.28 L'URL de votre profil Facebook.

❻ Une fois votre nom d'utilisateur choisi, vous pouvez en changer, une seule fois. Cliquez sur ▾ → **Paramètres** → **Général** → **Modifier** en regard de **Nom d'utilisateur**. Saisissez un nouveau nom d'utilisateur, puis cliquez sur le bouton **Enregistrer les modifications**.

Info

Votre nom de compte est public. Toute personne pouvant accéder à votre profil ou journal, ou encore pouvant vous trouver lors d'une recherche, peut voir votre nom de compte, qui s'affiche d'ailleurs dans son adresse Web (URL), comme expliqué à l'étape 5, sous la forme : http://www.facebook.com/nomdutilisateur

Votre réseau Facebook

Constituer son réseau Facebook est le point de départ incontournable de tout nouveau membre : sans réseau, Facebook ne sert pas à grand-chose, il faut le reconnaître ! Votre réseau est composé de personnes : vos « amis » d'un côté, le « reste du monde » de l'autre. Tout cela évolue en permanence pour la simple raison que vous pouvez à tout moment ajouter de nouveaux amis à votre réseau : au fil de vos rencontres ou par le hasard des retrouvailles, par exemple. De même, des personnes peuvent vous inviter à rejoindre leur réseau.

Créer votre réseau Facebook

Il y a deux manières de créer et d'étendre votre réseau Facebook. La première consiste à rechercher et à inviter des personnes (déjà membres de Facebook et que vous connaissez) à rejoindre votre réseau, en leur envoyant une « demande d'ajout à la liste d'amis ». La seconde consiste à répondre aux invitations de ce type reçues de la part d'autres personnes.

Dans tous les cas, le principe est le suivant : une personne envoie une invitation à une autre. Si celle-ci accepte la demande, les deux personnes sont alors respectivement liées par leur réseau. Être « amis » sur Facebook donne la possibilité aux deux contacts de consulter les publications de l'autre. C'est le seul moyen pour une personne d'accéder au journal (à l'exception des éléments publics) d'une autre.

Envoyer une invitation

Voici la procédure à suivre pour ajouter un ami à votre réseau :

1. Trouvez et affichez le profil d'une personne que vous connaissez sur Facebook. Nous verrons dans les sections qui suivent qu'il y a de nombreuses manières de procéder pour cela.

2. Envoyez une « demande d'ajout à la liste d'amis » à cette personne. La personne reçoit une notification pour votre demande (Figure 5.29).

Figure 5.29 Exemple de notification reçue par votre contact.

3. Il y a alors deux possibilités : elle peut l'ignorer (et décider ultérieurement de son sort ; en attendant, vous ne rejoindrez pas son réseau et elle ne fera pas partie du vôtre) ou l'accepter :

» Si la personne accepte votre invitation, en cliquant sur le bouton **Accepter**, elle intègre instantanément votre réseau d'amis et, de la même manière, vous rejoignez le sien. Vous recevez une notification vous signalant que votre demande d'ajout a été acceptée par cette personne, désormais qualifiable d'« amie ». Dès lors, vous partagez toutes les informations de votre profil et de votre journal, et avez accès aux siennes (selon vos paramètres de confidentialité respectifs). Vos publications s'affichent dans son fil d'actualité et les siennes, dans le vôtre.

» Si la personne ignore votre invitation, rien ne se passe. Vous n'en serez pas informé et la personne n'intégrera pas votre réseau, pas plus que vous n'intégrerez le sien. Si la personne a autorisé les abonnements (nous y reviendrons à la fin de de chapitre), vous deviendrez l'un de ses abonnés et pourrez donc voir dans votre fil d'actualité uniquement ses publications publiques.

Astuce

Immédiatement après l'envoi d'une invitation à une personne, et avant même sa réponse, vous pouvez l'intégrer à l'une de vos listes. Elle en fera ainsi partie dès son acceptation de l'invitation. Nous reviendrons sur les listes plus loin dans ce chapitre.

Annuler une demande

Que vous ayez changé d'avis ou envoyé une invitation par erreur, vous pouvez toujours annuler une demande en cours. Notez que le destinataire a probablement déjà reçu une notification de votre demande. Il ne pourra toutefois plus accepter votre invitation si vous l'annulez avant son acceptation. Pour ce faire, après l'envoi d'une invitation, cliquez sur le bouton **Invitation envoyée**. Cliquez sur **Annuler l'invitation** (Figure 5.30). Vous pouvez aussi passer par l'historique des demandes d'ajout.

Figure 5.30

Vous pouvez changer d'avis !

Attention

Si la demande a déjà été acceptée, vous pouvez toujours retirer la personne de votre liste d'amis, voire la bloquer (consultez la section « Supprimer ou bloquer des personnes », plus loin dans ce chapitre, pour plus d'informations sur ces sujets).

Recevoir et traiter une demande d'ajout

Logiquement, vous ne serez pas le seul à faire cette démarche et il est fort probable que vous receviez bien vite des invitations de personnes que vous connaissez. Dans ce cas, la marche à suivre est identique :

1. Une personne souhaite vous ajouter à son réseau et vous envoie une demande d'ajout à sa liste d'amis, avec éventuellement un message personnel. Vous recevez une notification de demande d'ajout à une liste d'amis. Le nombre de demandes s'affiche sur l'icône **Invitations** en haut de votre page Facebook (Figure 5.31).

2. Cliquez sur l'icône **Invitations** pour voir les demandes en attente.

3. Avant d'accepter ou d'ignorer une demande, vous pouvez cliquer sur le nom de la personne pour voir son profil public. Selon les paramètres de confidentialité choisis par cette personne, cela vous fournira un complément d'informations à son sujet. Rappel : le profil public d'une personne est celui que « tout le monde » peut voir. Son contenu dépend des paramètres de confidentialité choisis. Il affiche au minimum le nom et la photo de la personne.

Figure 5.31 Invitations en attente de réponse.

❹ Si vous souhaitez ajouter cette personne à votre réseau, cliquez sur **Confirmer**. Si vous souhaitez ignorer la demande pour le moment, ne faites rien. Pour explicitement refuser l'invitation (la personne qui l'a envoyée n'en saura rien), cliquez sur **Supprimer l'invitation**.

❺ Une fois la demande acceptée, la personne est devenue votre « amie » et vous faites partie de son réseau.

Info

Vous pouvez aussi afficher une demande et décider de la traiter ultérieurement. Pour voir les demandes de contact en attente de réponse de votre part, cliquez sur  → **Afficher tout**. N'oubliez pas non plus que vous pouvez à tout moment supprimer une personne de votre liste d'amis, et même la « bloquer » en cas de problème (comme expliqué plus loin dans ce chapitre).

Les invitations Messenger

Si vous utilisez la version mobile de Facebook sur smartphone, ainsi que son complément incontournable, Facebook Messenger (consultez le Chapitre 8), vous pourrez aussi recevoir des invitations à dialoguer sur Facebook Messenger, sans nécessairement devenir « ami » avec la personne à l'initiative de la démarche. Cela permet ainsi à des personnes membres de Facebook de communiquer, sans pour autant intégrer le réseau de l'autre.

Trouver vos amis sur Facebook

Au moment de la création de votre compte puis de votre profil Facebook, vous avez probablement envoyé quelques invitations, grâce à votre carnet d'adresses de messagerie électronique. Ce n'est que l'un des nombreux moyens mis à votre disposition par Facebook pour construire votre réseau.

Voici les autres techniques disponibles pour retrouver vos amis :

» effectuer une recherche à partir d'un nom et d'un prénom ;

» parcourir les listes d'amis de vos amis ;

» suivre les suggestions de Facebook ;

» utiliser l'outil de recherche d'amis.

Toutes ces voies seront explorées dans les sections qui suivent. Vous constaterez assez vite que, sur Facebook, tout est fait pour vous faciliter la tâche et vous aider à développer votre réseau rapidement.

Astuce

Avec l'expansion de votre réseau, vous constaterez aussi que le site offre une recherche intelligente, en recoupant diverses informations de votre réseau avec celles de ses membres. Par exemple, si vous cherchez une personne prénommée *Damien*, ne soyez pas surpris de voir d'abord apparaître tous les *Damien* figurant parmi les amis de vos amis, car il y a des chances que votre contact s'y trouve. Malin !

Rechercher une personne par son nom

La manière la plus simple de trouver quelqu'un sur Facebook est de le rechercher par son nom :

❶ Cliquez dans la zone de recherche en haut d'écran et saisissez le prénom et le nom de la personne. Les premiers résultats s'affichent. Les résultats sont classés par pertinence, ne vous étonnez donc pas de voir apparaître des personnes que vous connaissez d'abord : Facebook affiche les personnes faisant partie des amis de vos amis en priorité.

❷ Si la personne recherchée apparaît, cliquez sur son nom. Pour voir plus de résultats, cliquez sur la loupe puis sur le nom de la personne, si elle figure dans la liste. Il se peut aussi très bien que la personne ne soit pas (encore) inscrite sur Facebook ! Avec près de 2,4 milliards d'utilisateurs dans le monde à l'heure où ces lignes sont écrites, et des milliers de nouveaux membres chaque jour, il est fort probable que les recherches de noms assez communs produisent de nombreux résultats d'homonymes. Dans ce cas, regardez bien les photos.

3. Le profil public de la personne apparaît. La liste de vos amis en commun s'affiche aussi. C'est bien votre ami ? Dans ce cas, cliquez sur le bouton **Ajouter** (Figure 5.32).

Figure 5.32 Devenir ami sur Facebook, c'est simple comme un clic !

Astuce

Si vous n'êtes vraiment pas sûr d'avoir trouvé la bonne personne, vous pouvez envoyer un message *via* Facebook Messenger en lieu et place de la demande d'ajout. Cliquez sur le bouton **Message** en haut à droite du profil de la personne (Figure 5.33).

Figure 5.33 Ce bouton s'affiche uniquement si la personne concernée a autorisé les messages de la part de personnes extérieures à son réseau.

Chercher parmi les amis de vos amis

Sur Facebook, la notion d'« amis de vos amis » est importante. Elle est aussi utile, car bien entendu, les réseaux de vos proches se recouperont souvent entre eux et avec le vôtre. Une excellente manière de trouver et d'ajouter rapidement des amis à votre réseau est donc de parcourir les listes d'amis de vos amis :

1. Affichez le profil d'un ami en cliquant sur son nom. Cliquez sur le lien **Amis** (Figure 5.34). Remarquez le nombre d'amis communs avec cette personne, affiché dans le bouton.

Figure 5.34 Les amis de vos amis…

❷ La liste des amis de votre ami s'affiche. Si vous y reconnaissez vos propres amis, vous pouvez ainsi leur envoyer une demande d'ajout, comme expliqué précédemment.

Attention

Certaines personnes peuvent refuser l'accès à leur liste d'amis dans les paramètres de confidentialité. D'autres la rendent publique : cela signifie que vous pouvez y accéder, même si vous ne faites pas ou pas encore partie de leur réseau. Vous verrez dans ce cas uniquement la liste de vos amis communs.

Utiliser les suggestions de Facebook

Autre technique simple et efficace : suivre les suggestions de Facebook. Vous les verrez souvent et à divers emplacements dans votre page Facebook : dans la partie droite du fil d'actualité ou après avoir envoyé une demande d'ajout à une personne, par exemple.

Encore une fois, les suggestions (calculées à l'aide de programmes informatiques, rassurez-vous) partent du principe que vous avez des amis communs avec les personnes de votre réseau. Plus votre réseau sera étoffé et plus ces suggestions seront pertinentes (Figure 5.35).

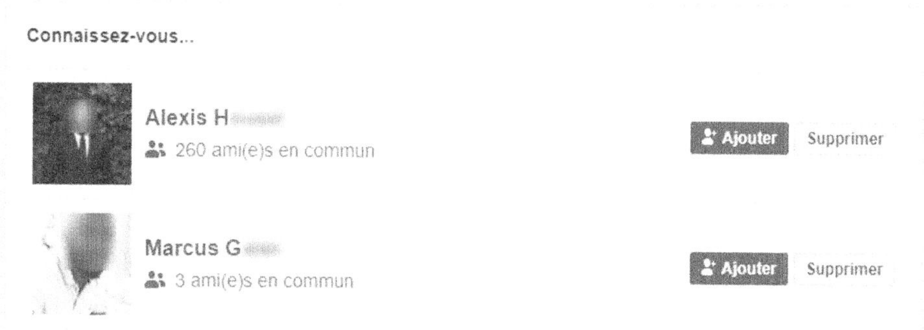

Figure 5.35 Facebook vous suggère des amis.

Info

Vos amis peuvent aussi vous envoyer une invitation pour vous suggérer d'ajouter un de leurs amis à votre propre réseau.

Pourquoi la personne recherchée semble-t-elle introuvable ?

Si vous ne parvenez pas à trouver une personne en effectuant une recherche, plusieurs causes sont possibles :

» Votre recherche n'est pas suffisamment précise ou est erronée. Essayez plusieurs orthographes et utilisez les filtres de recherche de manière précise.

» La personne concernée a peut-être utilisé un pseudonyme. Il n'est pas, en principe, autorisé par Facebook de s'inscrire en n'utilisant pas son vrai nom, mais il est très facile de contourner cette règle et de nombreux utilisateurs n'indiquent pas leur nom complet, afin de rester – relativement – anonymes.

» La personne concernée n'est pas inscrite sur Facebook. Cela arrive plus souvent qu'on ne le croit ! Si vous connaissez son adresse e-mail, vous pouvez lui envoyer une invitation à s'inscrire sur Facebook.

» La personne que vous recherchez a restreint ses paramètres de confidentialité et ne souhaite pas apparaître dans les résultats de recherche.

» La personne concernée vous a bloqué.

Que se passe-t-il lorsque vous envoyez une invitation ?

Quelle que soit la manière dont vous avez trouvé vos amis, vous avez envoyé des demandes, parfois accompagnées de messages personnels. Et maintenant ? Vous n'avez plus qu'à attendre, car tant que personne n'a accepté votre demande, rien ne se passe... De son côté, la personne reçoit donc une demande d'ajout à la liste d'amis, dont elle est notifiée sur sa page Facebook. Elle peut y voir votre photo. Elle peut aussi cliquer sur votre nom pour voir votre profil public. Il lui suffit de cliquer sur **Confirmer** pour valider votre demande.

Si la personne ignore la demande ou clique sur **Supprimer**, vous ne serez pas notifié, ni ajouté à son réseau d'amis.

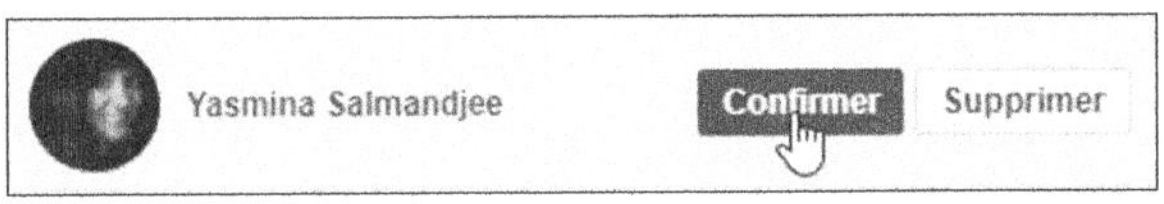

Figure 5.36 Voici la notification reçue par votre éventuel futur « ami » lorsque vous envoyez une demande.

Dans votre propre page Facebook, lorsque votre ami a accepté votre demande, une notification apparaît. Vous pouvez désormais accéder au journal de cette personne : il suffit de cliquer sur son nom.. Inversement, votre ami a désormais accès à votre profil et peut suivre votre actualité dans son propre Facebook. Vous êtes amis, au sens « Facebook » du terme !

Figure 5.37
La mention Amis apparaît en lieu et place du bouton Ajouter.

Info

Selon les paramètres de confidentialité choisis par votre ami, vous accéderez à ses informations, publications et photos, la liste de ses amis, *etc*. Ses dernières interactions sur Facebook s'afficheront désormais dans votre fil d'actualité. Vous pouvez aussi écrire dans son journal. Nous reviendrons sur toutes ces manières de communiquer avec vos amis dans les chapitres qui suivent.

Optimiser vos chances d'être trouvé sur Facebook

Affinez votre profil et vos réglages de compte afin d'optimiser vos chances d'être trouvé par un maximum d'amis sur Facebook :

» Utilisez vos véritables nom et prénom dans votre journal, bien entendu, mais n'oubliez pas d'ajouter un **autre nom** à votre compte si des personnes vous connaissent sous cet autre nom (surnom ou nom de jeune fille en particulier).

» Définissez vos paramètres de confidentialité de façon à autoriser les personnes à vous trouver lors de leurs recherches. Ces paramètres peuvent être changés rapidement dans la section **Paramètres → Confidentialité**. Choisissez **Tout le monde** pour l'option **Qui peut vous envoyer des invitations à devenir amis ?** (Figure 5.38). Consultez le Chapitre 9 pour plus d'informations à ce sujet.

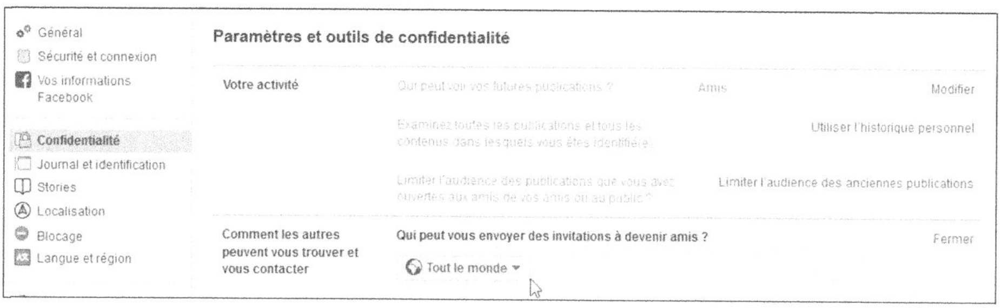

Figure 5.38
Les paramètres de confidentialité.

» Renseignez avec soin et précision vos informations générales, en particulier vos coordonnées, votre ville actuelle et votre ville d'origine, ainsi que les écoles et entreprises que vous avez fréquentées. Consultez la section « Compléter votre profil », précédemment dans ce chapitre, pour plus d'informations.

Info

À l'inverse, vous pouvez faire en sorte de ne pas être trouvé sur Facebook en restreignant vos paramètres de confidentialité : consultez le Chapitre 9. Vous pouvez aussi bloquer des personnes spécifiques. Consultez la suite de ce chapitre pour plus de détails à ce sujet.

Organiser votre réseau

Une fois votre réseau démarré, ne négligez pas son organisation ! Les listes sont un moyen puissant et incontournable de maîtriser la confidentialité de vos publications ou encore d'affiner les réglages de sécurité. Vous en découvrirez toutes les subtilités dans cet ouvrage. Enfin, vous verrez comment gérer les cas parfois délicats de « rupture amicale » sur Facebook, et même le blocage de personnes, si besoin.

Voir la liste de tous vos amis

❶ Pour voir la liste de tous vos amis, affichez votre journal Facebook, puis cliquez sur le lien **Amis** (Figure 5.39).

Figure 5.39 Affichez votre liste d'amis.

Votre liste d'amis complète apparaît. Pour chacun d'eux, la liste à laquelle il appartient et son nombre d'amis s'affichent ou, à défaut, si l'affichage de la liste d'amis n'est pas autorisé par cette personne, le nombre d'amis que vous avez en commun.

❷ Vous pouvez saisir les premières lettres d'un nom dans le champ de recherche pour filtrer votre liste d'amis et retrouver une personne rapidement.

❸ Il suffit de cliquer sur le nom d'une personne pour afficher son journal. Survolez le nom pour voir des informations essentielles.

Utiliser les listes pour organiser vos amis

Les listes sont un outil essentiel pour trier vos contacts Facebook et maîtriser la confidentialité de vos publications. Imaginons par exemple que vous ayez accepté dans votre réseau Facebook des amis, des membres de votre famille, des collègues ou même des supérieurs hiérarchiques et de simples connaissances. Certaines publications ne concerneront pas l'ensemble de votre réseau. Vous souhaiterez peut-être que certaines photos restent dans un cadre privé. Certaines informations sont trop confidentielles pour les partager avec des quasi-inconnus que vous ne fréquentez pas vraiment dans la « vraie vie ». Les listes répondent exactement à ces besoins. Un autre exemple ? Si vous possédez plusieurs « tribus » d'amis parlant des langues différentes, les listes seront la solution idéale.

Il existe trois types de listes : les listes spéciales, les listes intelligentes et les listes personnalisées.

Que sont les listes spéciales ?

Les listes spéciales permettent de démarrer le classement de vos amis en listes. Elles sont au nombre de trois : **Amis proches**, **Connaissances** et **Restreint**. Elles bénéficient de propriétés particulières :

» **Amis proches** : utilisez cette liste pour vos meilleurs amis. Vous verrez ainsi tous leurs messages dans votre fil d'actualité et serez notifié dès lors qu'ils publieront des informations.

» **Connaissances** : utilisez cette liste pour les personnes avec lesquelles vous n'avez pas besoin de rester en contact étroit. Les publications des personnes appartenant à cette liste occupent une place de second plan dans le fil d'actualité.

» **Restreint** : utilisez cette liste pour les personnes que vous avez ajoutées en tant qu'amis, mais avec lesquelles vous ne souhaitez pas partager certaines informations. Seuls votre contenu **public** ou les publications dans lesquelles vous identifiez la personne concernée sont accessibles aux membres de cette liste.

Astuce

La liste **Restreint** est très pratique, car elle permet de limiter ce que quelqu'un peut voir, sans bloquer ou retirer cette personne de votre liste d'amis.

Que sont les listes « intelligentes » ?

Plusieurs listes créées par Facebook sont dites « intelligentes » car elles se mettent à jour automatiquement en fonction des informations que vous avez en commun avec vos amis : écoles, entreprises fréquentées, ville, *etc.* Elles s'appuient sur les informations saisies dans les sections **Formation et emploi** et **Ville actuelle** de votre journal.

Ainsi, si vous vivez à Toulouse, la liste **Toulouse**, incluant tous vos amis Facebook ayant indiqué vivre à Toulouse, est créée. Une liste intelligente sera aussi créée pour regrouper les anciens élèves de votre université, par exemple.

Info

Ces listes sont automatiquement mises à jour lorsque vos amis actualisent leurs informations de profil ou leur journal. Ainsi, ne vous étonnez pas de voir une personne disparaître de la liste **Toulouse** si celle-ci indique son déménagement dans son journal ! Vous pouvez modifier la distance de manière à ajuster la longueur de la liste, et ajouter ou supprimer manuellement des personnes appartenant à la liste. Consultez la section « Modifier les réglages des listes intelligentes » plus loin dans ce chapitre.

Créer des listes personnalisées

Si votre réseau est déjà bien étoffé, n'hésitez pas à créer des listes personnalisées, en plus des listes spéciales et des listes intelligentes, pour classer vos amis par groupes.

❶ Cliquez sur **Plus** puis sur **Liste d'amis** en regard de la rubrique **Parcourir**, dans le menu à gauche (Figure 5.40).

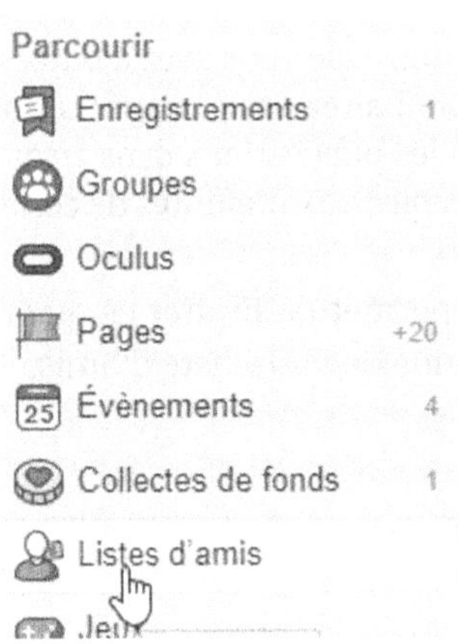

Figure 5.40 Affichez vos listes d'amis.

2. Vos listes existantes s'affichent. Facebook propose par défaut plusieurs listes intelligentes. Plusieurs autres sont créées automatiquement par Facebook au fur et à mesure que votre réseau s'agrandit (en fonction de l'origine géographique de vos contacts, par exemple). Vous pouvez les utiliser ou créer vos propres listes.

3. Cliquez sur le bouton **Créer une liste**.

4. Donnez un nom à votre liste (« Amis proches », « Collègues de l'agence immobilière » ou « Amis du club de natation », par exemple).

5. Indiquez les amis à inclure immédiatement dans la liste (Figure 5.41).

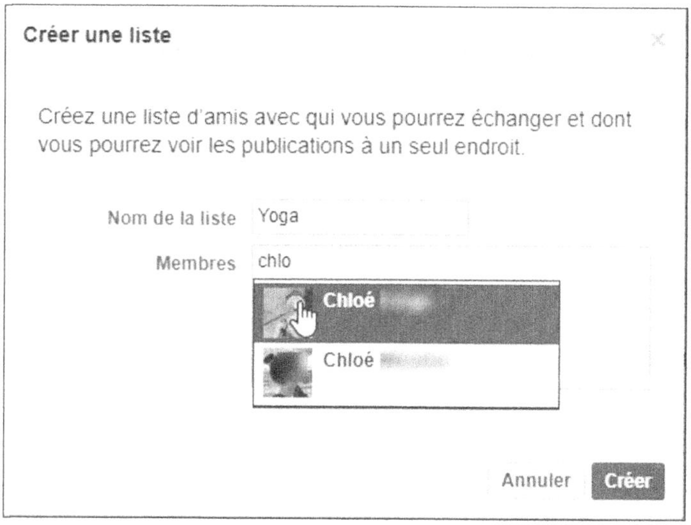

Figure 5.41 Saisissez les premières lettres du nom d'un ami, puis cliquez sur son nom pour l'ajouter.

6. Cliquez sur le bouton **Créer**.

7. Recommencez pour créer d'autres listes. Une personne peut faire partie de plusieurs listes.

8. Vous pouvez alors publier immédiatement un statut à destination des membres de la liste, exactement comme vous publieriez un statut dans votre journal : cliquez sur son nom dans la section **Amis** à gauche. Publiez votre statut dans la zone **Exprimez-vous**. Seuls les membres de la liste verront cette publication. Au-dessous de la zone de publication de statut, vous pouvez voir l'ensemble des publications effectuées par les amis inclus dans le groupe choisi.

Attention

Un groupe et une liste sont deux choses bien différentes ! L'utilisation d'une liste personnalisée diffère de celle d'un groupe dans le sens où la liste est un sous-ensemble de vos amis, tandis qu'un groupe est ouvert à l'ensemble des membres de Facebook, même s'il est privé. Dans la page d'un groupe, vous pouvez voir uniquement les publications effectuées par les membres du groupe et dans le groupe, tandis que la liste permet de filtrer le contenu du fil d'actualité et de publier à destination d'une partie de vos amis. Enfin, une personne ajoutée à un groupe en est informée alors que l'utilisation des listes reste transparente vis-à-vis de vos amis. Consultez le Chapitre 6 pour plus d'informations au sujet des groupes.

Info

Vous pouvez à tout moment publier à destination des membres d'une liste ou voir les publications partagées avec ses membres. Il est aussi très simple de réorganiser les listes existantes. Vous pouvez voir les listes existantes et accéder à leur contenu rapidement, dans la barre latérale gauche de votre page Facebook. Cliquez sur le nom d'une liste dans la section **Amis** à gauche pour afficher son contenu. La liste des personnes faisant partie de la liste s'affiche dans la zone **Dans cette liste** à droite. Cliquez éventuellement sur **Voir tout** pour afficher la liste dans son intégralité. Utilisez le champ **Ajouter à cette liste** pour inclure rapidement un ami dans la liste : saisissez les premières lettres de son nom ou prénom, puis cliquez sur sa photo. Remarquez les suggestions intelligentes de Facebook pour compléter le groupe : elles utilisent les informations fournies par vos amis dans leur propre journal (ville, activité professionnelle, parcours scolaire, *etc.*). Pour ajouter ou supprimer plusieurs amis rapidement de la liste, cliquez sur le bouton **Gérer la liste → Modifier la liste** en haut à droite.

Définir le niveau de confidentialité d'une publication grâce aux listes

À chaque publication, qu'il s'agisse d'un statut, d'un lien ou d'une photo, vous pouvez choisir exactement le niveau de diffusion souhaité, grâce aux listes.

1. Préparez une nouvelle publication : saisissez du texte, ajoutez des photos, un lieu ou des personnes impliquées, comme vous le faites habituellement.

2. Cliquez sur le bouton indiquant le niveau de confidentialité par défaut, à gauche du bouton **Publier**. Cliquez éventuellement sur **Plus d'options** si celle que vous recherchez n'apparaît pas. Cliquez sur le nom d'une liste (Figure 5.42).

Figure 5.42 Choisissez un niveau de confidentialité via une liste.

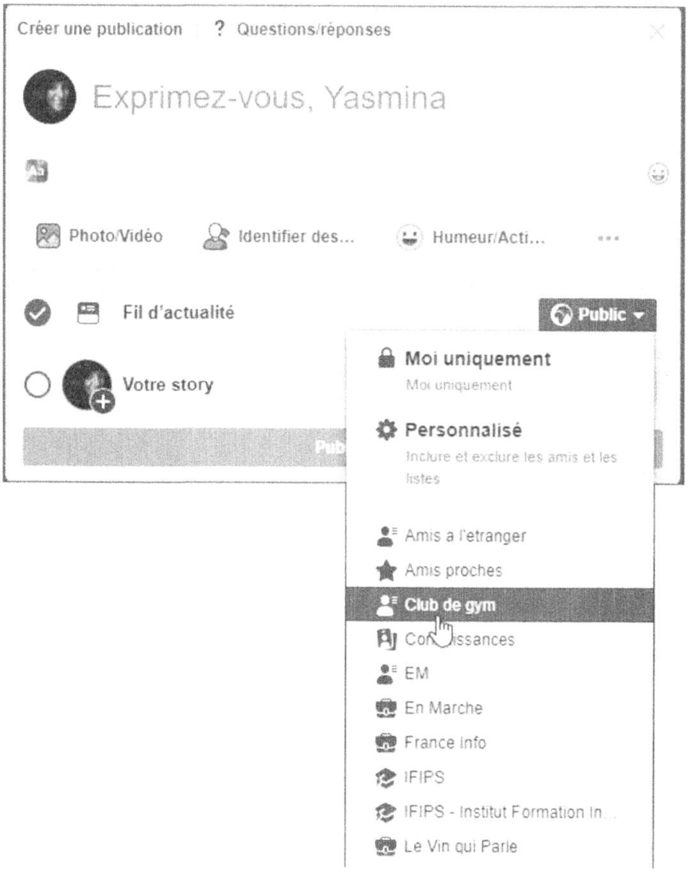

❸ Cliquez sur le bouton **Publier**.

❹ Le statut, le lien ou la photo est publié dans le fil d'actualité des amis faisant partie de la liste choisie.

Modifier les réglages des listes intelligentes

Vous pouvez modifier les options des listes intelligentes. Il est, par exemple, possible d'ajuster le rayon utilisé pour créer la liste **Région**, comme l'âge des amis ayant fréquenté votre école.

❶ Cliquez sur la liste intelligente **Région** dans la section **Amis** à gauche pour afficher son contenu (ou cliquez sur **Plus** pour voir l'ensemble de vos listes).

❷ Vous pouvez voir les paramètres utilisés pour définir le périmètre de la liste intelligente (Figure 5.43).

Figure 5.43 Les listes intelligentes sont signalées par ⚡ à droite de leur nom.

❸ Cliquez sur le bouton **Gérer la liste → Changer le rayon** en haut à droite. Le libellé affiché dans ce menu dépend du type de la liste : géographique, par critère d'âge, *etc.* Définissez le rayon de la liste intelligente.

❹ Cliquez sur le bouton **Enregistrer**.

❺ De la même manière, cliquez sur le nom d'une liste correspondant à un établissement scolaire fréquenté. Cliquez sur le bouton **Gérer la liste** puis sur **Choisissez une plage d'âge**.

Info

Certaines listes intelligentes n'ont aucun paramètre à ajuster : c'est le cas, par exemple, des listes d'anciens collègues fréquentés au sein d'une entreprise.

Astuce

Les listes intelligentes respectent les paramètres de confidentialité. Par conséquent, si la ville où vous vivez est uniquement visible de certains amis, ces amis sont les seuls à pouvoir vous ajouter à leur liste fondée sur la ville actuelle.

Supprimer ou bloquer des personnes

Comment réagir si vous avez fait une erreur en acceptant un « ami » dans votre réseau ou si une personne parmi « vos amis » vous importune ? Et puis les amitiés se font et se défont parfois, dans la vraie vie, et il faut évidemment gérer ce sujet sur Facebook !

La réponse est simple : vous pouvez simplement décider de **supprimer une personne de votre liste d'amis**.

Si une personne vous importune ou vous gêne au point que vous ne souhaitiez aucune interaction avec elle, vous pouvez la **bloquer et la signaler à Facebook**.

Astuce

Une dernière solution, évoquée précédemment, permet de limiter la visibilité de vos publications pour une personne sans pour autant la supprimer de votre liste d'amis : l'utilisation de la liste spéciale **Restreint**. Consultez la section « Que sont les listes spéciales ? », précédemment dans ce chapitre, pour plus d'informations.

Supprimer un ami

Si vous le souhaitez, vous pouvez à tout moment supprimer un « ami » de votre réseau.

❶ **Affichez son profil. La méthode la plus rapide consiste à saisir les premières lettres de son nom dans le champ de recherche, puis à cliquer sur son nom. Pour voir la liste de tous vos amis, affichez votre profil Facebook, puis cliquez sur le lien Amis dans la partie gauche de la page. Votre liste d'amis complète apparaît. Cliquez sur le nom d'une personne pour afficher son profil.**

❷ Cliquez sur le bouton **Amis**.

❸ Choisissez l'option **Retirer de la liste d'amis** (Figure 5.44).

Attention

La personne retirée de votre liste d'amis ne recevra aucune notification suite à cette suppression, mais pourra néanmoins constater que vous l'avez « éliminée » si elle parcourt sa propre liste d'amis, bien sûr, mais aussi en affichant votre profil, puisqu'elle n'aura plus accès qu'à votre profil public. Si vous regrettez votre geste, il ne vous restera plus qu'à renvoyer une demande d'ajout à la personne concernée. N'oubliez pas non plus l'existence de la liste spéciale **Restreint**, qui, sans supprimer l'ami concerné de votre réseau, ne lui donne plus accès qu'à vos publications publiques.

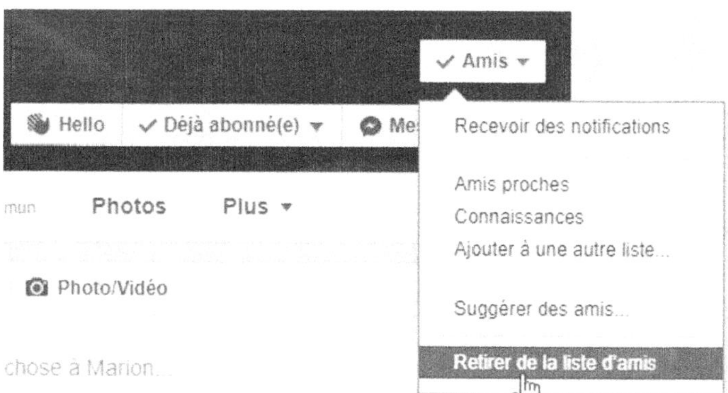

Figure 5.44 La personne retirée de votre liste d'amis ne fait plus partie de votre réseau et n'a plus accès à votre journal (du moins sa partie non publique). Inversement, vous ne faites plus partie de son réseau et n'accédez plus à son journal.

Bloquer une personne

Pour aller encore un cran plus loin dans la rupture des liens avec une personne, vous pouvez la bloquer et éventuellement la signaler à Facebook. Cela est aussi possible avec une personne qui n'a jamais fait partie de vos amis. Le fait de bloquer quelqu'un empêche la plupart des interactions entre vous et cette personne sur Facebook : vous devenez en quelque sorte invisible pour la personne bloquée. Elle ne peut alors ni vous retrouver dans les recherches, ni voir votre profil (même le profil public), *a fortiori* écrire dans votre journal ou même vous envoyer des messages. Elle n'a plus accès non plus à toutes vos publications *via* le journal d'amis communs ou les groupes dont vous feriez tous deux partie. Il y a deux façons différentes de bloquer une personne : tout dépend si cette personne fait partie de vos « amis » ou non.

❶ **Pour bloquer un « ami », affichez son journal puis cliquez sur [···] → Bloquer….**

❷ Cliquez sur le bouton **Confirmer**.

❸ Cliquez sur **OK** pour fermer la fenêtre de confirmation (Figure 5.45).

Figure 5.45
Bloquer une personne.

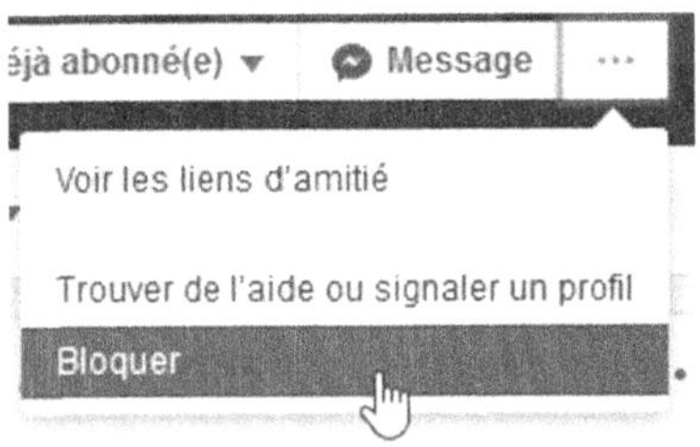

Info

L'option **Signaler** vous permet d'alerter Facebook au sujet d'une personne ou d'un profil : si le contenu publié par une personne vous semble digne d'être signalé pour quelque raison que ce soit ou si le profil vous semble être faux ou piraté, cliquez sur [···] → **Signaler**, puis choisissez une option et cliquez sur **Continuer**.

Bloquer une personne qui ne fait pas partie de vos amis

Vous pouvez également bloquer une personne qui ne fait pas ou plus partie de vos amis : cela l'empêchera d'accéder à votre profil public ou de voir vos photos et commentaires sur les publications d'amis communs, par exemple.

Vous devez indiquer son nom ou son adresse de messagerie : cliquez sur → **Paramètres**, puis sur **Blocage** dans le menu latéral. Saisissez alors le nom ou l'adresse électronique de la personne que vous souhaitez bloquer dans le champ **Bloquer des utilisateurs**. Si vous saisissez un nom, les membres de Facebook correspondants s'affichent.

Il est possible que la personne recherchée n'apparaisse pas, en particulier si elle-même vous a bloqué. Si vous la voyez dans la liste, cliquez sur **Bloquer** en regard de son nom. En cas de difficulté à identifier la personne parmi de nombreux homonymes, il est préférable d'indiquer une adresse e-mail. La recherche sera effectuée au sein de toutes les adresses de messagerie indiquées par les membres de Facebook, y compris les adresses secondaires. Si l'adresse électronique n'est pas encore associée à un compte, toute personne qui ouvrira un compte avec cette adresse sera également bloquée.

Débloquer une personne bloquée

Après avoir bloqué une personne, vous pouvez changer d'avis et la débloquer. Notez que si cette personne ne fait pas partie de vos amis, elle n'en fera toujours pas partie après le déblocage, bien entendu. Vous ne serez toutefois plus « invisible » pour elle.

❶ Cliquez sur → **Paramètres**.

❷ Cliquez sur la section **Blocage** dans le menu de gauche.

❸ Cliquez sur le lien **Débloquer** en regard du nom de la personne concernée dans la liste des personnes bloquées (Figure 5.46).

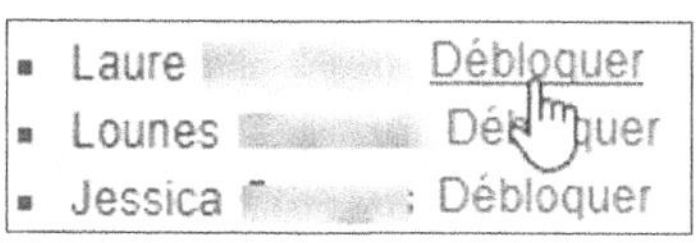

Figure 5.46
Notez que la personne sera retirée de votre « liste noire » et ne pourra pas être bloquée de nouveau dans les 48 heures qui suivront cette opération.

❹ Cliquez sur **Confirmer**.

Les abonnements

Le concept de l'abonnement permet de suivre les mises à jour publiques des personnes avec lesquelles vous n'êtes pas ami. Lorsque vous êtes déjà ami avec une personne, l'abonnement permet d'affiner le contenu de votre fil d'actualité : vous pouvez choisir de voir les publications d'un ami spécifique en priorité ou, au contraire, de ne plus les y faire apparaître.

De la même manière, vous pouvez autoriser les abonnements afin que des personnes ne faisant pas partie de vos amis puissent suivre vos mises à jour publiques. Toute personne vous ayant envoyé une invitation à rejoindre son réseau et en attente de réponse pourra ainsi voir les éléments que vous publiez de façon publique dans son fil d'actualité.

Pour suivre les publications d'une personne dont vous n'êtes pas l'ami sur Facebook, rendez-vous dans son journal : effectuez par exemple une recherche parmi les membres de Facebook ou au sein des amis de vos amis, puis cliquez sur le bouton **S'abonner** (Figure 5.47).

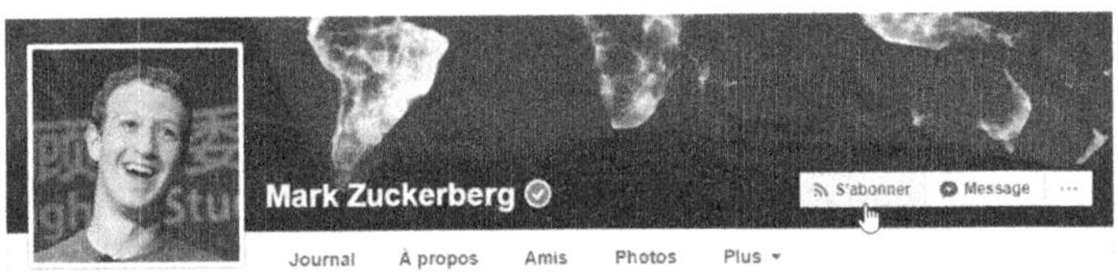

Figure 5.47
Toutes les publications publiques de cette personne s'afficheront désormais dans votre fil d'actualité.

Commenter, « aimer », réagir et partager

L'intérêt de Facebook résidant dans l'interactivité entre ses membres, tout est fait pour que vous puissiez participer et réagir à ce qui se passe sur le réseau. Ainsi, chaque fois qu'un élément apparaît dans le fil d'actualité, vous pouvez le **commenter**, c'est-à-dire saisir quelques mots au-dessous pour donner votre opinion ou répondre, indiquer que vous **aimez**, **réagir** ou encore le **partager** dans votre propre journal.

Info

À ses débuts, et pendant de nombreuses années, le lien **J'aime** permettait tout simplement d'indiquer aux membres de Facebook qu'ils « aimaient » une publication. En début d'année 2016, Facebook introduit le concept de « **réaction** » et il est désormais possible de choisir parmi six émojis lorsque l'on clique sur le bouton **J'aime**.

Cela est valable pour les statuts Facebook de vos amis, les photos et infos publiées, les liens partagés, *etc.* Vous pouvez même commenter le fait qu'un ami soit devenu ami avec une personne ou fan d'une page. Et, bien sûr, vous pouvez voir les commentaires, appréciations et partages déjà effectués. Leur nombre s'affiche sous la publication (Figure 5.48).

Figure 5.48
Une publication Facebook.

1 Indiquer que vous « aimez » ou choisir une « réaction »
2 Ajouter un commentaire
3 Partager la publication
4 Nombre de réactions
5 Nombre de commentaires et de partages
6 Date, heure et éventuellement lieu de la publication
7 Niveau de confidentialité de la publication

Info

Le niveau de confidentialité (ou de diffusion) de la publication est celui décidé par la personne ou page qui la partage : signifie que la publication est publique, signifie qu'elle est réservée aux amis de la personne ayant partagé la publication, indique une audience définie par un réglage personnalisé, dont vous faites donc partie.

Lorsque les commentaires sont nombreux, ils sont triés par « pertinence », les commentaires de vos amis et ceux ayant reçu le plus de réactions arrivant en tête. Vous pouvez afficher les commentaires dans l'ordre chronologique en cliquant sur **Nouveaux**, tout voir avec l'option **Tous les commentaires**, ou conserver l'option par défaut, **Les plus pertinents**.

Nous y reviendrons, mais vous pouvez aussi éditer tout commentaire que vous avez vous-même publié et supprimer les commentaires d'autres personnes lorsque vous êtes celui qui a publié l'élément d'origine.

Commenter une publication

Pour commenter une publication, cliquez sur le lien **Commenter** puis tapez du texte dans la zone de saisie. Pour publier le commentaire, appuyez sur **Entrée**.

Si des commentaires ont déjà été publiés, les derniers en date s'affichent sous la publication et vous pouvez directement saisir le vôtre dans la zone de saisie (Figure 5.49).

Attention

Attention : un commentaire est immédiatement diffusé et visible non seulement dans votre fil d'actualité, mais aussi sur le profil de la personne ou la page concernée.

Figure 5.49 Vous pouvez agrémenter votre commentaire d'un GIF animé grâce au bouton GIF.

Identifier une personne dans un commentaire

Vous pouvez ajouter le nom d'une personne dans un commentaire. La personne concernée recevra une notification et un lien vers son journal sera automatiquement créé :

❶ **Saisissez le texte de votre commentaire comme expliqué à la section précédente.**

❷ Saisissez les premières lettres du nom de la personne : les amis de votre réseau correspondants s'affichent dans une liste.

❸ Cliquez sur le nom de la personne à mentionner (Figure 5.50).

Figure 5.50
Mentionnez une personne.

❹ Le nom de la personne est inséré dans le commentaire, sous la forme d'un lien cliquable, qui redirigera vers le profil de l'ami concerné. Notez que vous pouvez effacer une partie du nom – tout en conservant le caractère cliquable du lien – pour n'indiquer, par exemple, que le prénom.

Info

La personne mentionnée recevra une notification. De même, si un ami vous mentionne dans un commentaire, vous en serez notifié.

Astuce

Si le nom n'est pas reconnu ou pour identifier une page, un évènement, un groupe ou encore une application, saisissez le symbole **@**. Une liste de suggestions s'affiche. Cliquez sur le nom de l'élément à mentionner dans le menu déroulant qui s'affiche.

Attention

Si vous ne voyez pas de lien **Commenter** sous une publication, c'est que son auteur n'a pas autorisé les commentaires pour la catégorie d'utilisateurs dont vous faites partie.

Les notifications après avoir commenté une publication

Lorsque vous commentez, aimez ou partagez une publication de vos amis, des notifications vous sont envoyées chaque fois qu'une autre personne y réagit aussi (même si elle ne fait pas partie de vos contacts : il peut s'agir d'un ami de vos amis).

Le nombre de notifications reçues s'affiche sur l'icône **Notifications** dans la barre d'outils Facebook (Figure 5.51).

Figure 5.51
Une notification.

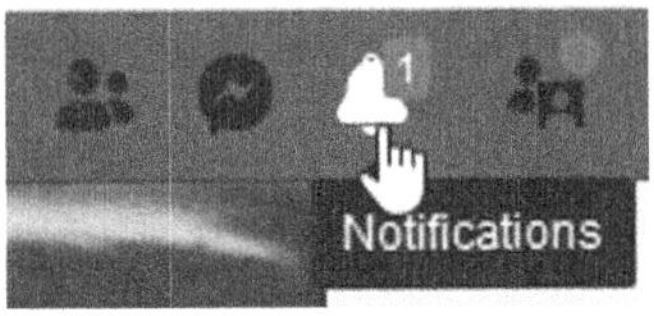

Vous pouvez ainsi suivre une conversation ou un débat lancé par une publication.

De même, lorsque vous publiez quelque chose dans votre journal ou dans celui d'un ami, des notifications vous indiquent tous les commentaires, « J'aime » et partages effectués par vos amis et les amis de vos amis (Figure 5.52).

Figure 5.52
Cliquez sur la ligne d'une notification pour afficher la publication concernée.

Couper le son des notifications

À chaque notification reçue, votre navigateur Web émet un son, en plus de l'affichage d'une pastille rouge dans la barre Facebook en haut à gauche de la fenêtre. Vous pouvez désactiver ce son. Cliquez sur ▾ → **Paramètres**. Cliquez sur **Notifications** dans la barre de menus à gauche de la page. Dans la section **Paramètres de notification**, cliquez sur l'option **Modifier** vis-à-vis de **Sur Facebook**. Désactivez les options **Émettre un son à chaque nouvelle notification** et/ou **Émettre un son à la réception d'un message** (Figure 5.53).

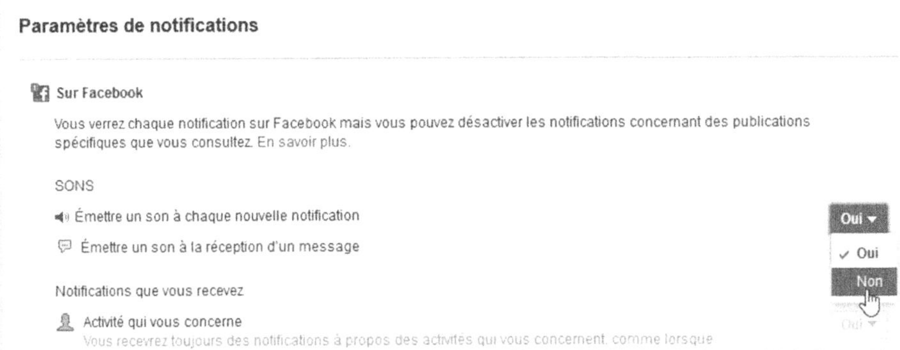

Figure 5.53
Cliquez sur la ligne d'une notification pour afficher la publication concernée.

Que signifie « aimer une publication » ?

Invention notable de Facebook, le lien **J'aime** est un concept à la fois simple et très puissant. Il permet, au lieu de commenter une actualité en toutes lettres, de simplement notifier que vous « aimez » l'information en question.

Simple, car il suffit d'un clic pour à la fois montrer que vous avez pris connaissance de l'info et l'aimez, même si le mot est parfois un peu fort. Vous affichez ainsi ouvertement votre appréciation positive de quelque chose. Vous pouvez voir combien d'autres personnes ont le même avis que vous grâce au nombre de « J'aime » affiché à côté ou sous les commentaires. Le nombre de « J'aime » sur une page ou affiché sous un élément de votre fil d'actualité est un indicateur fort de l'impact d'une info ! Facebook s'en sert d'ailleurs pour décider quelles actualités sont « intéressantes » ou « à la une ». Le « J'aime » est paradoxal. Il peut être agaçant de voir que la plupart des gens ne prennent plus la peine de réagir « en toutes lettres » et choisissent la facilité, en un clic. Néanmoins, un « J'aime » vaut parfois mieux que mille mots...

Les réactions

Tout début 2016, de nouvelles fonctionnalités font leur apparition sur Facebook aux côtés du célèbre « J'aime » : les nouveaux émojis de réaction. Ils permettent de réagir, donc, de façon plus subtile que par un simple « J'aime ». Ils sont au nombre de cinq : « J'adore », « Haha », « Wouah », « Triste » et « Grr ».

Réagir à une publication

❶ Pour « aimer » une publication, cliquez simplement sur le lien **J'aime** situé au-dessous.

❷ Vous apparaissez désormais dans la liste des personnes qui aiment l'élément en question. Vous pouvez aussi survoler le lien **J'aime** avant de cliquer pour choisir une réaction (Figure 5.54).

Figure 5.54 Choisissez un simple et classique « J'aime », ou « J'adore », « Haha », « Wouah », « Triste », « Grr ».

Info

Influence anglo-américaine oblige, le verbe « *Liker* », qui ne veut rien dire en anglais, a fait son apparition dans la bouche des adeptes les plus fervents de Facebook, et signifie « cliquer sur J'aime ». Il vient bien sûr du fait que « J'aime » se dit « *I like* » en anglais.

Astuce

Vous pouvez changer d'avis à tout moment : affichez la publication concernée et cliquez à nouveau sur le lien **J'aime**. Le lien redevient gris et vous ne faites plus partie de la liste des personnes qui aiment la publication. Vous pouvez aussi changer de réaction en survolant le lien.

Partager des éléments

Le dernier moyen de réagir et d'interagir avec une publication est de la partager, c'est-à-dire de la diffuser à votre tour, dans votre propre journal. Cette option concerne les liens, photos et vidéos partagés par des membres de votre réseau ou les pages que vous aimez.

❶ Pour diffuser un élément déjà publié par une autre personne ou une page dans votre propre journal, cliquez sur le lien **Partager** (Figure 5.55).

Figure 5.55 Partagez une publication.

❷ L'option la plus rapide consiste à republier l'élément tel quel dans votre propre journal, avec le niveau de confidentialité choisi par défaut pour les publications dans le fil d'actualité. À moins que vous ne l'ayez modifié, il s'agit de **Amis** (Figure 5.56).

Figure 5.56
La publication apparaît désormais dans votre propre journal.

❸ Pour choisir d'autres options de publication, partager l'élément dans le journal d'un ami, dans un groupe, un évènement ou encore ajouter un message au contenu partagé, cliquez sur **Partager...** puis choisissez un niveau de confidentialité en bas de la fenêtre (vous pouvez partager l'élément de façon publique, avec vos amis uniquement, ou choisir un réglage personnalisé, une liste, *etc.*) puis cliquez sur **Partager** (Figure 5.57).

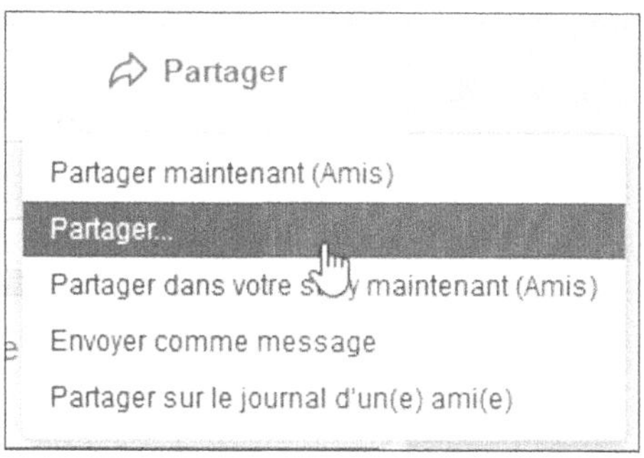

Figure 5.57
Les options de partage.

❹ Pour partager l'élément dans votre story, choisissez l'option **Partager dans votre story maintenant**. Le niveau de confidentialité choisi par défaut pour le partage en tant que story apparaît entre parenthèses.

❺ Vous pouvez enfin partager l'élément dans un message privé avec un autre membre de Facebook : cliquez sur **Partager** puis sur **Envoyer comme message**. Saisissez le nom d'un ou de plusieurs amis dans la zone **À**, ajoutez éventuellement quelques mots dans la zone **Dites quelque chose à propos de ceci**, puis cliquez sur **Envoyer un message**.

Astuce

Les statuts, les liens et les photos ne sont pas les seules choses que vous pouvez partager. Si vous aimez une page, par exemple, vous pouvez la partager avec vos amis. Affichez la page concernée, cliquez sur le bouton [...], puis sur **Partager**.

Le fil d'actualité

Nous avons déjà évoqué le concept du statut précédemment. Dès que vous le mettez à jour, votre statut s'affiche dans votre journal, mais est aussi visible dans le **fil d'actualité** de tous vos amis.

C'est un autre concept essentiel de Facebook : chaque fois que vous ouvrez Facebook, au lieu de voir votre propre journal (ce qui aurait un intérêt limité), c'est le fil d'actualité de votre réseau qui s'affiche.

Il s'agit de votre page d'accueil personnalisée sur Facebook (ce qui est différent de votre journal Facebook présenté précédemment).

Le fil d'actualité est constitué des actions, publications et interactions de votre réseau : mises à jour du profil ou du statut Facebook, échanges de liens, photos où apparaissent vos amis, nouvelles informations diffusées par les groupes ou pages auxquels vous participez, *etc.* En un mot, toutes les nouvelles de votre réseau ! Cela vous permet ainsi de savoir tout ce qui se passe, sans avoir à consulter les profils de chacun de vos amis, individuellement.

Le fil d'actualité est constitué des publications de vos amis et des pages dont vous êtes fan. Il affiche les contenus selon un ordre complexe, en mettant en avant les plus « intéressants » (selon Facebook), publiés par vos amis. Le contenu « intéressant » est décidé par un algorithme, bien entendu. Ce programme informatique prend en compte le nombre d'amis qui commentent un contenu, la personne qui l'a publié et le type du contenu publié. L'usage des listes intelligentes (consultez le chapitre précédent) peut aussi influer : les contenus publiés par vos « amis proches » sont considérés comme plus intéressants que ceux publiés par vos « connaissances », par exemple.

Info

Outre les publications provenant de vos amis et des pages que vous aimez, vous pourrez voir les identifications de photos, les demandes d'ajout à une liste d'amis, les mises à jour d'évènements, les inscriptions à des groupes, par exemple, s'afficher dans votre fil d'actualité. Dans votre fil d'actualité apparaissent également des publications de membres Facebook ne faisant pas partie de vos amis, lorsque vos amis réagissent à des publications d'autres personnes.

Votre fil d'actualité n'est peut-être pas encore bien rempli ou diversifié, puisqu'il est constitué des nouvelles de tous vos amis et des pages que vous aimez, mais il ne tardera pas à l'être.

Afficher et actualiser le fil d'actualité

Le fil d'actualité est automatiquement mis à jour chaque fois que vous ouvrez Facebook ou revenez sur la page principale.

Pour afficher ou forcer l'actualisation du fil d'actualité lorsqu'il est déjà affiché, à tout moment, cliquez sur le logo **Facebook** en haut à gauche de la fenêtre (Figure 5.58).

Figure 5.58

Pour voir votre fil d'actualité et le réactualiser, à tout moment, cliquez sur le logo Facebook en haut à gauche de la fenêtre.

Personnaliser et filtrer le fil d'actualité

Vous pouvez personnaliser votre fil d'actualité et filtrer l'affichage de certains éléments. Certaines actualités sont par exemple redondantes ou inintéressantes (*Lucienne a atteint le niveau 113 de Candy Crush !*). Vous pouvez aussi enregistrer un lien intéressant afin de le consulter ultérieurement.

❶ **Cliquez sur la flèche qui apparaît dans le coin supérieur droit d'une publication du type concerné pour afficher le menu.**

2 Choisissez l'option **Enregistrer le lien** pour sauvegarder l'élément dans votre collection d'éléments enregistrés. Vous pourrez le consulter à tout moment en cliquant sur **Enregistrements** dans le menu Parcourir de votre page d'accueil Facebook.

3 Pour masquer la publication et toutes les publications du type concerné, cliquez sur **Masquer la publication** (Figure 5.59).

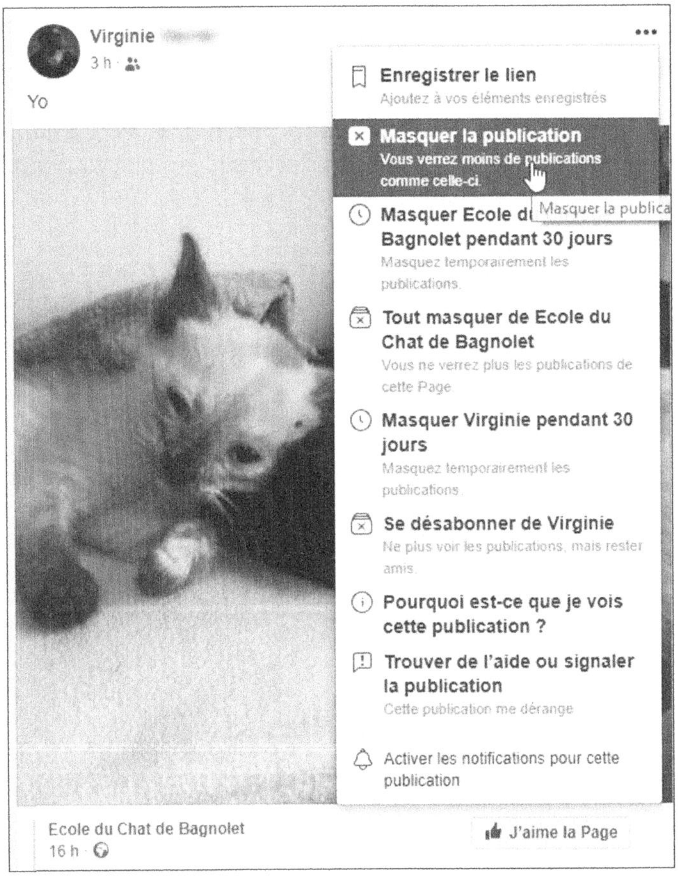

Figure 5.59 Masquez certaines actualités qui ne vous intéressent pas.

4 Pour masquer toutes les publications de la personne, cliquez sur **Se désabonner de....** S'il s'agit d'une publication d'une page ou d'un groupe, vous pouvez choisir de ne plus suivre les messages de la page ou du groupe concerné. Vous pouvez utiliser cette méthode pour masquer les actualités émises par une page. Cela n'annule pas pour autant la mention « J'aime » dans votre journal. Cliquez sur **Tout masquer de....**

Info

Notez que vous pouvez aussi masquer temporairement les publications d'une personne ou d'un groupe/page. Choisissez l'option **Masquer... pendant 30 jours**. Si vous changez d'avis et souhaitez réintégrer les actualités d'un type donné dans le fil d'actualité, rendez-vous dans le journal de l'ami concerné. Cliquez sur le bouton **Amis** puis sur **Paramètres**. La liste des types d'actualités auxquels vous êtes abonné s'affiche. Activez ou désactivez les options de votre choix.

Astuce

Facebook est un site utilisé dans le monde entier et vous aurez vraisemblablement dans votre réseau des amis qui parlent d'autres langues que le français. L'option **Voir la traduction** permet d'afficher une traduction automatique des publications partagées par des amis utilisant Facebook dans une autre langue.

Mettre votre statut Facebook à jour

Mettre à jour votre statut est une excellente façon de vous exprimer sur Facebook. Le statut est parfait pour annoncer une nouvelle ou diffuser une information au plus grand nombre, donner une idée de votre humeur, ou tout ce que vous aurez envie de clamer. La caractéristique du statut est d'être un message assez court (quelques lignes). Il peut aussi servir à partager une photo, une vidéo ou un lien vers un site Web.

Info

Moins personnel qu'un message privé, le statut Facebook est visible dans votre journal et s'affiche dans le fil d'actualité de chacun de vos amis. Un lien permettant de le commenter est disponible pour ceux qui souhaitent réagir.

Publier un statut

❶ Cliquez dans la zone **Exprimez-vous**, visible en haut de votre journal comme dans votre page d'accueil (fil d'actualité) Facebook.

❷ Une fenêtre d'édition s'ouvre. Saisissez votre nouveau statut.

❸ Utilisez si vous le souhaitez une des options qui permettent d'enrichir votre statut, juste au-dessous de la zone de saisie (Figure 5.60) :

» Cliquez sur **Photo/vidéo** pour ajouter une photo ou une vidéo à la publication. Sélectionnez la photo ou la vidéo de votre choix dans votre bibliothèque d'images.

» Cliquez sur **Humeur/activité** pour indiquer ce que vous faites ou comment vous vous sentez. Choisissez un thème ou une activité, puis une émoticône.

Figure 5.60
Publiez un statut.

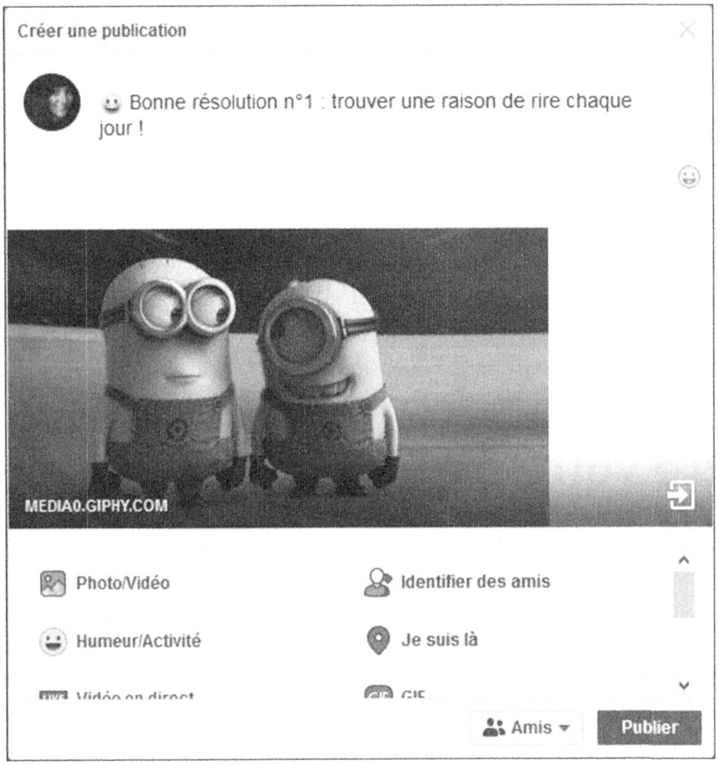

- Cliquez sur **Vidéo en direct** pour partager une vidéo en direct. Facebook vous permet de filmer un évènement en direct afin de le partager avec vos amis. Cette option est plutôt adaptée à la version mobile de Facebook. Consultez le Chapitre 8 pour plus d'informations.
- Cliquez sur **Demander des recommandations** afin de solliciter vos amis : bonne adresse, professionnel dans un domaine, suggestion de voyage ou d'achat, *etc.*
- Cliquez sur **Soutenir une organisation** si vous souhaitez effectuer une collecte de fonds ou soutenir une cause.
- Cliquez sur **Identifier des amis** pour mentionner un ou plusieurs amis Facebook dans la publication.
- Cliquez sur **Je suis là** pour indiquer le lieu où vous vous trouvez. Saisissez les premières lettres du lieu : point d'intérêt, ville, pays, monument (toutes sortes de lieux sont référencées sur Facebook, à vous de décider celui qui vous semble pertinent).
- Cliquez sur **GIF** pour inclure un GIF animé. Dans la zone de recherche, saisissez un mot-clé ou un thème puis cliquez sur l'image de votre choix.

» Choisissez un arrière-plan coloré en cliquant sur l'une des vignettes de caractère en bas de la zone d'édition.

Les options disponibles ici évoluent régulièrement et vous deviendront vite familières : expérimentez-les !

❹ La publication de votre nouveau statut suit les règles de confidentialité par défaut, définies par vos soins dans les paramètres de confidentialité. Vous pouvez toutefois choisir un autre niveau de confidentialité pour chaque mise à jour, au moment de la publication : cliquez sur le bouton situé à gauche du bouton **Publier** et choisissez une autre option si vous le désirez (Figure 5.61).

Consultez la section « Bien choisir le niveau de confidentialité d'une publication » du Chapitre 4 pour plus d'informations.

Figure 5.61 Choisissez un niveau de confidentialité pour la publication.

Comment et où s'affiche le statut mis à jour ?

Votre nouveau statut est alors affiché de la même manière à plusieurs endroits différents :

» dans votre journal ;

» dans votre propre fil d'actualité ;

» dans les fils d'actualité de vos amis.

Figure 5.62

Notez la présence des liens J'aime, Commenter et Partager en bas du cadre.

Modifier ou supprimer un statut publié

Vous pouvez éditer un statut après sa publication, et même le supprimer. Notez qu'une modification après le partage initial fait apparaître la mention **Modifié** dans les détails de la publication.

❶ Affichez la publication dans votre fil d'actualité ou, pour la retrouver plus facilement, dans votre journal, cliquez sur votre nom dans la barre d'outils en haut de l'écran.

❷ Vous pouvez modifier, masquer ou supprimer la publication en cliquant sur le bouton qui apparaît lorsque vous cliquez sur la flèche située dans le coin supérieur droit du cadre. Vous pouvez aussi modifier le réglage de confidentialité de la publication à tout moment : cliquez sur **Modifier la publication** et choisissez une nouvelle option (Figure 5.63). Notez toutefois que si vous restreignez la visibilité d'un statut après sa publication, certaines personnes l'auront peut-être déjà vu !

Astuce

L'option **Ne pas afficher sur votre journal** permet de masquer une publication, c'est-à-dire de la rendre invisible lorsqu'on affiche votre profil, sans pour autant la supprimer. L'option **Désactiver les traductions** permet quant à elle d'empêcher la traduction automatique de votre publication lorsqu'elle apparaît dans le fil d'actualité d'amis utilisant Facebook dans une autre langue.

Figure 5.63
Vous pouvez modifier, masquer ou supprimer la publication, et modifier le réglage de confidentialité de la publication à tout moment.

Comment et où apparaît une photo publiée ?

Exactement comme pour votre statut Facebook, la photo apparaît sur votre profil, dans votre fil d'actualité, dans le fil d'actualité de vos amis, mais aussi dans l'album photos **Vos photos**.

Cliquez sur **Photos**, dans votre journal, puis sur **Vos photos** pour voir cet album (Figure 5.64).

Figure 5.64
L'album Vos photos sera complété automatiquement chaque fois que vous publierez une photo dans votre journal.

Publier un lien

Publier un lien est un bon moyen de diffuser une information existant sur le Web ou l'adresse d'un site dont vous recommandez la visite. C'est une façon de mettre à la disposition de tous quelque chose que vous souhaitez partager, parce que cela vous a plu, déplu, intéressé ou interpellé, par exemple. Notez que la majorité des liens sont publiés directement depuis Facebook, *via* le bouton **Partager** situé sous une publication (comme expliqué précédemment). Vous pouvez toutefois partager un lien vers une page Web depuis n'importe quel navigateur :

❶ Commencez par copier l'adresse du lien à partager depuis votre navigateur Web : sélectionnez l'adresse, puis cliquez du bouton droit et choisissez **Copier**.

❷ Cliquez dans la zone **Exprimez-vous** et collez le lien précédemment copié : cliquez du bouton droit et choisissez **Coller** (Figure 5.65).

Figure 5.65

Vous pouvez aussi saisir une adresse « à la main », mais le copier-coller est plus rapide et vous épargnera les erreurs de saisie.

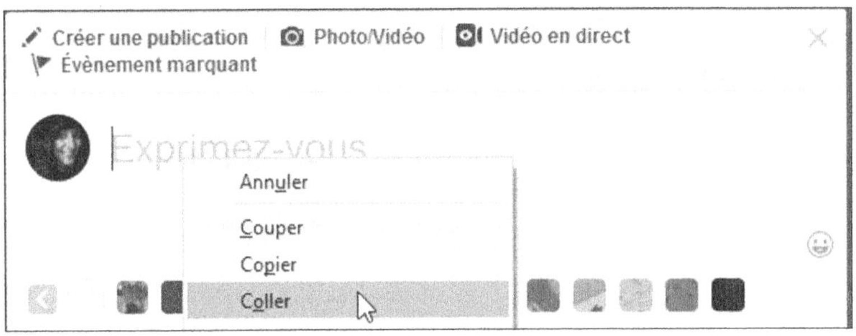

❸ Facebook analyse le lien fourni et choisit la photo ou l'image la plus pertinente pour l'illustrer (Figure 5.66).

❹ Choisissez un niveau de confidentialité en cliquant sur le bouton situé à gauche de **Publier**.

❺ Vous pouvez ajouter quelques mots en plus de l'adresse dans la zone de saisie si vous souhaitez commenter votre lien.

❻ Cliquez sur **Publier**.

❼ Le lien est publié. Le lien apparaît dans votre journal, dans votre fil d'actualité et dans le fil d'actualité de vos amis. Comme pour une photo, vous pouvez voir les liens **J'aime**, **Commenter** et **Partager** à côté de la date de publication et du niveau de confidentialité.

Figure 5.66

Lorsque plusieurs photos sont disponibles, utilisez les flèches visibles sur la vignette afin de choisir celle qui vous plaît le plus pour illustrer votre lien.

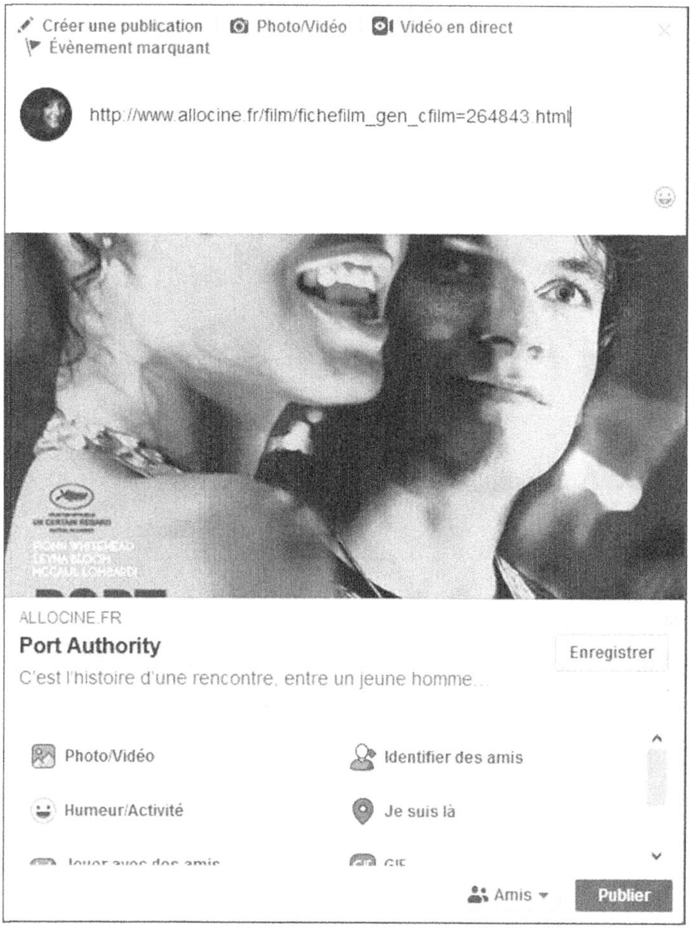

❽ Vous pouvez ajouter le lien à votre collection d'enregistrements afin de pouvoir le retrouver aisément pour une consultation ultérieure. Cliquez sur **Enregistrer** (Figure 5.67).

Info

Pour partager dans votre journal une vidéo externe, se trouvant déjà sur un site Web de partage de vidéos, comme YouTube ou Dailymotion (ou tout autre site de partage de vidéos), vous devez utiliser la même technique et, en fait, partager le lien vers cette vidéo. Autre technique fonctionnant tout aussi bien avec YouTube : cliquez sur le bouton **Partager** puis sur l'icône **Facebook**. La technique présentée ici a l'avantage de fonctionner avec tout site de partage de vidéos, même ceux qui ne proposent pas de bouton **Partager sur Facebook** (Figure 5.68).

Figure 5.67 Le lien est publié dans votre journal.

Figure 5.68 Partager une vidéo YouTube sur Facebook.

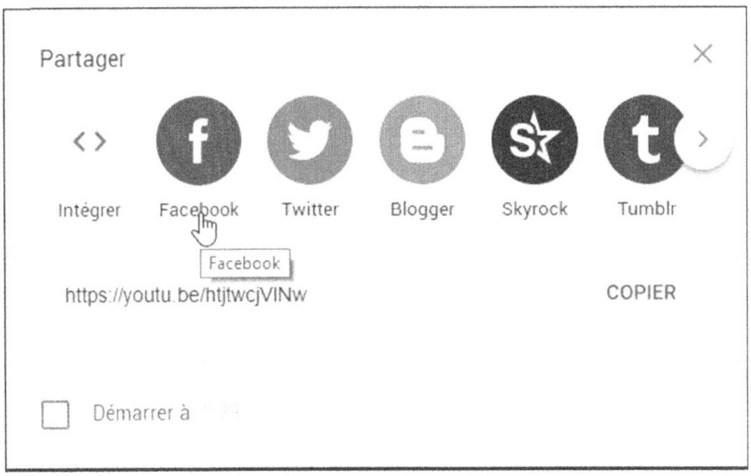

Info

Il existe une dernière technique pour partager des éléments (pages Web, vidéos, *etc.*) sur Facebook. Une grande majorité des sites Web professionnels et commerciaux proposent en effet aujourd'hui un bouton spécifique sur leurs pages pour partager du contenu sur Facebook (Figure 5.69). Ce bouton se trouve généralement près de la mention ou d'un bouton **Partager**. Il est parfois présent en anglais (***Share***) ou en français sous différentes dénominations semblables à **Partager**, ou parfois encore réduit à une simple icône Facebook. On le voit de plus en plus souvent accompagné de boutons pour partager du contenu par e-mail ou sur d'autres réseaux sociaux, en particulier **Twitter**.

Figure 5.69 Le bouton Partager sur Facebook sur le site Web AlloCiné.

Les réseaux sociaux et Facebook en particulier sont devenus incontournables pour les sites Web professionnels ou à vocation commerciale. Il n'est donc pas étonnant de voir sur la majorité d'entre eux des boutons permettant de partager ou publier des éléments sur Facebook.

La messagerie Facebook

Cette façon de communiquer sur Facebook semblera familière à tous les usagers de la messagerie électronique. Elle consiste à envoyer des messages, semblables aux courriels. En réalité, plusieurs subtilités sont au programme, en particulier si vous utilisez aussi la version mobile de Facebook. La messagerie Facebook s'apparente en effet désormais plus à une messagerie instantanée (type « chat ») qu'à une messagerie classique.

Envoyer un message

Vous pouvez envoyer un message à un ou plusieurs amis de votre réseau, mais aussi à des personnes qui n'y figurent pas.

❶ Cliquez sur l'icône **Messages** en haut de la fenêtre Facebook, puis sur **Envoyer un nouveau message** (Figure 5.70).

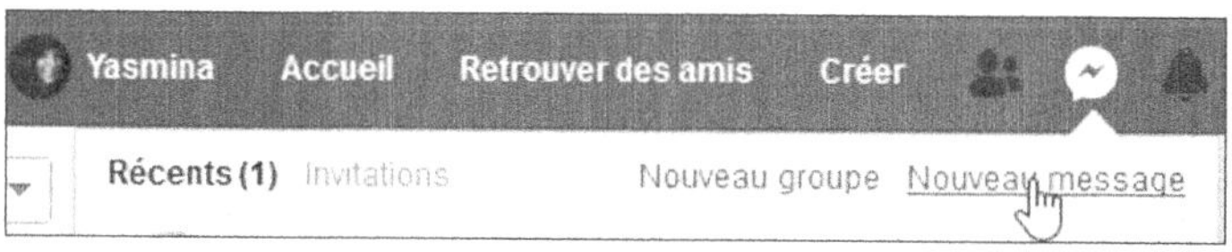

Figure 5.70 Envoyez un nouveau message.

❷ Dans la zone **À**, indiquez les destinataires (Figure 5.71).

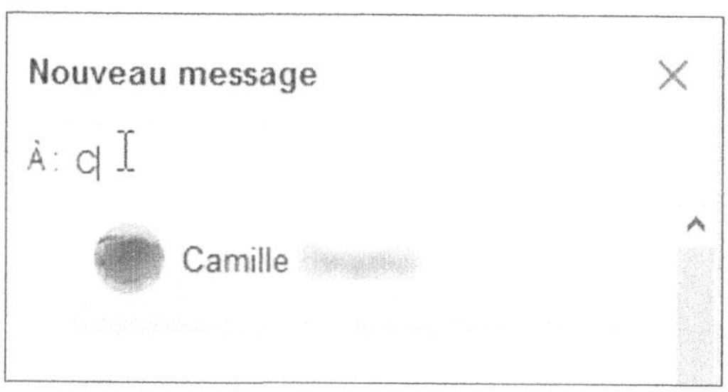

Figure 5.71 Indiquez le nom d'un ou de plusieurs amis (Facebook vous proposera tous les noms correspondant aux premières lettres saisies).

❸ Saisissez votre message dans la zone d'édition qui apparaît en bas de la fenêtre. Appuyez sur **Entrée** pour envoyer le message.

❹ Utilisez les boutons en bas d'écran pour joindre un fichier (image, vidéo ou tout autre document se trouvant sur votre ordinateur), un autocollant, un GIF, une émoticône, un document, un lien vers un jeu, prendre une photo ou partager un évènement. Cliquez sur le bouton 👍 pour envoyer un « J'aime » (Figure 5.72). Plus vous cliquez longtemps et plus le pouce grandit !

Figure 5.72 Images, GIF, autocollants et émoticônes vous permettront d'animer la conversation !

❺ Vous pouvez poursuivre la conversation en saisissant à nouveau du texte. Cliquez sur + pour ajouter des participants à la conversation. Cliquez sur la croix en haut à droite de la fenêtre pour la masquer.

Lorsque vous envoyez un message à une ou plusieurs personnes, celles-ci voient une notification s'afficher dans leur page Facebook et il leur suffit de cliquer sur l'icône **Messages** pour vous lire. De la même manière, si quelqu'un vous a envoyé un message : une notification apparaît dans la barre d'outils Facebook, sur l'icône **Messages** (Figure 5.73).

Figure 5.73 Vous avez un message !

Cliquez sur  puis sur l'aperçu du message pour en voir la totalité.

Remarquez aussi la notification dans la fenêtre de messagerie indiquant l'heure à laquelle le message a été lu. Une pastille verte indique que votre correspondant est connecté à la messagerie (Figure 5.74).

Figure 5.74 Votre correspondant es connecté !

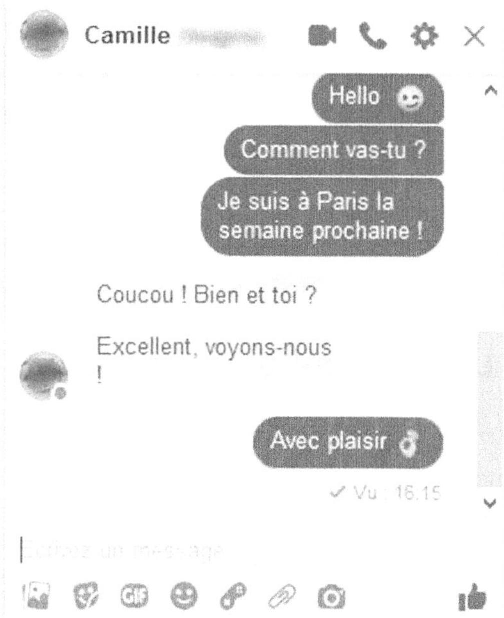

La messagerie Facebook est un outil devenu tellement populaire, en particulier auprès des utilisateurs d'appareils mobiles, qu'une application spécifique lui est dédiée : Facebook Messenger. Elle fait l'objet du Chapitre 8.

Écrire dans le journal d'un ami

Écrire dans le journal de quelqu'un, c'est une chose vraiment propre à l'univers et à l'ambiance de Facebook : vous adressez ce faisant un message personnel à un ami, mais, au lieu de le faire en privé, vous exposez ce message à tous, vos amis comme les siens ! Vous pouvez aussi publier une photo, une vidéo ou un lien dans le journal d'autrui, exactement comme vous le feriez dans le vôtre.

Pourquoi écrire dans le journal d'un ami ?

Tout simplement pour communiquer ! Le fait de dire ou partager quelque chose par journal interposé est une manière de faire une déclaration publique, comme si vous exposiez vos propos devant une foule (plus ou moins attentive et réceptive, d'ailleurs). Vous pouvez, par exemple, souhaiter un bon anniversaire ou adresser des félicitations par ce biais : tout le monde saura ainsi que vous l'avez fait. Vous pouvez aussi publier une photo ou un lien dans le journal d'un ami parce que vous savez que cela lui fera particulièrement plaisir ou le concerne spécifiquement, et que cela mérite d'apparaître dans son profil. Vous pouvez même publier une photo ou une vidéo dans le journal d'un contact.

Attention

La possibilité d'écrire dans le journal d'un ami, et la diffusion du message en question (auprès de ses amis, des vôtres ou de tout le monde), dépend, une fois encore, des paramètres de confidentialité choisis par vous et l'ami concerné.

Écrire ou publier un élément dans le journal d'un ami

Pour écrire ou publier une photo dans le journal d'un ami :

1. Commencez par afficher son journal. Vous pouvez saisir les premières lettres de son nom dans la zone de recherche en haut de l'écran ou cliquer sur son nom dans votre fil d'actualité s'il y apparaît.
2. Cliquez dans la zone **Écrire quelque chose à** pour écrire un message, partager un lien ou publier une photo
3. Vous pouvez aussi indiquer un autre contact concerné et le lieu de la publication, ou encore ajouter un GIF, un autocollant, exactement comme vous le feriez dans votre propre journal (Figure 5.75).
4. Cliquez sur **Publier** pour publier votre message. Remarquez l'icône à gauche du bouton Publier : elle indique que votre ami contrôle la visibilité de ce qui est publié dans son journal (cette publication ne sera donc pas visible immédiatement) [Figure 5.76].

Figure 5.75

Écrivez dans le journal d'un ami.

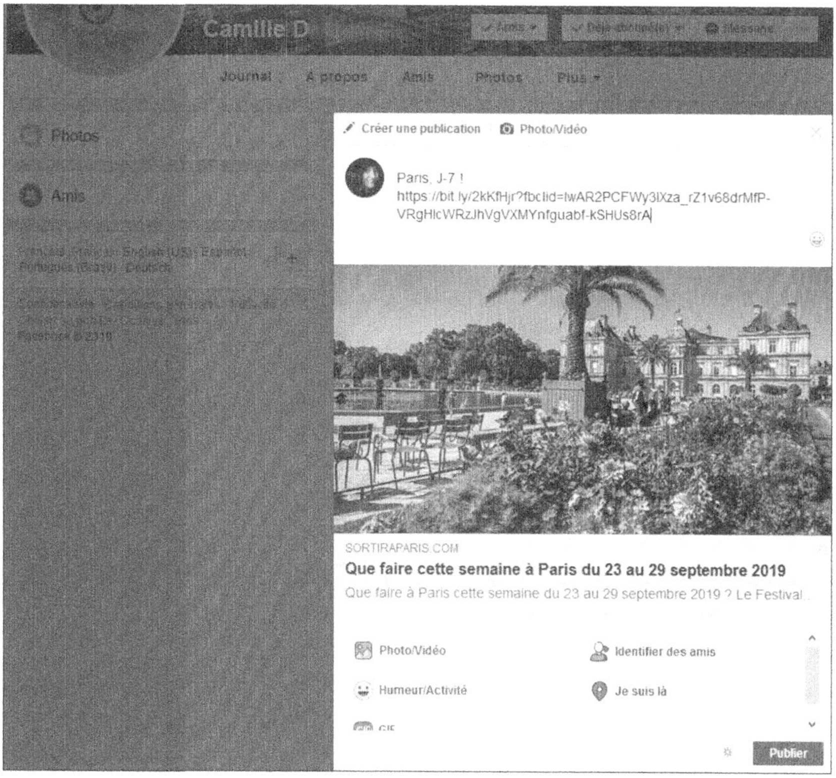

Figure 5.76

Publiez un message dans le journal d'un ami.

Info

Si vous publiez dans votre propre journal un statut dans lequel vous mentionnez l'un de vos amis, ce statut sera aussi partagé dans son journal. De la même façon que vous pouvez écrire dans le journal d'autrui, vos amis peuvent écrire dans le vôtre, si vous l'avez autorisé : vous recevrez dans ce cas une notification. Libre à vous ensuite de supprimer le message si vous le souhaitez.

Pourquoi la zone Écrire quelque chose à n'apparaît-elle pas dans le journal d'un ami ?

Une personne peut tout simplement interdire aux autres d'écrire dans son journal, *via* les paramètres de confidentialité. Si tel est le cas, la zone de publication dans le journal n'apparaît pas dans son profil. Pour savoir comment interdire la publication par autrui dans votre propre journal, consultez le Chapitre 9.

Quelques conseils au sujet de la publication dans le journal d'autrui

La principale personne concernée est l'ami dans le journal duquel vous écrivez : prenez garde à ne pas tenir de propos déplacés ou désobligeants. Un message publié dans le journal est aussi visible dans les fils d'actualité de vos amis communs (suivant les paramètres de confidentialité choisis par vous et votre ami).

N'abusez pas non plus de ce mode de communication : nombre d'utilisateurs de Facebook n'apprécient pas que l'on « pollue » leur journal alors que vous disposez de votre propre journal pour diffuser tout ce que vous voulez.

Dans tous les cas, si vous écrivez dans le journal d'une personne, celle-ci peut décider d'effacer le message si elle le souhaite.

Info

Lorsqu'un ami publie une actualité dans votre propre journal, vos amis communs peuvent voir la publication dans leur fil d'actualité. Rappel : pour supprimer une publication de votre journal, cliquez sur la croix située à sa droite.

DANS CE CHAPITRE

Que sont les pages Facebook ?

Trouver une page

Devenir fan d'une page

Ne plus aimer une page

Créer votre page Facebook

Les groupes Facebook

Les évènements

Les applications Facebook

Facebook Watch

Acheter et vendre sur Facebook Marketplace

Services de crise

Chapitre 6

Pages, groupes et applications

Dans ce chapitre, vous découvrirez un outil à disposition de toutes les entités qui ne sont pas des « vraies » personnes, c'est-à-dire les entreprises, les marques, les produits, *etc.*, mais aussi des personnages publics pouvant utiliser Facebook pour entrer en contact avec les utilisateurs du site (autrement dit des célébrités, artistes, personnalités politiques, sportifs). Il s'agit des **pages**. Elles permettent aux membres de Facebook de devenir « fans » et, par la même occasion, de suivre l'actualité de ces entités et personnalités. Les **groupes** sont quant à eux des éléments essentiels pour communiquer et se tenir au courant de tout grâce à Facebook. D'autres informations vous seront transmises grâce aux évènements Facebook, auxquels vous pouvez choisir de participer. Enfin, les **applications**, dont les très populaires jeux, sont un dernier moyen d'« animer » votre expérience sur Facebook et de vous divertir. Nous allons explorer toutes ces facettes de Facebook dans ce chapitre.

Que sont les pages Facebook ?

Les comptes et les profils personnels Facebook sont en effet réservés aux « vraies » personnes. Pour tout le reste, c'est-à-dire essentiellement les marques, les produits de consommation, les sociétés, mais aussi les artistes souhaitant promouvoir leur travail (et non être présents sur Facebook en tant que personnes individuelles), par exemple, il y a les « pages ».

Les pages ont de nombreux points communs avec les profils individuels Facebook : elles se présentent aussi sous la forme d'un journal (commençant à la date de création de la page), avec une photo et une couverture, partagent des publications du même type (statut, liens, photos, *etc.*). En revanche, elles n'ont pas d'amis : leur popularité se mesure en nombre de mentions « J'aime », c'est-à-dire en nombre de fans (Figure 6.1).

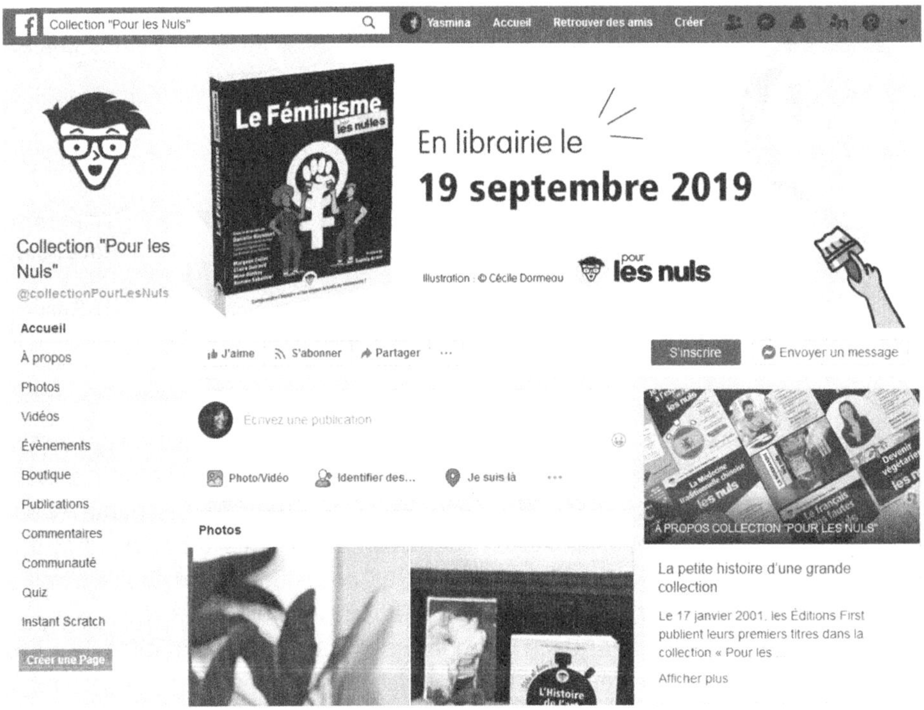

Figure 6.1
La page Facebook de la collection « Pour les Nuls ».

Question de vocabulaire : suivre/devenir fan/adhérer à une page

Vous pouvez « adhérer » à toutes sortes de pages et ainsi vous tenir informé de l'actualité d'une entreprise, d'une marque ou d'un artiste. On dit aussi et surtout aujourd'hui « devenir fan » ou tout simplement « aimer » ou encore « suivre » une page. Les pages servent à relayer des informations, mais aussi des bons plans, des réductions, des concours, *etc.*

Trouver une page

Il existe de très nombreuses façons de trouver une page Facebook.

❶ Vous pouvez tout d'abord spécifiquement rechercher une page : saisissez pour cela un nom d'entreprise ou de marque dans la zone **Recherche** en haut de votre page Facebook. Cliquez sur l'une des suggestions (Figure 6.2).

Figure 6.2

Trouvez une page par son nom.

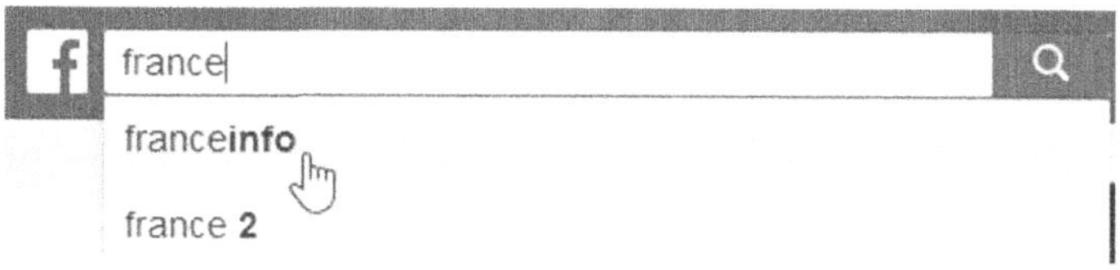

❷ Si la page recherchée n'apparaît pas, cliquez sur  pour afficher la liste complète des résultats.

❸ Cliquez sur **Pages** dans la barre horizontale en haut d'écran pour afficher uniquement les résultats de la recherche correspondant à des pages Facebook (Figure 6.3).

Figure 6.3

Filtrez les résultats de la recherche.

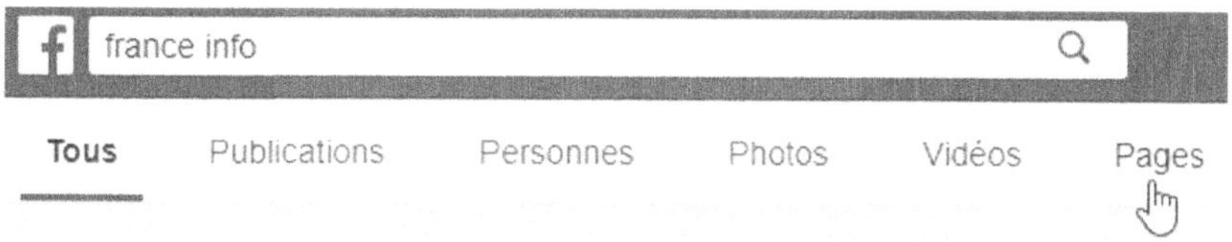

❹ Localisez la page dans la liste des résultats. Vous pouvez cliquer sur son titre pour afficher la page ou directement sur le bouton **J'aime** (Figure 6.4).

❺ Vous bénéficierez aussi de nombreuses autres façons de découvrir d'autres pages, en consultant Facebook ou en explorant le Web. Profitez par exemple d'une notification dans votre fil d'actualité : si un ami vient de devenir fan d'une page qui vous intéresse, cliquez directement sur le nom de la page dans le fil d'actualité (Figure 6.5).

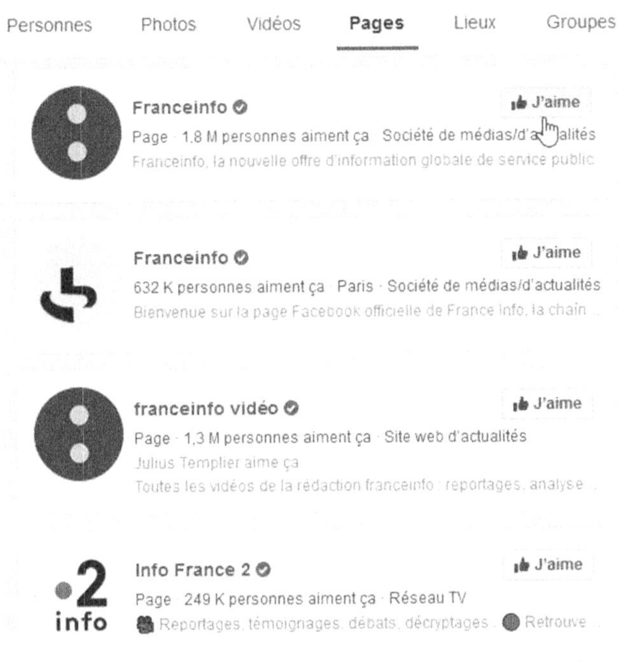

Figure 6.4
Cliquez sur J'aime pour devenir fan.

Figure 6.5
Des publications sponsorisées ou suggérées (c'est-à-dire de la publicité) peuvent aussi s'afficher dans votre fil d'actualité.

❻ Il est aussi possible de partager une page pour vous inviter à en devenir fan. Si l'un de vos amis le fait, vous pourrez voir une publication dans votre fil d'actualité, et cliquer ou non sur **J'aime**.

❼ Sur les sites Web commerciaux, vous rencontrerez aussi généralement un lien vers différents réseaux sociaux, et en particulier la page Facebook de la société ou de la marque (Figure 6.6). Certains sites Web proposent aussi un « module social » qui peut prendre différentes formes, menant directement vers la page Facebook de la société ou de la marque, mais permettant aussi d'en voir les dernières publications ou d'en devenir fan en un clic.

Figure 6.6
Module social menant vers la page Facebook d'une marque.

Info

Les pages dont le contenu est susceptible de choquer un jeune public ne sont pas accessibles aux utilisateurs n'ayant pas l'âge requis.

Devenir fan d'une page

Devenir fan d'une page a une signification et une conséquence double : non seulement vous indiquez « aimer » la marque, la personnalité ou le produit concerné, mais de plus, vous verrez dès lors les publications émises par cette page dans votre fil d'actualité.

❶ Affichez une page. Remarquez le nombre de fans actuels de la page sous son nom (Figure 6.7).

Figure 6.7
Lien vers une page Facebook.

❷ Cliquez sur le bouton **J'aime**. Dès lors, vous verrez les mises à jour publiées par la page dans votre fil d'actualité (Figure 6.8). Vous pouvez contacter l'administrateur de la page en cliquant sur le bouton **Envoyer un message**. Notez que cette option n'est pas disponible pour toutes les pages, en particulier celles ayant une très grande audience, et qu'elle ne garantit pas une réponse !

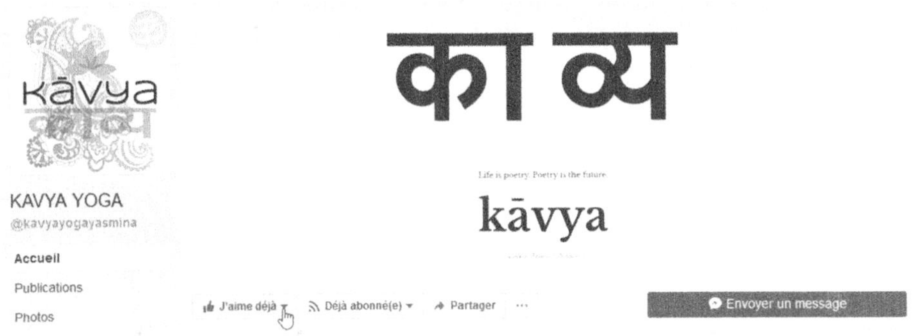

Figure 6.8
Vous voilà fan de cette page !

Attention

Sachez tout de même que Facebook affiche les publications des pages selon un algorithme complexe. Vous pouvez décider de l'importance accordée aux publications de cette page dans votre fil d'actualité en cliquant sur le bouton **J'aime** puis sur **Publications** dans le fil d'actualité (Figures 6.9 et 6.10). Choisissez alors de voir apparaître les publications de la page en priorité (**Voir en premier**) ou de façon habituelle (**Par défaut**).

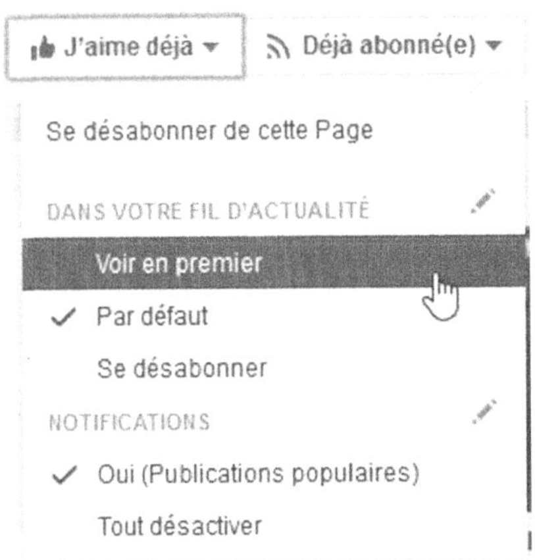

Figure 6.9
Si vous souhaitez ne manquer aucune des publications de la page, il est préférable d'explicitement demander à recevoir des notifications. Pour cela, cliquez sur le bouton J'aime puis sur Notifications. Activez les options correspondant au type de notifications que vous souhaitez recevoir.

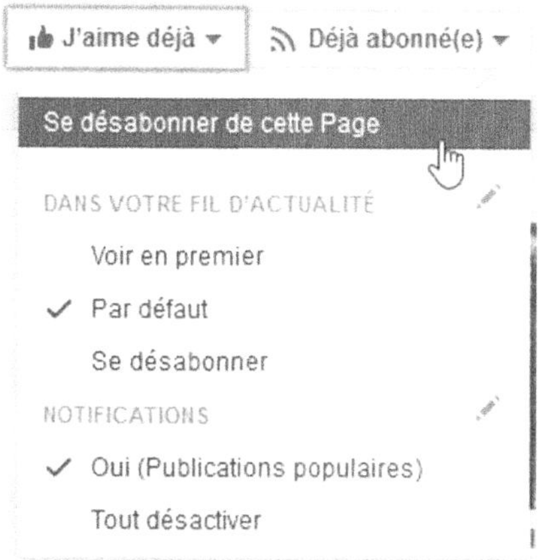

Figure 6.10
À l'inverse, vous pouvez décider de ne pas du tout afficher les publications de la page dans votre fil d'actualité, tout en restant fan choisissez l'option Se désabonner de cette page.

❸ Pour voir la liste complète des pages que vous aimez, affichez votre journal puis cliquez sur **Plus → Mentions j'aime**.

Une page peut-elle vous contacter directement ?

Le fait d'aimer une page ne permet pas à l'administrateur de celle-ci de vous envoyer un message. Toutefois, si vous envoyez un message privé à une page, son administrateur pourra vous répondre de la même façon.

Ne plus aimer une page

Vous pouvez changer d'avis et décider de ne plus être fan d'une marque, d'une personnalité ou d'un produit ! Il suffit de « ne plus aimer » la page concernée. Vous ne verrez plus les publications de cette page dans votre fil d'actualité.

❶ Affichez la page.

❷ Cliquez sur ▾ → **Je n'aime plus cette page** (Figure 6.11).

Figure 6.11
Vous avez le droit de changer d'avis !

Info

Vous pouvez aussi rester fan de la page, mais ne plus afficher ses publications dans votre fil d'actualité. Cliquez sur le bouton **J'aime** et choisissez l'option **Ne plus suivre**.

Astuce

Si la page vous semble inappropriée, vous pouvez la signaler à Facebook : cliquez sur ▾ → **Signaler**.

Tout le monde peut-il créer une page Facebook ?

Créer votre propre page Facebook est très simple, mais attention : à la différence d'un groupe, une page ne peut être créée que par le représentant officiel d'une entité. Ainsi, si vous souhaitez rendre hommage à votre chanteur préféré, vous devez créer un groupe. En revanche, si vous tenez un commerce ou possédez un site Web, par exemple, vous pouvez créer une page. Le sujet de la création d'une page professionnelle sera approfondi dans les pages qui suivent.

Créer votre page Facebook

Si Facebook est devenu incontournable pour les pros, c'est que le site offre des moyens de se faire connaître, promouvoir des marques ou produits et diffuser des informations très efficaces sur le Web. Il faut dire qu'avec deux milliards de membres dans le monde, qui de plus fournissent au site des informations très ciblées sur eux-mêmes et volontairement, il y a de quoi conquérir la planète ! Vous apprendrez dans cette section à créer et faire vivre votre propre page Facebook.

Utiliser Facebook à des fins professionnelles

Être présent sur Facebook est aujourd'hui indispensable et les moyens mis à la disposition des entreprises, même les plus petites, sont nombreux. Certains sont gratuits (avoir une page), d'autres payants (faire de la publicité). Certains sont un jeu d'enfant à mettre en œuvre (avoir une page, faire de la publicité) et d'autres exigent un fort bagage technique ou nécessitent de faire appel à des spécialistes de l'informatique (intégrer Facebook à votre site Web ou utiliser la plate-forme pour les développeurs pour des traitements avancés).

Vous allez découvrir dans ce chapitre les principaux moyens mis à la disposition des professionnels par Facebook pour travailler, en particulier les pages professionnelles, la publicité sur Facebook et l'intégration de Facebook aux sites Web grâce à la plate-forme pour les développeurs.

Vous explorerez des pistes qui vous permettront d'aller plus loin si l'un de ces sujets complexes et passionnants vous intéresse.

Info

La différence entre un profil Facebook et une page Facebook est claire : un membre Facebook fera partie de votre réseau d'amis, et aura accès à vos informations comme vous aux siennes. En revanche, devenir « fan » d'une page n'ajoute pas un ami à votre réseau et conserve la confidentialité de vos données. Seules les personnes « physiques » peuvent posséder un compte Facebook. Seuls les représentants officiels d'une société ou d'une marque peuvent créer une page professionnelle. Pour tout le reste, il y a les groupes, qui seront traités plus loin dans ce chapitre.

Les pages professionnelles

Promouvoir son entreprise, ses produits ou son art sur Facebook intéressera autant les toutes petites structures que les plus grandes : de Coca-Cola à Google, en passant par Louis Vuitton, l'iPad ou Converse, tous les produits les plus connus et toutes les grandes marques ont une page (Figure 6.12). Mais un commerçant, une PME, un artisan ou un nouveau site Web peuvent aussi utiliser Facebook, et même devenir célèbres grâce à leur page !

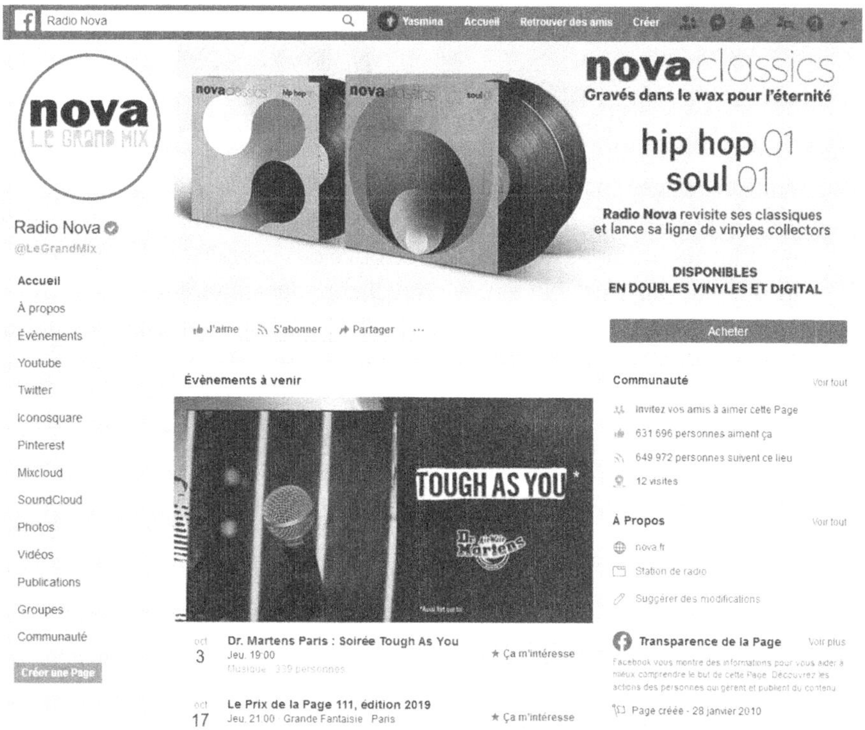

Figure 6.12
La page Facebook de Radio Nova.

Autre catégorie de « pros » pouvant avoir une page et ayant tout intérêt à le faire : les artistes, les sportifs, les hommes politiques et autres célébrités (Figure 6.13).

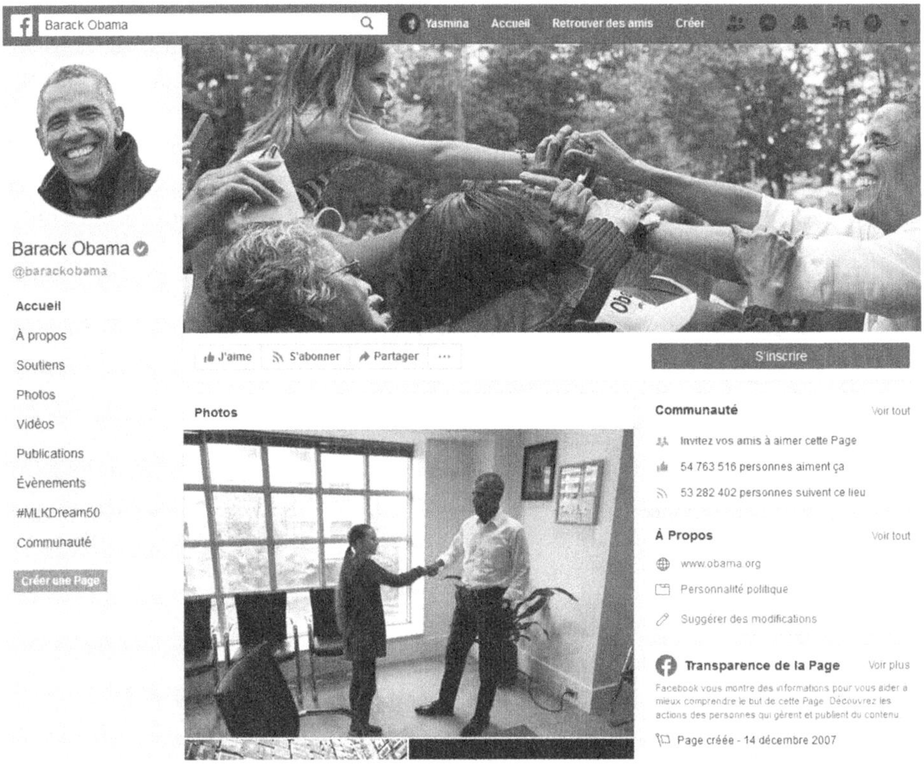

Figure 6.13 Barack Obama, 54 millions de fans… sur Facebook !

Info

L'une des pages Facebook les plus populaires est… la page Facebook de Facebook ! Dans le classement des pages ayant le plus de « fans », et dépassant allégrement les 100 millions de fans, on retrouve des sportifs, des marques – Samsung, Coca-Cola, par exemple – des comédiens, des chanteurs, *etc.* À l'heure où ces lignes sont écrites, le joueur de football Cristiano Ronaldo est le premier « être humain » en nombre de fans sur Facebook, suivi de la chanteuse Shakira.

Pourquoi créer une page Facebook ?

Créer une page Facebook permet de rassembler les fans et de communiquer avec ces derniers.

On peut d'ailleurs mesurer la popularité ou la crédibilité d'une personnalité à l'aune de son nombre de fans Facebook (Figure 6.14). Qui de Shakira, Rihanna, Will Smith ou Vin Diesel est le plus influent ? Certains dépassent en tout cas les 100 millions de fans sur Facebook à l'heure où ces lignes sont écrites… Loin derrière eux, Lady Gaga et Michael Jackson, Obama, des starlettes comme Megan Fox ou encore des sportifs, avec quelques millions de fans. Chez les Français, Rémi Gaillard a près de 10 millions de fans, ce qui n'est rien comparé aux 51 millions de David Guetta !

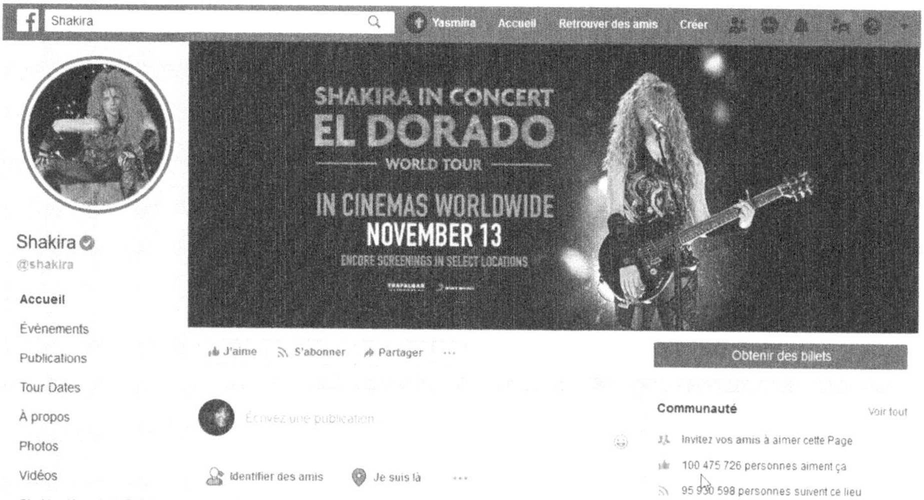

Figure 6.14
Shakira, une des championnes de Facebook en nombre de fans.

Info

Remarquez la coche bleue à côté du nom de la page : celle-ci indique qu'il s'agit d'une page authentifiée, appartenant bien à l'artiste ou la marque concernée. Cela ne veut pas pour autant tout à fait dire que Shakira gère elle-même sa page, ses publications et les commentaires reçus ! Certaines personnalités le font, mais c'est aussi devenu un métier à part entière, appelé « community manager ».

Pour les entreprises, l'intérêt est tout autre : une page Facebook est un outil marketing puissant pour promouvoir des produits, communiquer avec les consommateurs, et séduire de nouveaux clients (Figure 6.15).

Figure 6.15 Michel et Augustin, une marque qui communique habilement sur Facebook.

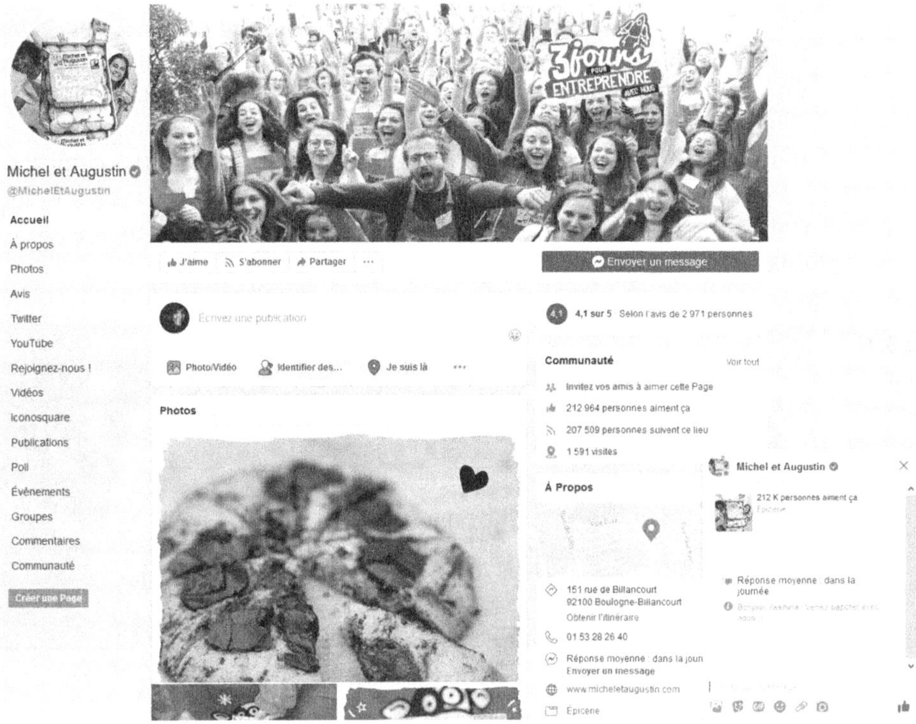

Info

Une personnalité peut aussi, grâce au concept des abonnements, utiliser son profil pour communiquer avec le monde entier, en diffusant des mises à jour publiques.

Exploiter les pages professionnelles

Comme nous l'avons expliqué précédemment, les pages professionnelles sont des profils Facebook réservés aux entités qui ne sont pas des personnes individuelles, donc aux entreprises, associations, clubs, marques, produits, concepts, sites Web, *etc.* Ces pages peuvent aussi concerner des personnalités publiques : célébrités, hommes politiques, artistes...

Comme un profil, une page dispose d'un journal dans lequel des informations, liens, photos ou vidéos peuvent être publiés. Une page en revanche n'a pas d'« amis », mais une liste de « fans », c'est-à-dire de personnes ayant cliqué sur le bouton **J'aime** en haut de la page.

Le potentiel pour les marques est énorme. Elles peuvent d'abord bénéficier d'un effet de marketing viral très puissant : lorsque vous devenez fan d'une marque, tout votre réseau le voit par le biais du fil d'actualité et dans votre journal. Chacun de vos amis peut devenir fan à son tour. À défaut, vos amis auront au moins vu le nom de cette marque circuler.

La page Facebook permet en outre de rester en contact avec ses fans. En publiant des messages ou des liens sur sa page, une marque les diffuse dans tous les fils d'actualité de ses fans. Elle dispose ainsi d'un outil bien plus puissant et simple à gérer que l'envoi d'une newsletter, par exemple, sans même demander à ses fans de fournir une adresse e-mail. Une fois de plus, un effet de marketing viral se produit souvent, surtout si une publication encourage les fans à participer : concours, appels à témoigner ou donner son avis, *etc.*

Enfin, pour les petites entités, les nouvelles marques ou les artistes naissants, Facebook est très pratique car une page peut aisément faire office de page Web officielle, à communiquer à tous, en attendant la création d'un site Web complet. Les fonctionnalités d'une page sont différentes de celles d'un site Web personnalisé, moins souples et moins personnalisables peut-être. Néanmoins, la possibilité de publier des informations, des liens, des photos, des vidéos et des articles, le tout sans aucune connaissance technique et gratuitement, sera précieuse à tous ceux qui se lancent dans une nouvelle aventure ! Beaucoup de petites structures y trouveront amplement leur compte et n'auront pas forcément besoin de créer un site Web par la suite, d'ailleurs.

Créer une page professionnelle Facebook

Créer votre propre page Facebook est très simple, mais attention : à la différence d'un groupe, une page ne peut être créée que par le représentant officiel d'une entité. Ainsi, si vous souhaitez rendre hommage à votre chanteur préféré, vous devez créer un groupe. En revanche, si vous tenez un commerce ou possédez un site Web, par exemple, vous pouvez créer une page.

Une page Facebook est aujourd'hui un outil marketing très puissant et presque incontournable. Toutes les grandes entreprises et marques (ou presque) en ont une. C'est un excellent moyen à la fois de se faire connaître, de faire de la promotion et de communiquer avec ses fans, tout en offrant une image moderne. Le module **Boutique** permet même de créer un espace de vente en ligne en quelques instants pour commercialiser vos produits. Et c'est gratuit !

❶ **Pour créer une page, cliquez sur le lien Créer une page, visible en haut à droite sur n'importe quelle page existante (Figure 6.16).**

Figure 6.16
Le bouton Créer une page est facile à trouver !

❷ Choisissez le type d'entité pour laquelle vous souhaitez créer une page : commerce local, entreprise, organisme ou association, marque ou produit (Figure 6.17).

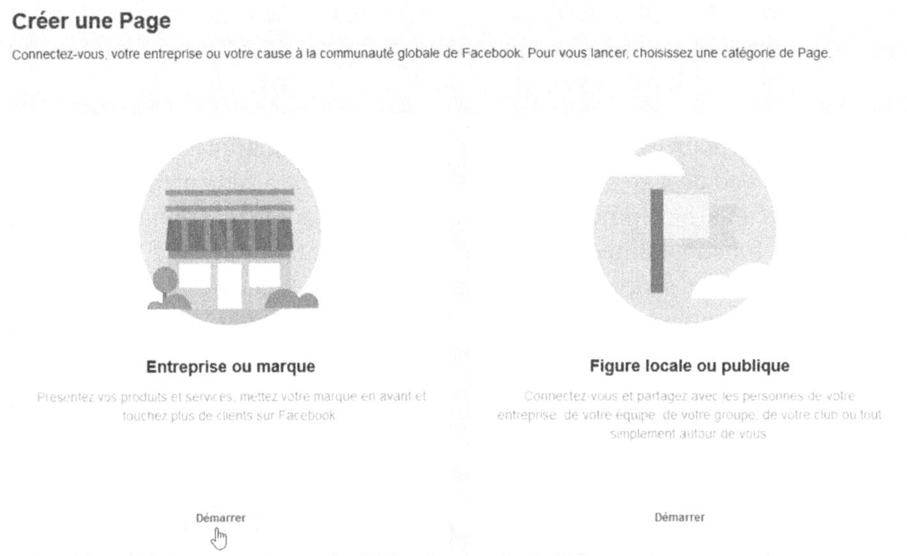

Figure 6.17
Les différentes entités pouvant être représentées par une page Facebook.

❸ Remplissez le formulaire de création (qui diffère selon le type de page à créer).

❹ Prenez le temps de lire les **conditions applicables aux Pages Facebook**, qui détaillent les règles de création et d'utilisation des pages Facebook. Acceptez ensuite les conditions applicables aux pages Facebook, puis cliquez sur **Démarrer**.

❺ Vous devez ensuite personnaliser votre page, en ajoutant une photo (votre logo, par exemple) et en indiquant les informations utiles à vos fans : adresse du site Web ou de la boutique, horaires d'ouverture, coordonnées téléphoniques, par exemple.

❻ Choisissez l'adresse Web unique de votre page sur Facebook. Cet identifiant est similaire au nom d'utilisateur Facebook pour les particuliers. Il est unique et ne doit pas avoir déjà été choisi par un autre utilisateur ou pour une page Facebook.

❼ Cliquez sur le bouton **Définir l'adresse**.

❽ Facebook vous invite à devenir le premier fan de votre propre page, puis à inviter des amis à aimer la page eux aussi. Par la suite, vous pouvez créer une publicité sur Facebook pour faire connaître votre page à plus de monde.

9. Enfin, pour faire vivre votre page, dont vous êtes l'administrateur, publiez régulièrement des informations, photos ou liens *via* le journal de votre page. Vous pouvez même lier cette dernière à un compte Twitter.

10. Et voilà ! Votre page professionnelle est désormais disponible sur Facebook.

11. Vous pouvez créer autant de pages que vous le souhaitez, à condition bien sûr d'être le représentant officiel de l'entité concernée.

12. N'oubliez pas de « faire vivre » votre page et de l'enrichir à l'aide d'un logo, de photos, *etc.*, pour la rendre plus attractive (Figure 6.18).

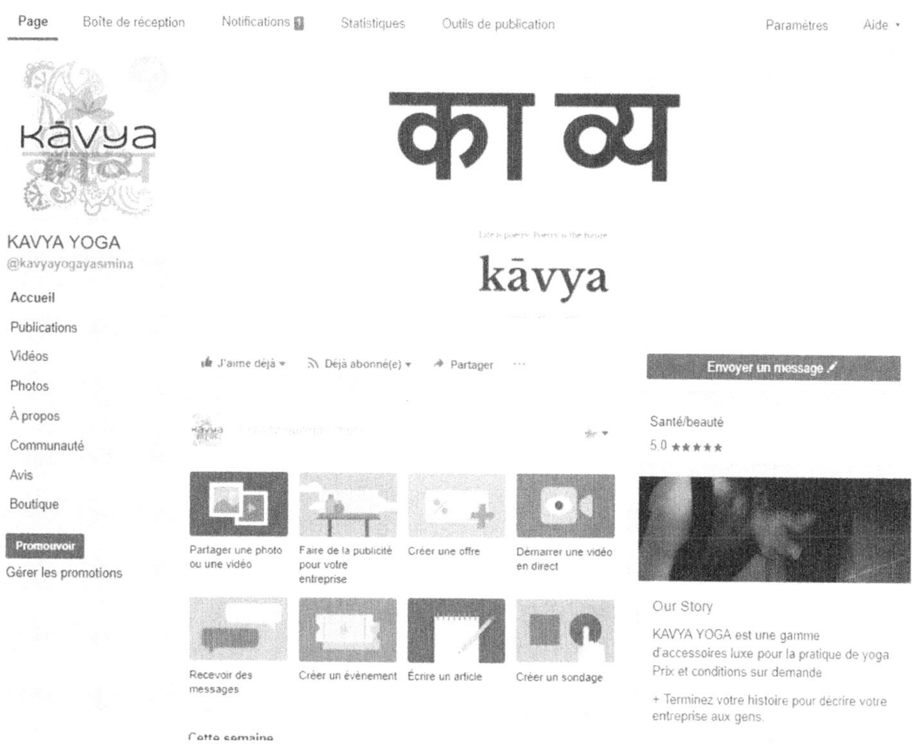

Figure 6.18 Un exemple de page Facebook illustrée et prête à recueillir des « J'aime ».

Acquérir ses premiers fans

Lancer une page Facebook et acquérir des fans peut se faire de nombreuses façons. Commencez bien sûr par inviter tous vos amis et demandez-leur un petit coup de pouce : votre marque bénéficiera ainsi d'une visibilité auprès des amis de vos amis, ce qui peut représenter beaucoup de monde !

Cliquez sur le bouton **Inviter des amis** dans le cadre **Communauté** pour commencer à diffuser votre page auprès de votre réseau personnel (Figure 6.19).

Figure 6.19 Commencez par inviter vos propres amis Facebook !

Si vous possédez un site Web, pensez à mettre un lien depuis ce site vers votre page Facebook et à inciter vos visiteurs à rejoindre vos fans.

Si vous avez des compétences en termes de développement de sites Web, vous pouvez même intégrer un espace **J'aime** avec le **module social Facebook** sur une ou plusieurs pages de votre site. Consultez la section « Faire la promotion de votre page Facebook », plus loin dans ce chapitre, pour plus d'informations sur ces sujets.

Enfin, n'oubliez pas que « la vraie vie » est aussi un excellent moyen de faire connaître votre page ! Si vous avez un commerce, indiquez l'existence de votre page à vos clients, par exemple. Vous pouvez aussi imprimer une mention relative à votre page Facebook sur vos cartes de visite ou de membre.

Acquérir encore plus de fans

Pour aller plus loin encore et gagner de nouveaux fans, il existe plusieurs méthodes. Concours, applications, jeux, quiz, castings : de nouvelles techniques naissent chaque jour ou presque pour aider les marques à acquérir des fans ; des cabinets marketing s'en sont même fait la spécialité.

On relate ainsi souvent l'exemple de ce fast-food américain proposant un coupon pour un hamburger gratuit sur sa page, passant ainsi de 4 000 fans à plus d'un million en 48 heures ! Mais de nombreuses techniques sont à la portée de tous.

Vous pouvez par exemple organiser un petit jeu et demander à vos fans d'inviter le plus grand nombre possible de leurs amis à rejoindre vos fans ou susciter des réactions en lançant un débat.

Vous pouvez aussi créer une publicité qui s'affichera sur Facebook : cela demande un budget, mais ce n'est pas compliqué à mettre en œuvre. Consultez la section « Faire la promotion de votre page Facebook » pour en savoir plus.

Mettre votre page à jour

Une page Facebook, contrairement à un site Web vitrine, qui peut rester le même pendant des années, doit être mise à jour régulièrement. La fréquence dépend bien sûr de votre activité et de ce que vous avez à proposer à vos membres, mais vous devez impérativement publier du contenu pour maintenir l'intérêt de vos fans !

Attention à ne pas tomber dans un autre extrême : des messages trop fréquents, inutiles ou sans rapport avec votre activité provoqueront probablement la défection de nombreux fans.

La nature des publications dépend bien sûr, elle aussi, de votre activité. Vous pouvez utiliser votre page Facebook pour annoncer des nouveautés, montrer des photos de vos produits, partager des liens parlant de votre marque ou entreprise, organiser des concours, proposer des promotions ou offres spéciales, *etc.*

Astuce

Les fans apprécieront particulièrement les contenus « exclusifs » à Facebook, c'est-à-dire des offres, photos ou infos qui ne sont diffusées que sur Facebook et nulle part ailleurs !

Afficher des statistiques sur l'audience de votre page

Dès que votre page aura 25 fans, vous pourrez accéder aux statistiques d'audience. Pour obtenir des statistiques sur vos fans et votre page, cliquez sur **Afficher tout** en regard de **Statistiques** dans la partie administration en haut de votre page. Ce lien n'est bien sûr visible que par les administrateurs d'une page.

Des statistiques s'affichent (Figures 6.20 et 6.21).

Figures 6.20 et 6.21

Affichez les statistiques sur l'audience de votre page.

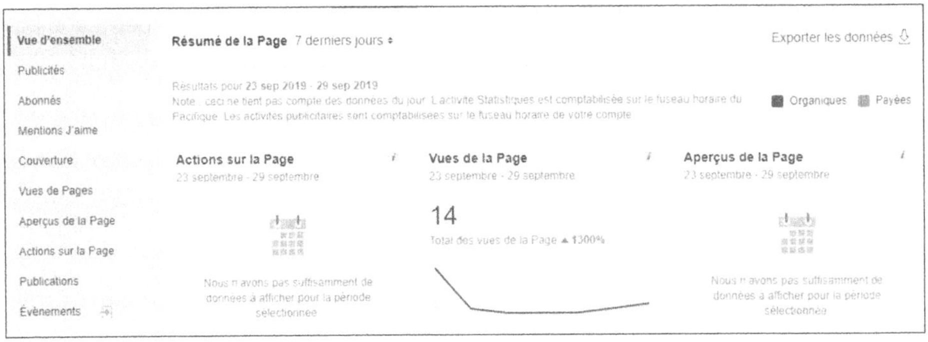

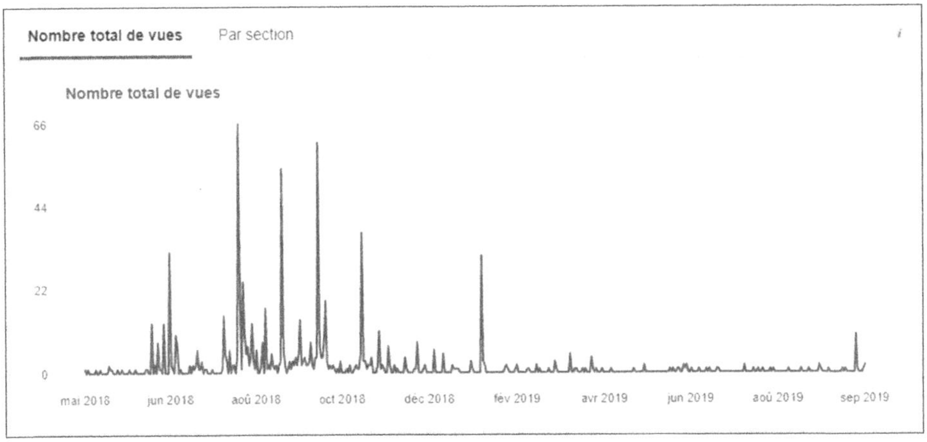

Gérer les permissions et les administrateurs de la page

Une page peut aussi servir à répondre à des questions de vos fans ou leur permettre de s'exprimer. Vous pouvez ouvrir votre page et autoriser les utilisateurs à publier du contenu ou non. Attention : dans ce cas, vous devez jouer votre rôle d'administrateur et de modérateur du contenu sur votre page avec soin. Les débordements de fans indélicats peuvent arriver et c'est à vous de gérer les messages indésirables en les supprimant de votre page. Vous pouvez d'ailleurs nommer un ou plusieurs autres administrateurs (parmi les fans ou vos amis), afin de vous aider à gérer votre page. Cliquez sur **Paramètres** en haut de la page (cette zone n'est visible que par les administrateurs de la page, dont vous faites partie si vous en êtes le créateur). Dans la section **Rôles de la page**, vous pouvez ajuster les options concernant toutes les autorisations pour la page. Vous pouvez y suspendre ou supprimer la page, gérer la manière dont les membres de Facebook peuvent écrire sur la page ou y envoyer des messages. Sélectionnez un rôle (la description précise des autorisations s'affiche pour chaque option) puis cliquez sur le bouton **Enregistrer**.

Faire la promotion de votre page Facebook

Comme évoqué précédemment, une fois votre page créée, Facebook met de nombreux outils à votre disposition pour la promouvoir. Nous avons déjà mentionné les badges, les publicités ou encore l'intégration de Facebook à un site Web. Vous accéderez à ces outils *via* la section **Développer l'audience** de votre page. Des ouvrages entiers sont consacrés à l'utilisation de Facebook à des fins promotionnelles et, si ce sujet vous intéresse, vous pourrez approfondir la question grâce à l'un d'eux.

Voici quelques pistes de plus à explorer :

» **Intégrez un module ou plugin social Facebook sur votre site Web :** vous pouvez ainsi, par exemple, intégrer les boutons **J'aime Partager**, **Envoyer** et **Citation** sur vos pages ou inciter vos visiteurs à devenir fans de votre page Facebook directement depuis votre site Web. Vous pouvez aussi intégrer des lecteurs vidéo et un module de vidéo en direct, ou encore créer un bot pour votre page sur Facebook Messenger. Il est même possible de gérer l'inscription et l'identification de membres sur votre site à l'aide de leurs identifiants Facebook. Vous devez savoir comment modifier le code HTML de votre site pour utiliser ce type de module. Rendez-vous sur https://developers.facebook.com/docs/plugins/ pour découvrir les différents outils à votre disposition (en anglais).

» **Créez une publicité :** ce moyen de promotion est payant et rappelle le système de publicité de Google. Définissez une publicité et un budget. Vous pouvez cibler précisément les profils Facebook sur lesquels sera affichée votre publicité : âge, critères démographiques et même centres d'intérêt. La publicité est facturée au clic, c'est-à-dire que vous ne serez facturé que pour chaque utilisateur ayant cliqué sur l'encart publicitaire. Notez qu'une publicité peut envoyer un utilisateur vers une page Facebook, mais aussi vers n'importe quel site Web extérieur à Facebook. Cliquez sur le bouton ou le lien **Promouvoir la page** dans la partie administration de votre page.

» **Liez votre compte Twitter à votre page Facebook :** si vous utilisez Twitter pour promouvoir votre entreprise ou communiquer avec vos fans, reliez votre page Facebook à votre compte.

Note technique

Si le sujet du déploiement de Facebook vous passionne, et que vous disposiez de solides compétences techniques, vous allez adorer la plate-forme pour développeurs et l'API de Facebook ! C'est un ensemble d'outils accessibles aux développeurs informatiques pour aller encore plus loin dans la personnalisation des sites Web et applications mobiles (type iPhone ou Android). Facebook met à disposition un ensemble de librairies et de codes pour rendre les sites encore plus sociaux ou développer vos propres applications Facebook. Bien sûr, ces outils s'adressent aux pros du développement Web et aux agences spécialisées. Encore une fois, des ouvrages complets sont consacrés à ce vaste sujet.

Les groupes Facebook

Les groupes sont tout simplement des rassemblements de personnes autour d'un sujet ou d'un thème (personnes n'ayant peut-être d'ailleurs rien d'autre en commun).

Beaucoup de groupes sont très sérieux ou utiles, comme les groupes d'anciens élèves d'une école, les groupes pour soutenir une cause humanitaire ou politique, les groupes relatifs à un loisir ou une passion. Le fait de rejoindre de tels groupes est très intéressant, surtout s'ils ont une activité et un ou plusieurs animateurs : c'est le cas des groupes d'anciens étudiants ou de collègues, liés à un hobby, un sport, un parti politique, *etc.* Les membres d'un groupe peuvent ainsi recevoir des informations utiles en rapport avec leur centre d'intérêt.

D'autres groupes sont plus fantaisistes, voire complètement absurdes, et c'est ce qui les rend parfois si célèbres ! Certains groupes ne sont d'ailleurs créés que pour le temps d'une blague. Le fait de rejoindre ce type de groupes n'a aucune autre utilité que de dire au reste du monde (ou du moins à vos amis) que vous adhérez à un concept, une idée ou appréciez la plaisanterie. C'est en fait ce type de groupes qui compte généralement le plus grand nombre de fans ! Certains de ces groupes dépassent le million de membres.

Attention

Les pages, présentées précédemment, permettent aux organisations, entreprises, célébrités et marques véritables de communiquer. Elles ne peuvent être créées et gérées que par des **représentants officiels** de l'entité correspondante. À l'opposé, tout le monde peut créer des groupes. Ceux-ci fournissent un espace privé au sein duquel des personnes peuvent discuter de leurs intérêts communs.

Rejoindre un groupe

Rejoindre un groupe, rien de plus simple ! Certains groupes sont ouverts à tous sur simple adhésion, d'autres groupes sont accessibles sur demande, soumise à l'approbation du responsable.

❶ Vous devez d'abord commencer par le trouver : il suffit en général qu'un ami rejoigne un groupe, par exemple, ou que l'on vous en parle. Saisissez le nom du groupe dans la zone de recherche, puis cliquez sur la loupe. Cliquez enfin sur **Groupes** dans la liste à gauche.

❷ Si un ami vient de rejoindre un groupe qui vous intéresse, cliquez directement sur le nom du groupe dans le fil d'actualité.

❸ Pour voir la page Facebook dédiée à un groupe, cliquez sur son nom. Vous verrez la description du groupe (onglet **Info**) et la liste des membres, ainsi que d'autres informations sur le groupe et éventuellement des photos. Comme une personne, un groupe dispose d'un journal dans lequel des informations peuvent être publiées.

❹ Certains groupes sont ouverts à tous sur simple adhésion : cliquez sur **Rejoindre**. Vous serez immédiatement membre du groupe.

❺ D'autres groupes, signalés par l'icône 🔒 à droite de leur nom, sont accessibles sur demande : cliquez sur **Rejoindre ce groupe**. Vous serez membre du groupe après acceptation de la part de son responsable (Figure 6.22).

Figure 6.22 Cliquez sur Rejoindre pour devenir membre d'un groupe.

Consulter les publications d'un groupe et publier du contenu

Pour voir les publications d'un groupe, vous devez explicitement vous rendre sur sa page, car toutes les mises à jour n'apparaissent pas, par défaut, dans votre fil d'actualité.

❶ Cliquez sur **Groupe** dans la barre latérale de votre page Facebook, puis sur le nom du groupe (Figure 6.23).

Figure 6.23

Cliquez sur le nom d'un groupe pour voir les publications et publier du contenu à son intention.

❷ Pour publier du contenu dans un groupe, vous devez bien entendu tout d'abord en être membre. Le journal du groupe devient alors accessible et vous pouvez y publier du contenu, exactement comme dans le journal d'un ami. Il s'agit ici d'une publication exclusivement destinée aux membres du groupe (Figure 6.24).

Info

Par défaut, seules les mises à jour publiées par vos amis dans le groupe s'affichent dans votre fil d'actualité. Vous pouvez faire en sorte que toutes les publications du groupe apparaissent dans votre fil d'actualité : survolez le nom du groupe dans la section **Groupes** à gauche de votre page Facebook, puis cliquez sur le crayon à gauche du nom du groupe concerné et choisissez **Modifier les paramètres**. Attention, néanmoins, car certains groupes sont très actifs et les messages peuvent devenir envahissants.

Figure 6.24 Accueil du groupe.

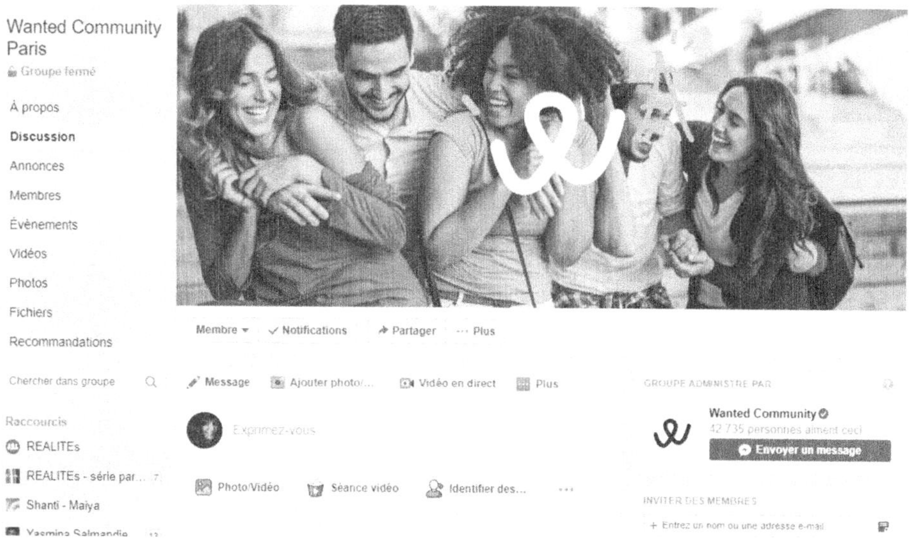

Quitter un groupe

Vous ne souhaitez plus faire partie d'un groupe ? Quittez-le !

❶ Pour quitter un groupe, affichez sa page Facebook.

❷ Cliquez sur **Membre**.

❸ Choisissez **Quitter le groupe** (Figure 6.25).

Figure 6.25 Quitter un groupe.

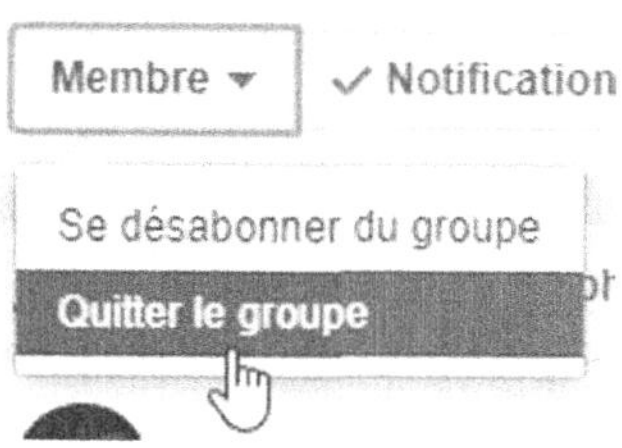

❹ Vous pouvez aussi rester membre d'un groupe, mais recevoir moins de notifications. Cliquez sur le bouton **Notifications** puis choisissez l'option qui vous convient (Figure 6.26).

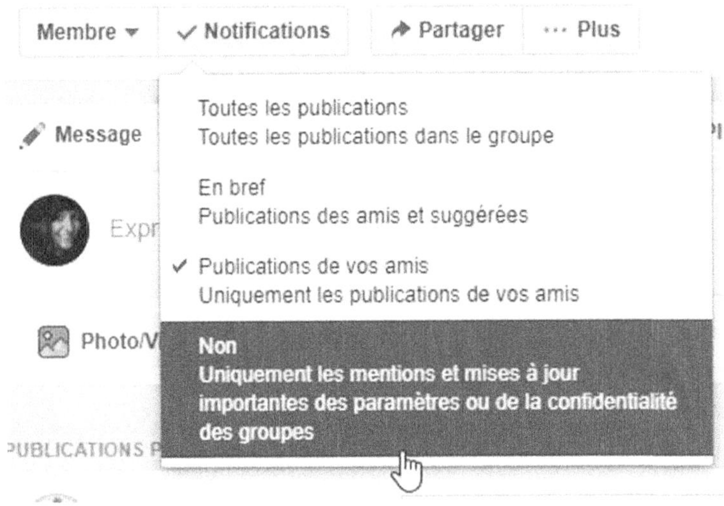

Figure 6.26 Trop de publications dans un groupe ? Modifiez les paramètres de notification.

Les évènements

Les **évènements** Facebook sont un moyen de rassembler des personnes autour d'un... évènement, comme leur nom l'indique ! Il existe des évènements de toutes sortes : fêtes, soirées, spectacles, sorties, mariages, réunions, *etc.* Ils peuvent être publics (le prochain concert de Marc Lavoine, par exemple) ou privés (l'invitation à l'anniversaire de votre amie Véronique).

Info

Un type d'évènement spécial est automatiquement ajouté à votre calendrier Facebook : les dates d'anniversaires de vos amis. Nous y reviendrons plus loin dans ce chapitre.

Répondre à une invitation

Vous pouvez recevoir des invitations à participer à des évènements créés par des amis ou vous inscrire spontanément à un évènement public.

1. Lorsque vous êtes invité à un évènement, une notification s'affiche dans votre page Facebook ainsi que dans la section **Évènements** (Figure 6.27). Vous recevrez aussi des notifications pour des évènements susceptibles de vous intéresser, organisés par des pages que vous aimez, ou en fonction de votre emplacement géographique, par exemple.

2. Vous pouvez voir toutes les informations le concernant, si c'est un évènement privé ou public, et la liste des invités, ainsi que les réponses déjà enregistrées.

Figure 6.27

Cliquez sur la notification pour afficher les détails de l'évènement.

❸ Pour répondre à l'invitation, cliquez simplement sur **Intéressé(e)**, **Participe** ou **Ignorer**. Vous pouvez aussi écrire dans le journal de la page consacrée à l'évènement *via* l'onglet **Discussion** (Figure 6.28).

Figure 6.28

Si vous n'êtes pas encore certain de participer mais êtes intéressé par l'évènement, cliquez sur Intéressé(e). Cela permettra à l'organisateur de savoir que vous avez bien reçu l'invitation, à vos amis de savoir que vous êtes intéressé par l'évènement, et vous recevrez les mises à jour le concernant.

Astuce

Si l'évènement est privé, seules les personnes invitées voient l'évènement et ses détails. Aucune notification ne s'affiche dans le profil ou le fil d'actualité suite à une réponse de votre part : une surprise peut donc en rester une !

❹ Pour voir tous les évènements auxquels vous êtes convié ou auxquels vous participerez, cliquez sur **Évènements** dans la partie gauche de votre page Facebook. Le nombre d'évènements en attente de réponse est indiqué dans le menu.

❺ La liste de vos invitations s'affiche, avec les évènements du mois. Notez que Facebook vous suggère des évènements publics en fonction des pages que vous aimez ou de l'activité de vos amis, et ce même si vous n'y avez pas été personnellement invité (Figure 6.29).

Figure 6.29 Vous pouvez répondre rapidement à toutes les invitations en attente.

❻ Cliquez sur **Calendrier** à gauche pour afficher les évènements sous la forme d'un calendrier.

❼ Enfin, cliquez sur **Anniversaires** pour voir les anniversaires de vos amis à venir (Figure 6.30). Lorsque la personne a autorisé la publication dans son propre journal, vous pouvez écrire un mot à son intention directement depuis cette section.

Figure 6.30 L'âge apparaît à condition que l'ami concerné ait indiqué son année de naissance comme une donnée publique ou qu'elle soit visible pour ses amis dans son journal.

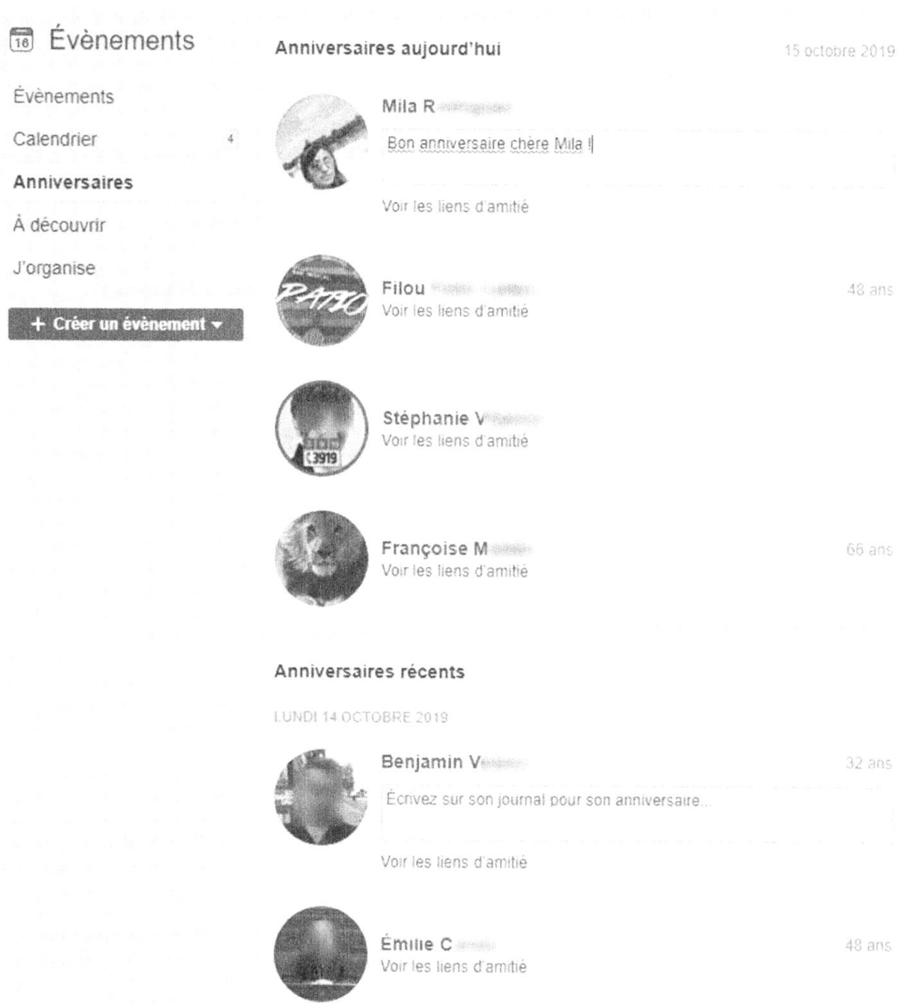

Info

Votre propre anniversaire apparaît aussi dans le calendrier et fera l'objet d'une notification dans la page Facebook de vos amis le jour J.

Créer un évènement et inviter des amis

Les évènements sont très pratiques pour organiser des réunions avec vos amis, car tout est simple et automatisé : l'envoi des invitations avec toutes les informations utiles, ainsi que la gestion des réponses. Vous pouvez créer votre propre évènement.

❶ Cliquez sur **Évènements** dans la partie gauche de votre page Facebook, puis sur **Créer un évènement** (Figure 6.31). Choisissez un type d'évènement, public ou privé :

- **Public** rend non seulement l'évènement visible de tous, mais le fera aussi apparaître dans les suggestions de membres de Facebook (attention : tout le monde, y compris des personnes ne faisant pas partie de vos amis, pourra donc voir et répondre à un évènement public).
- **Privé** crée un évènement visible **uniquement sur invitation**.

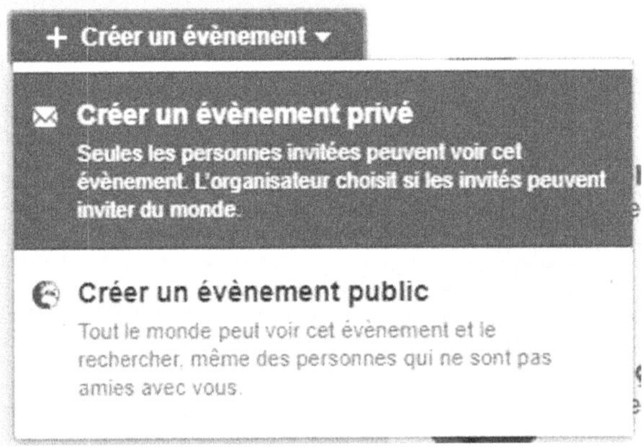

Figure 6.31
Créez votre propre évènement.

❷ Indiquez le nom de votre évènement, la date et l'heure de début, et éventuellement une heure de fin. Spécifiez le lieu et écrivez toute information utile dans la fenêtre qui apparaît (Figure 6.32). Vous pouvez indiquer un ami en tant que coorganisateur : il disposera des droits d'édition et de gestion de l'évènement au même titre que vous. Notez que l'option **Les invités peuvent convier des amis** permet à toute personne invitée d'ajouter des invités : à utiliser avec modération, donc, pour les évènements privés !

❸ Cliquez sur le bouton **Créer**.

❹ L'évènement est créé, avec vous-même comme premier participant, par défaut. Vos amis recevront immédiatement l'invitation et pourront accéder à la page de l'évènement pour y répondre.

❺ Cliquez sur **Évènements** sous votre photo de profil pour retrouver l'évènement et en voir les détails.

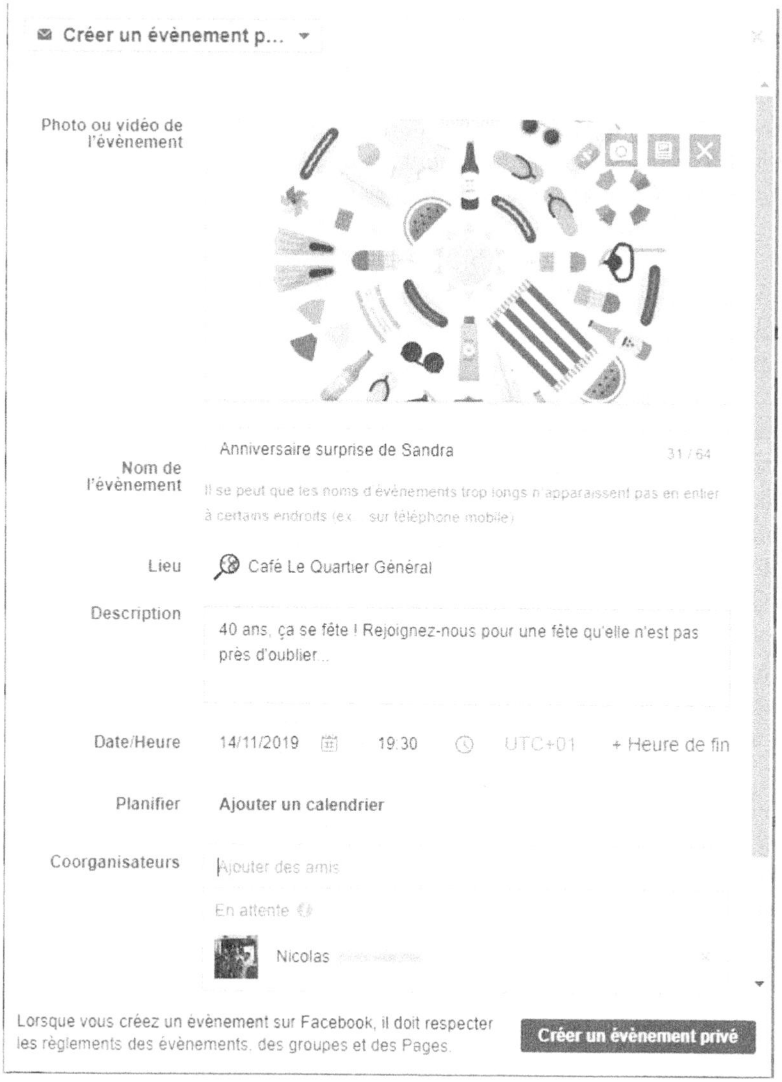

Figure 6.32
Indiquez les détails de l'évènement.

Les applications Facebook

Les applications sont des petits modules Facebook qui permettent de participer à toutes sortes de choses amusantes, en particulier des jeux dits « sociaux », des quiz ou des concours, des manipulations ludiques sur vos photos, ou encore d'envoyer des cartes de vœux ou des cadeaux virtuels, par exemple. Elles peuvent aussi enrichir votre profil en affichant votre CV ou les endroits du monde que vous avez visités.

Leur fonction générale est d'« améliorer l'utilisation du site » et, pour cela, le site se repose beaucoup sur des développeurs externes : la grande majorité des applications ne sont pas créées par Facebook, mais par des sociétés ou des individus indépendants. La particularité des applications étant d'être « externes » à Facebook, vous devez explicitement autoriser chaque application que vous souhaitez utiliser à accéder à vos données.

Attention

Sachez que vous pouvez très bien utiliser Facebook sans jamais avoir recours aux applications. Le fait d'ajouter une application à votre page lui donne accès à de nombreuses informations de votre profil, qui peuvent ensuite être exploitées à des fins commerciales.

Certaines applications sont aussi connues parce qu'elles font le « buzz » et rencontrent un grand succès. Avez-vous déjà entendu parler de **Candy Crush** ? Vous découvrirez aussi des applications intéressantes par le biais de vos amis. Une notification apparaît dans le fil d'actualité lorsque l'un de vos amis utilise une application ou partage le score réalisé à un jeu, par exemple. Cliquez sur le nom de l'application pour en savoir plus.

Vous pouvez enfin chercher une application par son nom en le saisissant dans la zone de recherche en haut d'écran. Vous pouvez aussi voir une sélection de jeux en cliquant sur **Jeux** dans la section de gauche de votre page Facebook.

La procédure pour utiliser une application est au départ toujours la même : vous devez cliquer sur **Jouer** (pour les jeux) ou sur **Accéder à l'application** (pour les applications de tout autre type) et accepter les conditions d'utilisation (Figure 6.33).

Figure 6.33
Jouez !

Attention

Les applications Facebook exigent en général deux choses : l'accès à vos données personnelles, voire à votre réseau, ainsi que l'autorisation de publier en votre nom dans votre journal. Attention, donc : en accédant à une application, vous acceptez le recueil de vos données et la publication de messages dans votre journal, et dans le fil d'actualité de votre réseau ! Vous pouvez toutefois choisir le paramètre de diffusion de ces publications. Si les applications vous incitent à choisir une diffusion publique (qui constitue pour elles une excellente publicité), vous pouvez toujours la restreindre à vos amis, voire à vous-même : personne d'autre ne verra ainsi ces publications.

Info

Sur Facebook Mobile, c'est différent : les applications sont externes et le fait de vouloir accéder à une application ou un jeu, depuis Facebook, vous mènera vers la boutique d'applications de votre machine (**App Store** ou **Play Store**). Vous pourrez alors télécharger l'application ou le jeu en question sur votre smartphone ou tablette.

Attention

Pour ne plus autoriser un jeu ou une application à accéder à vos données, vous pouvez le supprimer : rendez-vous dans les paramètres. Cliquez sur **Applications** dans la section latérale, puis localisez le jeu ou l'application dans la liste et cliquez sur **Supprimer**. Consultez le Chapitre 9 pour plus d'informations.

Facebook Watch

Facebook Watch est un service Facebook donnant accès à des vidéos en tous genres, à la manière de YouTube. Au départ uniquement disponible aux États-Unis, elle est depuis août 2018 accessible dans le monde entier et offre la possibilité de visionner des milliers, voire des millions de vidéos à la demande, depuis Facebook et sa version mobile, qu'il s'agisse de musique, de télévision ou encore de petits films créés spécialement pour ce support.

Pour accéder à la plateforme, cliquez sur **Watch** dans le menu latéral de votre page d'accueil Facebook (Figure 6.34).

Figure 6.34 Accédez à Facebook Watch.

Une sélection personnalisée de vidéos vous sera proposée, en fonction de vos centres d'intérêt – pages suivies et auxquelles vous êtes abonné – ou encore de l'actualité du moment (Figure 6.35).

Figure 6.35 Facebook Watch permet de visionner des vidéos spécialement sélectionnées pour vous.

Par défaut, la première vidéo se lance, sans le son : cliquez sur le bouton situé en bas à droite du lecteur pour ajuster le volume. Cliquez sur le bouton pour afficher la vidéo en plein écran (Figure 6.36).

Comme n'importe quelle publication Facebook, vous pouvez réagir, commenter ou partager une vidéo Facebook Watch.

À la fin d'une vidéo, une autre se lance automatiquement. Cliquez sur ··· pour ajouter la vidéo à votre sélection de vidéos enregistrées et la visionner plus tard si vous le souhaitez (Figure 6.37).

Figure 6.36

Le lecteur vidéo intégré à Facebook.

Figure 6.37

Enregistrez une vidéo Facebook Watch dans votre sélection.

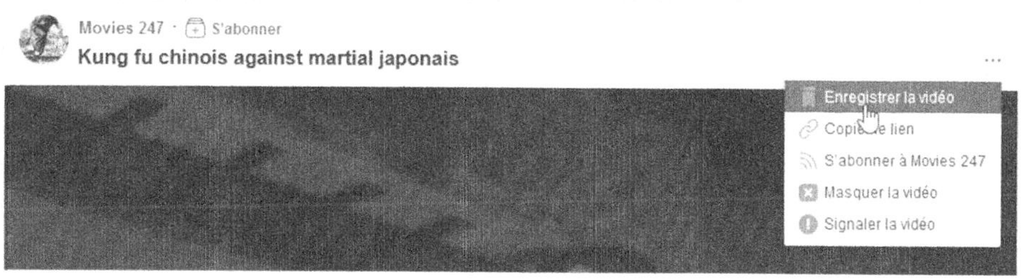

Vous pouvez accéder à vos enregistrements à tout moment en cliquant sur **Vidéos enregistrées** dans le menu latéral de Facebook Watch. Les pages ou personnalités publiant des vidéos susceptibles de vous intéresser sont aussi facilement accessibles ici (Figure 6.38).

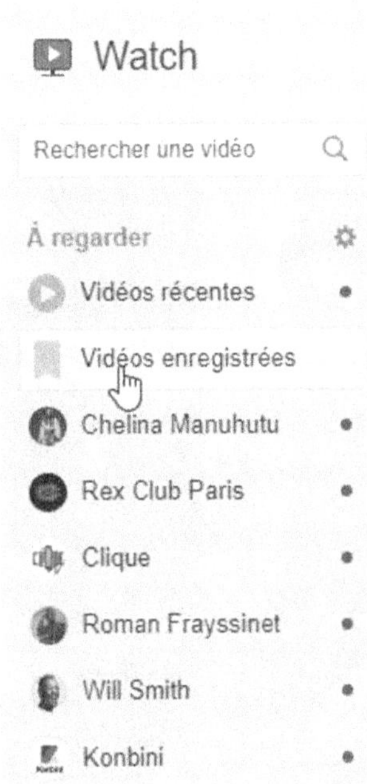

Figure 6.38 Consultez vos vidéos sauvegardées.

Acheter et vendre sur Facebook Marketplace

Facebook Marketplace est un service récemment lancé par Facebook afin de permettre à ses membres de vendre et d'acheter des articles au sein de leur communauté. Il s'agit d'une place de marché de mise en relation, par un système d'annonces gratuites, à la manière de sites comme Le bon coin. On y trouve de tout : vêtements, meubles, objets de collection, annonces immobilières, places de spectacles ou services à la personne.

Pour accéder à la plateforme, cliquez sur **Marketplace** dans le menu latéral de votre page d'accueil Facebook (Figure 6.39).

Figure 6.39 Accédez à Facebook Marketplace.

Le menu latéral de Facebook Marketplace permet de parcourir les articles par catégories et de filtrer les annonces par lieux ou prix (Figure 6.40). La sélection de départ est personnalisée selon vos centres d'intérêt et recherches précédentes, et présente aussi les nouvelles annonces de votre réseau.

Figure 6.40
Facebook Marketplace est organisé par catégories.

Utilisez le champ de recherche en haut d'écran pour trouver un article spécifique (Figure 6.41).

Figure 6.41
Recherchez un article en saisissant un mot-clé, une marque ou un modèle précis.

Vous pouvez ensuite affiner la recherche en indiquant une fourchette de prix, une localisation ou une distance par rapport à votre emplacement, et trier les résultats par prix, distances ou dates de mise en vente (Figure 6.42).

Un article vous intéresse ? Cliquez sur sa photo pour voir les détails de l'annonce et entrer en contact avec le vendeur *via* Facebook Messenger (Figure 6.43).

Figure 6.42

Précisez vos critères de recherche et triez les résultats.

Figure 6.43

Contactez le vendeur d'un article pour connaître sa disponibilité et les modalités d'achat.

Si vous souhaitez vendre des articles, c'est aussi gratuit et très facile : cliquez sur le bouton **Vendre un article** dans le menu latéral de Facebook Marketplace (Figures 6.44 et 6.45).

Figure 6.44 Créez une annonce pour vendre vos propres articles sur Facebook Marketplace.

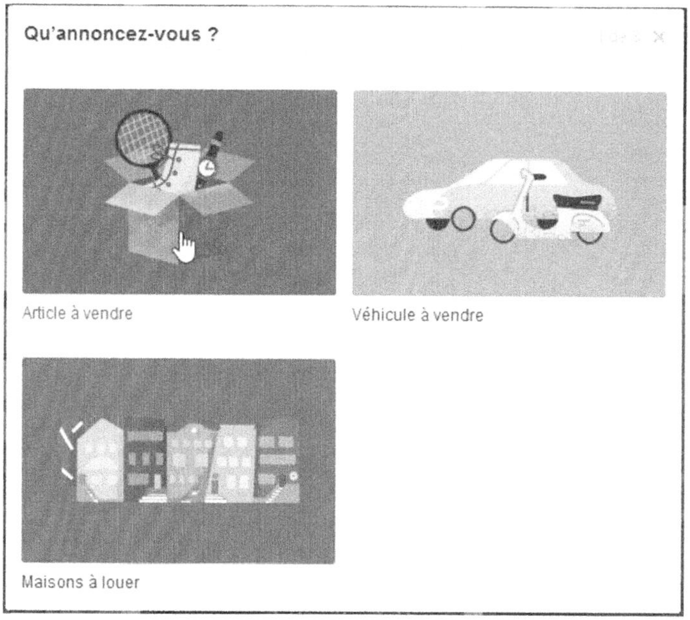

Figure 6.45 Choisissez un type d'articles.

Indiquez la catégorie d'article, un titre, un prix de vente et une localisation, une description, et ajoutez des photos (Figure 6.46). Cliquez sur **Suivant**.

Vous pouvez alors choisir de publier l'annonce sur Facebook Marketplace, ainsi que dans des groupes dont vous êtes membre afin d'augmenter la visibilité de votre article (Figure 6.47). Cliquez sur le bouton **Publier** et le tour est joué !

Figure 6.46 Vendez sur Facebook Marketplace.

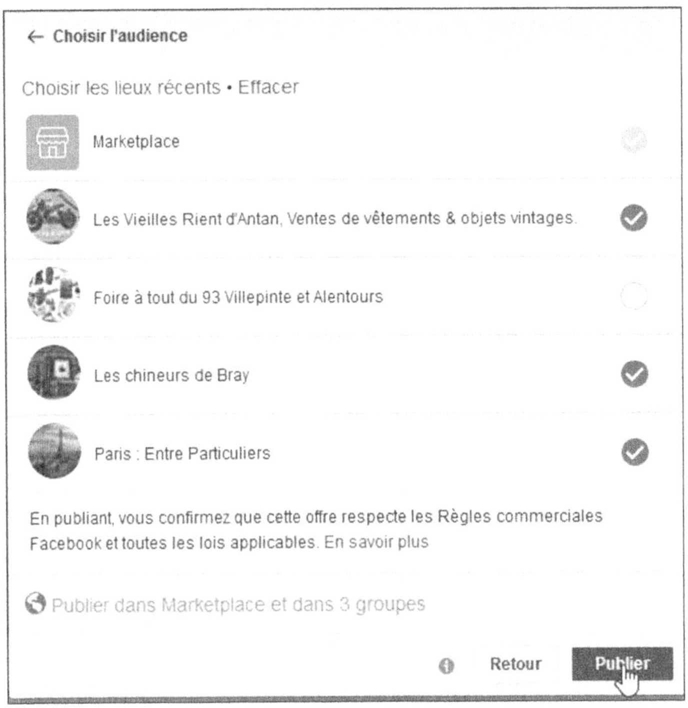

Figure 6.47 Votre article sera visible sur Facebook Marketplace et dans tous les lieux sélectionnés.

De potentiels acheteurs pourront alors vous contacter directement. Vos articles en vente sont visibles dans la section **Mes ventes** de votre page Facebook Marketplace (Figure 6.48). Cliquez sur le bouton **Gérer** pour modifier ou supprimer l'annonce.

Figure 6.48
Vos articles en vente sont groupés dans la section Mes ventes.

Attention

Attention : Facebook Marketplace est une plateforme de mise en relation entre membres Facebook, mais ne garantit en aucun cas l'authenticité des annonces ou articles vendus, ni la sécurité des transactions. Tout membre Facebook peut publier des annonces. Comme ailleurs, il existe donc des annonces et profils – de vendeurs comme d'acheteurs – frauduleux. La prudence reste évidemment de mise ! Par ailleurs, l'objet doit respecter les « règles commerciales » de Facebook : les objets courants interdits à la vente incluent les animaux, les armes et les produits illégaux.

Services de crise

Les « services de crise » sont des outils offerts par Facebook à ses membres en cas de catastrophe : tremblement de terre, tsunami, ouragan, attentat, fusillade, effondrement d'un bâtiment. Lorsqu'un danger touchant la population déclenche une alerte de la part d'une agence mondiale de signalement de crise, Facebook active plusieurs services : **Safety Check**, qui permet aux membres de se signaler en sécurité, ou encore **Mesure d'urgence**, pour proposer de l'aide concernant les moyens de transport, la nourriture, les vêtements, le travail bénévole, les ressources...

Utilisant les informations de géolocalisation de votre smartphone ou celles fournies dans votre profil, ainsi que les données de votre connexion Internet, l'algorithme de Facebook peut déterminer que vous vous situez dans une zone d'incident et vous inviter à indiquer que vous êtes en sécurité à l'aide de l'outil Safety Check. Une publication sera ajoutée à votre journal. Si vous ne vous trouvez pas dans la zone touchée ou si vous ne souhaitez pas partager votre statut, cliquez sur **Ne me concerne pas**.

De la même manière, lorsque certains de vos amis Facebook se trouvent dans une zone touchée par une catastrophe, une notification Safety Check vous informera s'ils indiquent être en sécurité. En cliquant sur celle-ci, vous pourrez accéder à des informations spécifiques à la crise. Vous pourrez voir la liste de vos amis ayant signalé être en sécurité. Vous pourrez aussi rechercher un ami par son nom et lui envoyer une demande de réponse *via* Safety Check.

Dans cette même page, vous pourrez obtenir ou apporter de l'aide, ou faire un don grâce au service **Mesure d'urgence** : cliquez sur **Trouver de l'aide** pour afficher une liste de publications proposant de l'aide et contactez leur auteur, ou publiez une demande spécifique si aucune aide ne correspond à ce que vous recherchez (Figures 6.49 et 6.50).

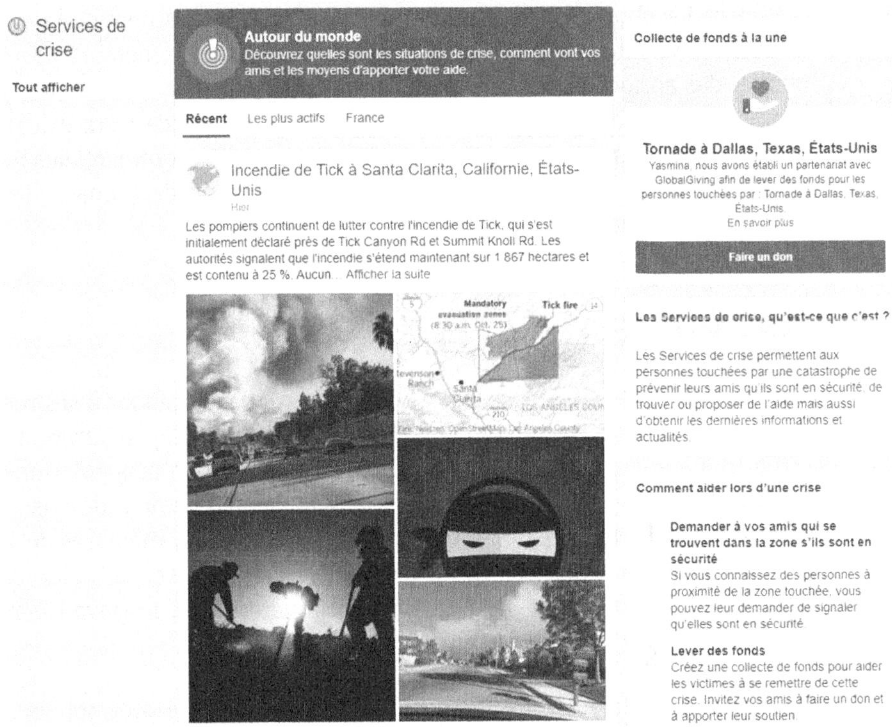

Figure 6.49

Les services de crise Facebook.

Figure 6.50

Trouvez de l'aide ou faites un don.

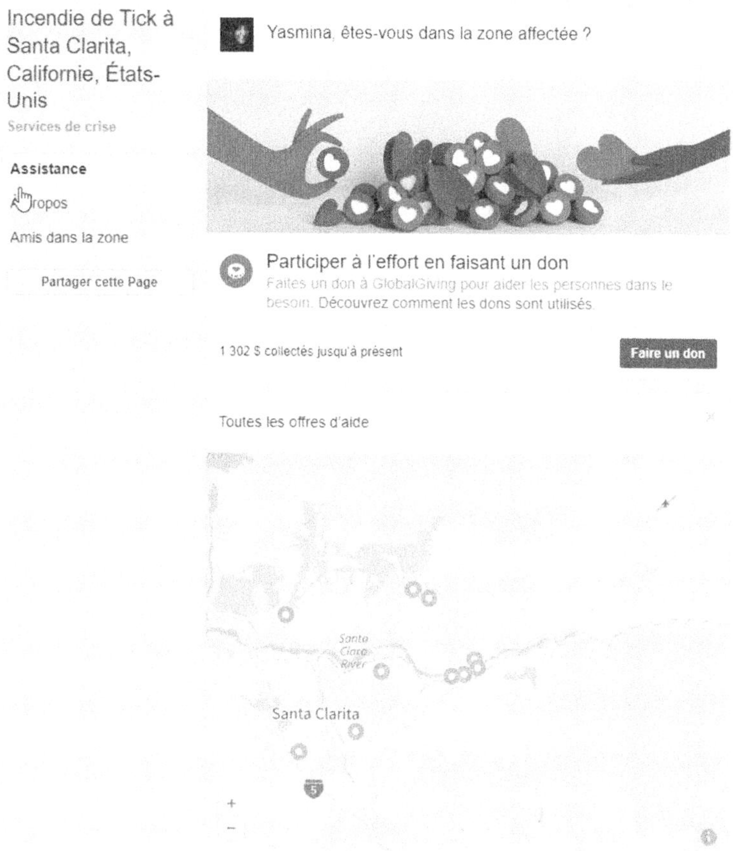

DANS CE CHAPITRE

Télécharger Facebook

Premiers pas avec l'application Facebook

Publier et consulter du contenu

Que faire si l'application bloque ?

Aimer et commenter depuis l'application Facebook

Amis, stories et applications

Paramètres, notifications et déconnexion

Chapitre 7
Utiliser Facebook sur un appareil mobile

Poursuivons à présent notre exploration des différentes facettes de Facebook par un sujet qui concerne de plus en plus d'utilisateurs : l'accès au site hors de la maison ou du bureau, à l'aide d'un appareil nomade. Consulter votre fil d'actualité, et surtout publier une mise à jour sur Facebook, est aisé avec un smartphone, une tablette ou tout autre appareil mobile capable d'accéder à Internet. Non seulement vous pourrez rester connecté et en contact en permanence, mais, de plus, vous aurez accès à des fonctionnalités inédites liées aux caractéristiques de ces appareils, comme la géolocalisation, ou à l'appareil photo intégré à votre machine.

Qu'est-ce que Facebook Mobile ?

Facebook Mobile est, comme son nom l'indique, la version mobile de Facebook, accessible à l'aide de votre téléphone portable (mais aussi de tout autre appareil mobile connecté à Internet, comme un iPod Touch ou une tablette tactile).

Tous les téléphones mobiles capables d'accéder à Internet vous permettront d'utiliser Facebook Mobile : iPhone, BlackBerry, Android, Windows Phone, HTC, *etc.*

Utiliser Facebook sur un smartphone

Il existe en fait deux manières différentes d'utiliser Facebook sur un smartphone :

» *Via* le Web, tout simplement, grâce à la version mobile du site Web. Cette solution est universelle et possible sur n'importe quel téléphone capable d'accéder au Web.

» *Via* une application spécifique pour iPhone, Android ou Windows Phone, par exemple. Ce n'est possible que pour les smartphones dotés de leur propre marché d'applications.

Nous allons explorer ces deux voies mais, surtout, nous intéresser à l'utilisation des applications Facebook pour les smartphones.

En effet, les applications offrent une interface spécialement conçue et optimisée pour l'écran tactile des smartphones.

De plus, elles permettent de profiter de Facebook en balade (pour consulter l'actualité de votre réseau ou publier des mises à jour de votre statut à tout moment), tout en tirant aussi parti des fonctionnalités uniques des smartphones. Vous pouvez ainsi utiliser la géolocalisation pour indiquer l'endroit où vous vous trouvez, ou prendre une photo / vidéo avec l'appareil intégré et la publier instantanément sur Facebook (Figure 7.1).

Figure 7.1 L'application Facebook Mobile sur iPhone.

Accéder à Facebook sur un appareil nomade

Il existe plusieurs manières d'accéder à Facebook depuis un appareil nomade (tablette ou smartphone). Vous pouvez tout d'abord utiliser la version dite « mobile » du site Web de Facebook, *via* le navigateur Web de votre smartphone. Deuxième possibilité : télécharger l'application spécialement conçue pour votre smartphone. Facebook offre à l'heure actuelle une application dédiée sur la majorité des plates-formes : **App Store** (pour les produits Apple, dont l'iPhone et l'iPod Touch) ; **Android Market** (pour tous les téléphones Android) ; **Windows** ; mais aussi des *stores* secondaires comme **Ovi Store** (Nokia) ou **App World** (BlackBerry).

Avec la « folie » des smartphones, tablettes et applications ces dernières années, c'est le mode d'utilisation privilégié des utilisateurs nomades de Facebook, et ceci est tout à fait justifié : l'application, spécialement conçue pour chaque modèle de smartphone, propose des outils et fonctions que n'offre pas une simple version mobile du site. Par exemple, le système de notifications qui vous avertit de la réception d'un message ou d'une invitation, sous la forme d'une bannière ou fenêtre sur l'écran de votre smartphone, ou encore d'une pastille sur l'icône de l'application.

Info

Ce sont les principaux systèmes existant à l'heure actuelle, et on peut imaginer que si un nouveau marché d'applications venait à émerger, une application Facebook serait très vite disponible. Le point commun de ces applications est leur gratuité. L'apparence et les fonctionnalités diffèrent légèrement d'un système à l'autre, selon les caractéristiques des machines.

Accéder à la version mobile du site Web de Facebook

Cette solution a l'avantage d'être universelle et de ne nécessiter l'installation d'aucune application. Elle fonctionne sur tout appareil mobile capable d'accéder au Web. C'est une version simplifiée et allégée du site Web complet de Facebook, adaptée à la taille (plus petite) et à l'ergonomie d'un appareil mobile.

1. Pour y accéder, lancez le navigateur Web sur votre téléphone mobile (**Safari**, par exemple, sur l'iPhone, **Internet Explorer Mobile** sur Windows Phone ou **Chrome Lite** pour Android).

2. Saisissez l'URL de la version mobile de Facebook dans la barre d'adresse du navigateur : http://m.facebook.com

3. Connectez-vous à l'aide de vos identifiants habituels.

4. La version « mobile » et allégée de l'interface de Facebook s'affiche (Figure 7.2).

Figure 7.2 L'interface de la version mobile du site Facebook ressemble beaucoup à celle des applications à télécharger sur smartphone.

5. Comme sur la version pour ordinateur de Facebook, vous pouvez consulter votre fil d'actualité, recevoir des invitations et des notifications, et publier un statut.

6. En fin de consultation, vous pouvez toucher ou cliquer sur ☰ puis sur **Déconnecter** en bas d'écran. Si vous ne vous déconnectez pas, la session reste ouverte sur votre mobile.

Info

En principe, si vous tentez d'accéder à la version classique de Facebook, *via* l'URL habituelle **www.facebook.com**, votre navigateur Web détectera l'utilisation d'un appareil mobile, et éventuellement tactile, puis vous redirigera automatiquement vers la version mobile adaptée du site Web.

Télécharger Facebook pour iOS sur l'App Store

Pour installer l'application Facebook sur l'iPhone ou l'iPad, rendez-vous simplement sur l'App Store :

❶ Saisissez **Facebook** dans le champ de recherche. Touchez le bouton **Installer** (Figure 7.3).

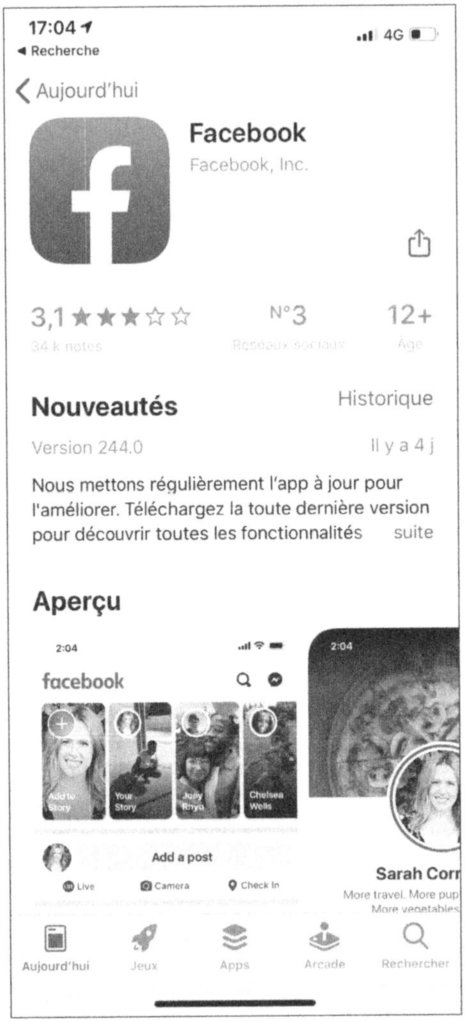

Figure 7.3 Installez l'application Facebook depuis l'App Store.

❷ Une fois l'application installée, appuyez sur le bouton **Accueil** pour quitter l'App Store. L'icône de l'application est désormais visible sur l'écran d'accueil. Touchez-la pour lancer Facebook Mobile.

❸ Indiquez vos identifiants Facebook si vous possédez déjà un compte puis touchez **Connexion**. Sinon, touchez **Créer un nouveau compte** (Figure 7.4).

Figure 7.4
Créez un nouveau compte.

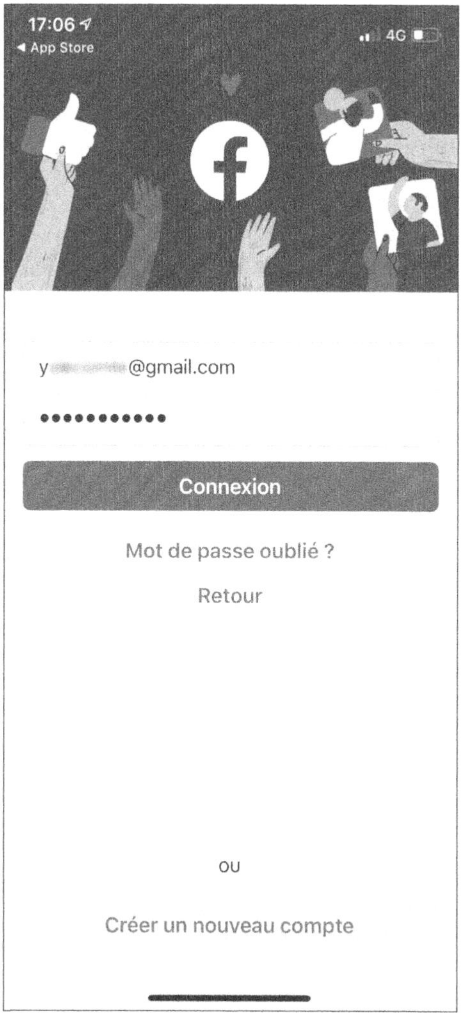

❹ L'application Facebook vous propose de synchroniser vos données avec les applications **Contacts** et **Calendrier**. Vous pourrez par la suite désactiver cette synchronisation.

Info

Dans l'écran de réglage de Facebook, vous pouvez dès à présent si vous le souhaitez désactiver la synchronisation des données Facebook avec **Calendrier** et **Contacts** : utilisez les curseurs correspondants. Pour éviter les doublons, touchez le bouton **Actualiser tous les contacts** : les données de votre carnet d'adresses et les informations fournies par vos amis Facebook seront fusionnées.

❺ Facebook vous demande aussi d'autoriser les notifications : alertes, sons et pastilles d'icônes. Touchez **Autoriser** pour recevoir des notifications, dont vous pourrez affiner les réglages ultérieurement (Figure 7.5).

Figure 7.5
Autorisez les notifications ou touchez Plus tard pour effectuer le réglage ultérieurement.

❻ L'application vous propose ensuite d'activer la fonction de géolocalisation afin de trouver des amis à proximité. Notez que l'accès à votre position n'est pas obligatoire pour utiliser Facebook Mobile. Touchez **Plus tard** ou **OK** si vous acceptez la géolocalisation.

❼ C'est terminé ! Vous pouvez désormais utiliser l'application Facebook Mobile sur votre appareil Apple.

Info

Sur l'iPhone, l'application Facebook peut se bloquer. En cas de « plantage » de l'application Facebook, appuyez sur le bouton **Accueil** pour quitter l'application et relancez-la. Si cela ne fonctionne pas, appuyez longuement (jusqu'à six secondes) sur le bouton **Accueil** pour débloquer l'iPhone. Si, même après avoir quitté et relancé l'application, celle-ci ne démarre pas correctement, affichez la barre des tâches en appuyant deux fois rapidement sur le bouton **Accueil** ou en faisant glisser depuis le bas de l'écran (selon votre modèle d'iPhone). Faites glisser la fenêtre Facebook vers le haut pour forcer la fermeture de l'application. Touchez ensuite le bouton **Accueil** puis relancez l'application. Redémarrer l'iPhone pourra aussi vous tirer de l'embarras. En guise de solution ultime, vous pouvez toujours supprimer l'application de votre iPhone, puis la réinstaller depuis les réglages ou l'App Store.

Télécharger l'application Facebook sur Play Store

Sur machine Android, qu'il s'agisse d'une tablette ou d'un smartphone, le téléchargement de Facebook se fait à l'aide de l'application **Play Store**.

❶ Pour accéder à **Play Store** depuis votre smartphone Android, touchez l'icône .

❷ Touchez le champ de recherche et saisissez **Facebook**.

❸ Affichez la fiche détaillée de l'application en touchant son nom.

❹ Touchez le bouton **Installer**.

❺ Une fenêtre d'autorisation apparaît.

❻ À la fin de l'opération, le bouton **Ouvrir** permet de lancer directement l'application. Touchez-le. Vous quittez alors la boutique d'applications et Facebook se lance (Figure 7.6).

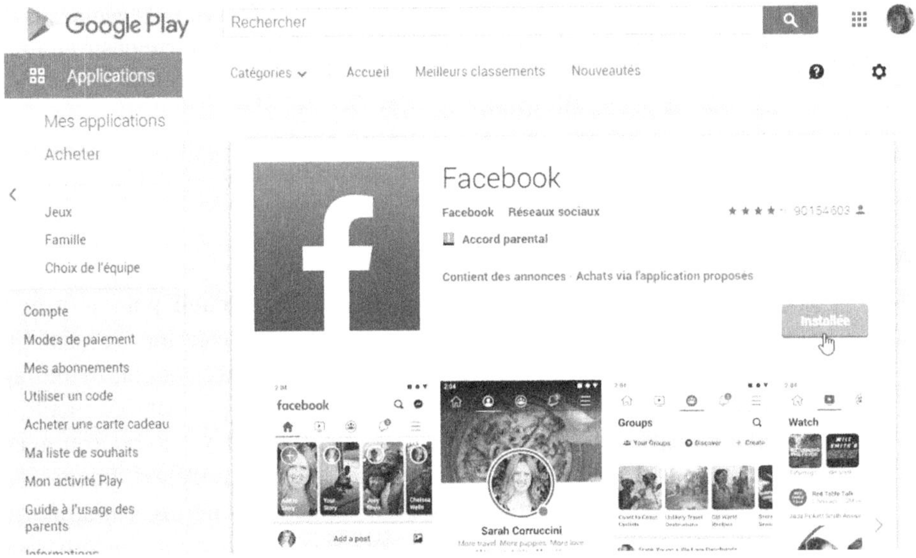

Figure 7.6 Installez l'application Facebook depuis Play Store.

❼ Suite au premier lancement de l'application Facebook sur votre tablette ou smartphone Android, vous pouvez synchroniser les évènements, photos et contacts Facebook avec votre machine.

❽ Touchez le bouton **OK**.

❾ C'est terminé ! Vous pouvez désormais utiliser l'application Facebook Mobile sur votre appareil Android.

Info

Si vous utilisez un smartphone ou une tablette autre qu'un iPhone / iPad ou Android, rendez-vous dans la boutique d'applications de votre machine. À défaut ou si vous ne savez pas comment faire, vous pouvez recevoir un lien de téléchargement directement sur votre appareil. Rendez-vous sur https://m.facebook.com, la page d'accueil de Facebook Mobile. Touchez le bouton **Téléchargez Facebook Mobile pour naviguer plus rapidement** et suivez les instructions de téléchargement.

Premiers pas avec l'application Facebook

La suite de ce chapitre concerne tous les utilisateurs de l'application Facebook, sur iPhone, iPad, smartphone Android ou tout autre appareil mobile : l'application est sensiblement la même et offre les mêmes fonctions sur toutes les plates-formes. Notez que son interface évolue régulièrement au gré des mises à jour et peut donc légèrement différer de celle visible dans les pages qui suivent. Enfin, certaines fonctionnalités sont mises en avant selon vos habitudes et préférences d'usage et l'apparence de l'interface peut varier d'un utilisateur à l'autre. Par exemple, si vous êtes un utilisateur assidu de Facebook Marketplace, un bouton d'accès rapide peut être visible dans la barre d'outils en bas d'écran, de même que si vous gérez une ou plusieurs pages professionnelles.

Découvrir l'interface de l'application

Vous avez téléchargé l'application Facebook correspondant à votre appareil nomade ? Il est temps de la lancer et de découvrir son interface.

❶ Après avoir téléchargé Facebook sur votre smartphone, touchez simplement l'icône pour lancer l'application. L'écran de connexion s'affiche. Si vous avez configuré votre compte Facebook dans les réglages ou déjà utilisé l'application, nul besoin de saisir à nouveau votre identifiant et votre mot de passe. Touchez **Continuer**. Sinon, indiquez vos identifiants habituels puis touchez **Connexion** (Figure 7.7).

Figure 7.7
L'application offre une interface spécialement conçue et optimisée pour smartphone.

❷ Votre fil d'actualité s'affiche. Les boutons de la barre d'outils, en bas d'écran, permettent d'afficher votre profil, d'accéder aux notifications et au menu général de l'application. En haut d'écran, un bouton permet d'effectuer une recherche et un autre, d'accéder à vos messages (Figure 7.8).

Figure 7.8
La zone de notifications.

1 **Afficher le fil d'actualité**
2 **Accès à Marketplace**
3 **Accès à votre profil**
4 **Notifications**
5 **Menu**
6 **Recherche**
7 **Messages**

❸ Si vous avez de nouvelles notifications, leur nombre s'affiche au-dessus de l'icône correspondante, dans une pastille rouge.

Info

Il est possible que des boutons supplémentaires s'affichent en bas d'écran dans votre application Facebook Mobile, en fonction de vos habitudes et préférences d'utilisation : un bouton d'accès à vos pages professionnelles, par exemple.

❹ Touchez simplement l'icône pour afficher les invitations / messages / notifications.

❺ Si vous avez reçu des messages, leur nombre s'affiche sur l'icône **Messages** mais, pour les consulter sur mobile, vous serez redirigé vers l'application **Facebook Messenger**.

❻ Touchez pour afficher le menu général. Vous pouvez alors accéder aux autres rubriques du site : profil, messages, amis, pages et invitations, groupes, évènements, photos, *etc.* (Figure 7.9). La liste proposée dépend de vos habitudes et activités sur Facebook.

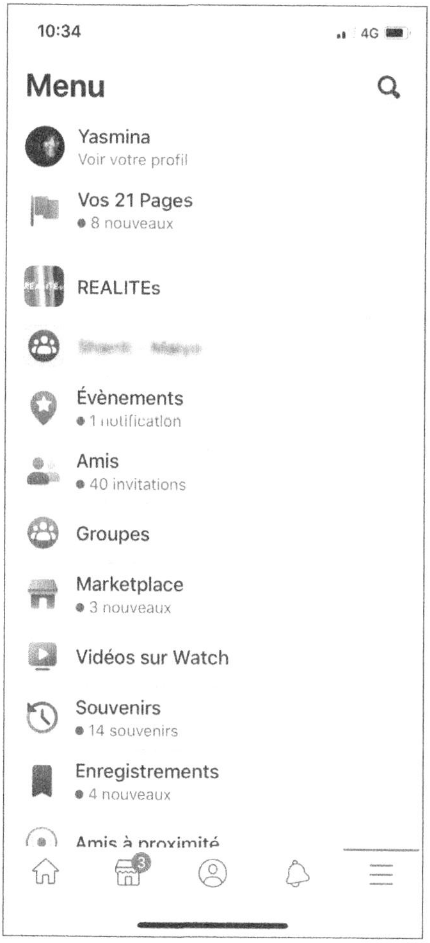

Figure 7.9
Le menu général.

Actualiser le fil d'actualité

Le fil d'actualité est mis à jour automatiquement chaque fois que vous lancez l'application. Vous pouvez néanmoins l'actualiser manuellement à tout moment.

Pour actualiser votre fil d'actualité Facebook, touchez l'écran et faites glisser vers le bas (Figure 7.10).

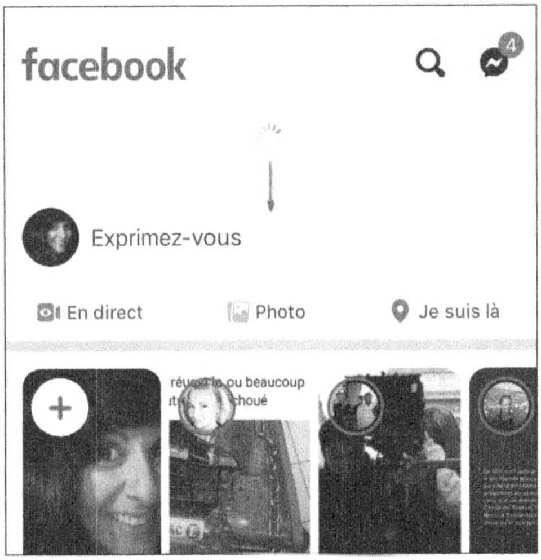

Figure 7.10 Actualisez votre fil d'actualité.

Changer de photo de profil

Rien de plus simple que de prendre une photo avec votre smartphone pour en faire votre nouvelle photo de profil !

1. Touchez le bouton au milieu de la barre d'outils en bas d'écran pour accéder à votre propre profil Facebook (Figure 7.11).
2. Touchez dans le coin inférieur droit de votre photo de profil (Figure 7.12).

Figure 7.11
Affichez votre profil.

Figure 7.12
Touchez le bouton Photo pour changer de photo.

❸ Choisissez une option pour sélectionner votre photo (Figure 7.13) :

- **Sélectionner une photo ou vidéo de profil** permet d'importer une photo ou une vidéo depuis la bibliothèque d'images de votre smartphone. Vous devrez ensuite sélectionner la vidéo dans votre bibliothèque.
- **Ajouter un décor** permet d'agrémenter votre photo d'un cadre ou effet, à choisir parmi la myriade de décors proposés par Facebook.

Figure 7.13 Les options de sélection de photo.

❹ Si vous choisissez une photo, une fois celle-ci téléchargée ou sélectionnée, vous pouvez éventuellement la modifier ou ajouter un décor (Figure 7.14). L'option **Rendre provisoire** permet comme son nom l'évoque de définir une photo de profil pour une durée prédéterminée, d'un jour à une semaine. Une fois le délai choisi écoulé, c'est l'ancienne photo de profil qui reprend sa place. Vous pouvez ajouter quelques mots au sujet de votre photo dans la zone en bas d'écran.

Figure 7.14 Choisissez une nouvelle photo de profil.

❺ Touchez éventuellement **Modifier** pour recadrer votre photo, ajouter un filtre, du texte, un sticker, ou encore un dessin. De nombreuses options permettent d'éditer votre photo avant publication.

❻ Touchez **Utiliser** pour modifier votre photo de profil.

❼ Votre photo de profil est mise à jour.

Publier une mise à jour depuis votre smartphone

Partager quelques mots par le biais d'un nouveau statut, mais aussi votre localisation, une photo ou une vidéo directement depuis votre smartphone, est à la fois pratique et facile grâce à la zone **Exprimez-vous** en haut d'écran (Figure 7.15).

Figure 7.15
Exprimez-vous !

❶ Saisissez votre nouveau statut à l'aide du clavier (Figure 7.16).

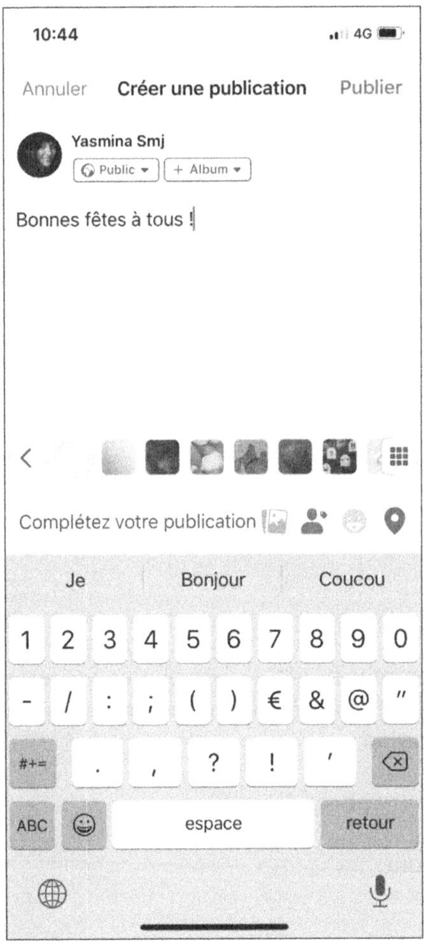

Figure 7.16
Publiez un nouveau statut.

❷ Touchez une vignette de couleur pour appliquer un style (Figure 7.17).

Figure 7.17 Choisissez un thème pour votre statut.

❸ Les boutons situés sous la zone de saisie permettent d'ajouter une photo, de publier une vidéo en direct, d'indiquer un lieu, d'ajouter une humeur ou encore d'identifier des amis dans la publication (Figure 7.18). Toutes ces options sont combinables à l'infini et détaillées dans les sections qui suivent.

Figure 7.18 Les options de statut.

Publier une photo

Vous pouvez publier une ou plusieurs photos depuis l'application Facebook Mobile en tant que nouveau statut. Ces photos sont automatiquement ajoutées à votre journal, dans la section spéciale **Photos**.

❶ Affichez votre propre profil (touchez le bouton au milieu de la barre d'outils en bas d'écran).

❷ Touchez le bouton **Photo** (Figure 7.19).

Figure 7.19
Publiez une photo.

Info

À la première utilisation de cette fonctionnalité, l'application Facebook Mobile vous demandera d'autoriser l'accès à vos photos. Touchez le bouton **OK** (Figure 7.20).

Figure 7.20
Autorisez l'accès à vos photos.

❸ Vous pouvez choisir une photo dans la pellicule de votre appareil. Touchez la zone en haut d'écran pour parcourir les albums photos enregistrés dans votre smartphone (Figure 7.21). Pour utiliser l'appareil photo, touchez le bouton .

Figure 7.21
Parcourez vos albums photos pour trouver la photo à partager.

❹ Sélectionnez une ou plusieurs photos en touchant leur vignette (Figure 7.22) puis touchez le bouton **Fin**. Si vous publiez une photo panoramique, celle-ci sera partagée en mode « photo 360° ». Vos amis pourront visualiser la photo à 360° en faisant pivoter leur appareil.

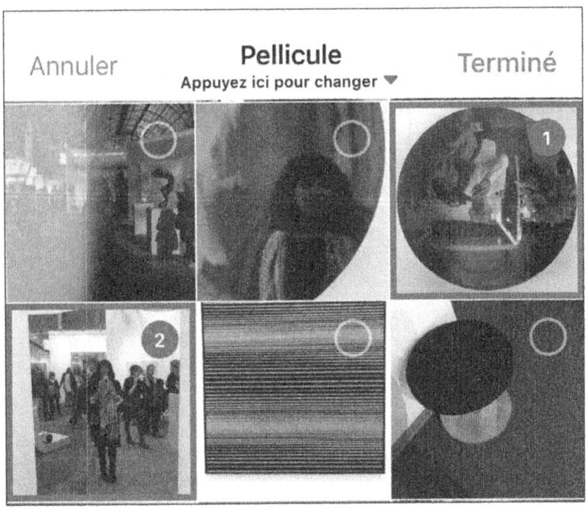

Figure 7.22
Vous pouvez publier une ou plusieurs photos en une même opération.

❺ Complétez éventuellement la photo de quelques mots ou d'une description. Touchez le bouton **Modifier** pour recadrer votre photo, ajouter un filtre, du texte, un sticker, ou encore un dessin, exactement comme pour une photo de profil (consultez la section « Changer de photo de profil », précédemment dans ce chapitre).

❻ Libre à vous aussi d'indiquer le lieu de la prise de vue : touchez le bouton de géolocalisation pour choisir un lieu. Facebook vous propose automatiquement des lieux grâce aux informations enregistrées au moment de la prise de vue par votre smartphone. Ici encore, vous pouvez indiquer une humeur ou identifier des amis dans la photo, comme expliqué plus loin dans ce chapitre (Figure 7.23).

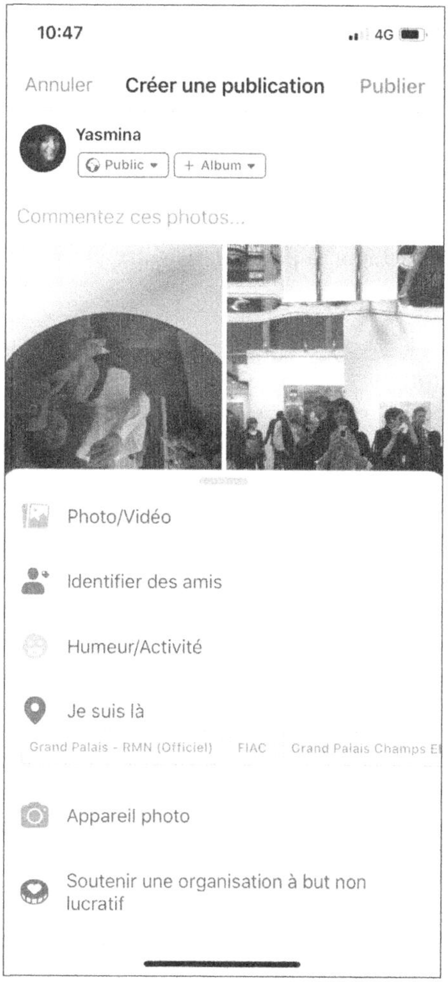

Figure 7.23 Indiquez le lieu de la prise de vue.

❼ Touchez l'étiquette définissant le niveau de confidentialité pour choisir une option (Figure 7.24).

Figure 7.24 Choisissez le niveau de confidentialité de la publication.

❽ Touchez le bouton **Publier** pour partager la photo dans votre journal (Figure 7.25).

Figure 7.25 Publiez vos photos.

L'identification de personnes

L'identification de personnes est une fonctionnalité originale de Facebook, qui consiste à indiquer les personnes (de votre réseau, en particulier) qui se trouvent dans une photo.

La photo est ainsi automatiquement associée aux profils des personnes concernées. Les photos occupent une place importante dans Facebook et dans votre journal.

Info

Vous pouvez identifier jusqu'à 50 personnes dans une photo. Vous pouvez uniquement identifier vos amis et les amis de vos amis.

Qu'est-ce qu'un tag ?

Un *tag* est littéralement une étiquette. Le concept de « tag » est utilisé dans les photos pour identifier une personne, c'est-à-dire indiquer que tel ou tel ami de votre réseau se trouve dans une photo. Bien que traduit par « identification » dans la version française de Facebook, le terme « tagger » (prononcer « ta-gué ») est très employé.

Vous pouvez identifier une personne ou vous-même dans une photo au moment de sa publication. Facebook reconnaît les visages dans la photo et les encadre. Si la reconnaissance faciale fonctionne mal, cliquez sur le visage ou la zone représentant la personne à identifier dans la photo. Identifiez la personne : saisissez les premières lettres de son nom ou cliquez directement sur sa vignette si elle figure dans votre liste d'amis (Figure 7.26).

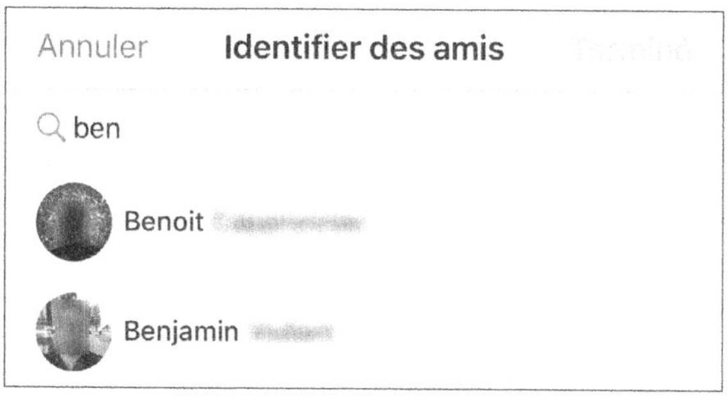

Figure 7.26 Identifiez une personne au moment de la publication d'une photo.

Vous pouvez aussi toucher le bouton d'identification dans le menu d'options. Une fois l'identification effectuée, le nom de la personne est mentionné dans la publication.

Figure 7.27
Touchez le bouton d'identification pour procéder à une identification de personnes dans une photo.

Pour identifier des personnes dans une photo déjà publiée, affichez-la photo (vous pouvez aussi identifier des personnes dans les photos de vos albums ou de vos amis), puis touchez le bouton **Identifier** puis un des cadres autour d'un visage, et saisissez les premières lettres du nom de l'ami à identifier. Recommencez éventuellement pour identifier d'autres personnes. Vous pouvez uniquement identifier vos amis et les amis de vos amis. Vous pouvez aussi ignorer un visage pour ne pas l'identifier.

Info

À tout moment, vous pouvez supprimer une information (si vous en êtes l'auteur ou l'objet) en survolant le nom dans cette zone.

Supprimer l'identification dans une photo

Seules les personnes concernées (c'est-à-dire celles identifiées et celles ayant procédé à l'identification) peuvent supprimer une identification dans une photo. Il leur suffit de toucher à tout moment le lien **Supprimer l'identification**. L'identification d'une personne ayant déjà supprimé son identification ne sera plus possible.

L'identification de personnes permet de savoir facilement qui se trouve dans une photo (Figure 7.28).

Figure 7.28

Affichez une photo puis touchez le bouton Identification pour voir le nom des personnes.

Que se passe-t-il lorsqu'une personne est identifiée dans une photo ?

Le fait d'avoir identifié des personnes dans une photo a plusieurs conséquences :

» Si les personnes identifiées ont un profil Facebook, elles reçoivent une notification et un message leur indiquant qu'elles apparaissent dans une photo dans leur fil d'actualité.

» De plus, la photo apparaît dans votre profil, mais aussi dans celui de votre ami, dans un album spécial appelé **Vos photos de vous**.

Info

Pour les mineurs, le partage des publications se limite aux amis de leurs amis. Cette limite a pour but de protéger leur confidentialité. La visibilité des identifications de mineurs est également différente pour les mineurs et les adultes. La visibilité dépend de la personne qui a ajouté l'identification et de la personne qui regarde la publication. Si vous êtes mineur et qu'un ami vous identifie, cette identification est visible par **toutes les personnes** qui peuvent voir la publication sur Facebook. Si un ami d'un ami vous identifie, seuls vos amis peuvent voir votre nom avec un lien vers votre journal.

Info

Vous pouvez contrôler précisément les publications dans lesquelles une identification est effectuée : consultez la section « Qui peut vous identifier dans une photo ? » du Chapitre 9.

Publier une vidéo en direct

C'est l'une des dernières nouveautés de Facebook Mobile : la possibilité d'utiliser la caméra de votre smartphone pour publier une vidéo en direct. Où que vous soyez, vous pouvez filmer un évènement ou une scène, et le partager en « live » avec vos amis Facebook.

1. Affichez votre propre profil (touchez le bouton au milieu de la barre d'outils en bas d'écran).

2. Touchez la zone **Exprimez-vous** puis **Vidéo en direct** dans le menu (Figure 7.29).

3. Vous pouvez lancer directement la diffusion en direct, ou au préalable indiquer une description, identifier des amis ou un lieu. Choisissez le niveau de confidentialité en touchant la zone **A**.

Figure 7.29
Préparez la diffusion d'une vidéo en direct.

❹ Tout est prêt ? Vous pouvez lancer la diffusion (Figure 7.30).

Figure 7.30
Touchez le bouton Diffuser en direct pour lancer immédiatement l'enregistrement de la vidéo.

Dès que la diffusion en direct aura débuté, vos amis Facebook recevront une notification et seront invités à la visionner. Vous verrez en temps réel qui regarde la vidéo, et vos amis pourront aimer, partager ou commenter s'ils le souhaitent.

À la fin de la diffusion, Facebook vous proposera d'enregistrer la vidéo dans la pellicule de votre smartphone. Notez que si vous ignorez cette proposition, la vidéo restera disponible dans votre fil d'actualité, mais ne sera pas enregistrée localement dans votre appareil.

Indiquer un lieu

Facebook Mobile permet d'indiquer votre présence dans un lieu spécifique, grâce à la fonction de géolocalisation de votre smartphone.

❶ Affichez votre propre profil (touchez le bouton au milieu de la barre d'outils en bas d'écran).

❷ Touchez la zone **Exprimez-vous** puis **Je suis là** dans le menu (Figure 7.31).

Figure 7.31 Indiquez le lieu où vous vous trouvez.

❸ Si la localisation n'est pas active sur votre smartphone pour l'application Facebook, suivez les instructions proposées pour modifier le réglage (Figure 7.32). Notez que vous pouvez aussi ne pas utiliser la géolocalisation et directement saisir un lieu dans la zone **Rechercher**.

Figure 7.32 Activez la géolocalisation pour repérer les lieux enregistrés autour de vous.

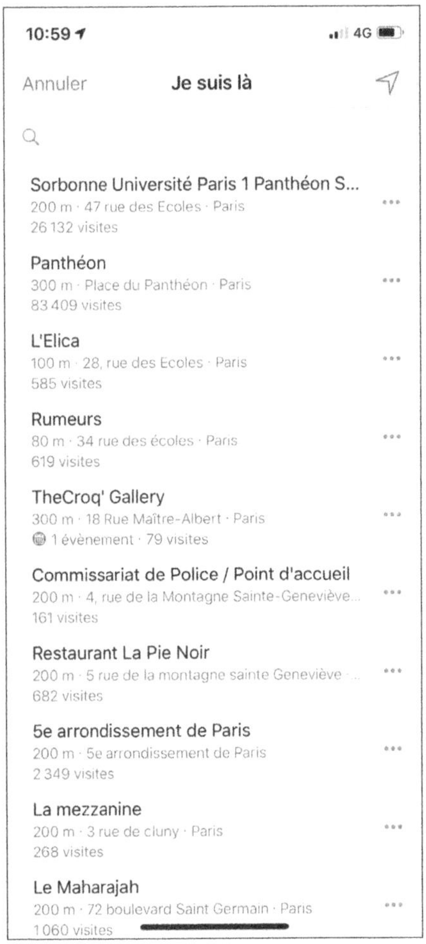

❹ Touchez le nom d'un lieu (Figure 7.33).

Figure 7.33 Choisissez un lieu dans la liste.

❺ Notez que si un évènement est associé au lieu choisi, vous pouvez indiquer votre présence et votre participation à celui-ci par la même occasion (Figure 7.34).

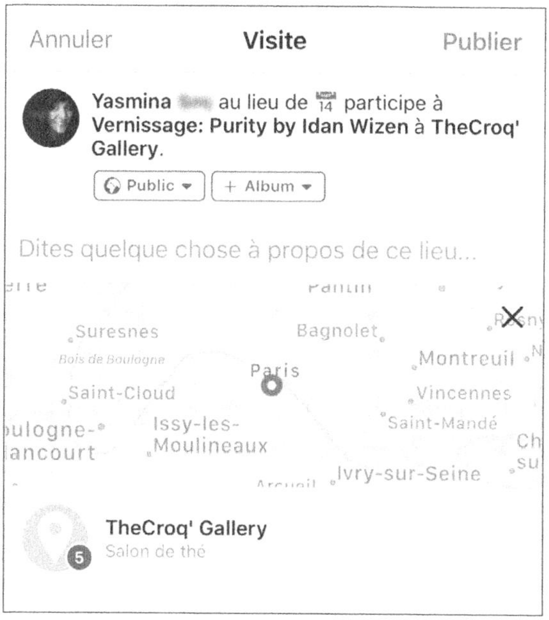

Figure 7.34 Vous participez à un évènement particulier ? S'il apparaît ici, vous pouvez l'indiquer.

❻ Touchez éventuellement l'étiquette définissant le niveau de confidentialité pour choisir une option. Touchez le bouton **Publier** pour partager votre localisation dans votre journal (Figure 7.35).

Figure 7.35 Partagez votre localisation et éventuellement le fait que vous participez à un évènement.

Partager une humeur

Autre option pour vous exprimer sur Facebook : ajouter une « humeur ». Il s'agit en fait de raconter ce que vous faites ou dans quel état d'esprit vous vous trouvez.

❶ Affichez votre propre profil (touchez le bouton au milieu de la barre d'outils en bas d'écran).

❷ Touchez la zone **Exprimez-vous** puis **Humeur/Activité** dans le menu (Figure 7.36).

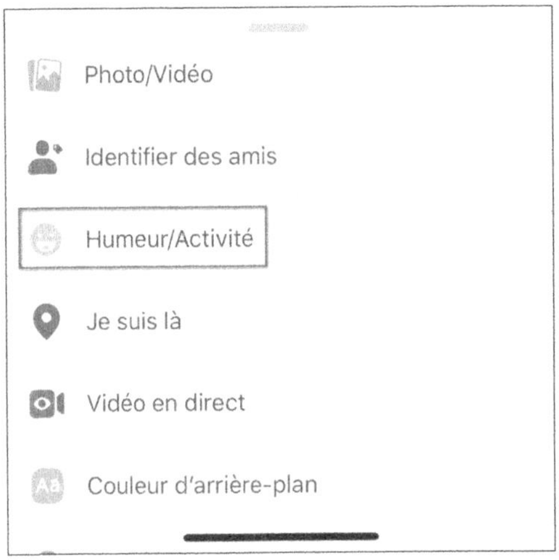

Figure 7.36
De quelle humeur êtes-vous aujourd'hui ?

❸ Parcourez les différentes sections pour choisir l'élément de votre choix (Figures 7.37 et 7.38).

❹ Touchez éventuellement l'étiquette définissant le niveau de confidentialité pour choisir une option (Figure 7.39).

Figures 7.37 et 7.38

Faites votre choix !

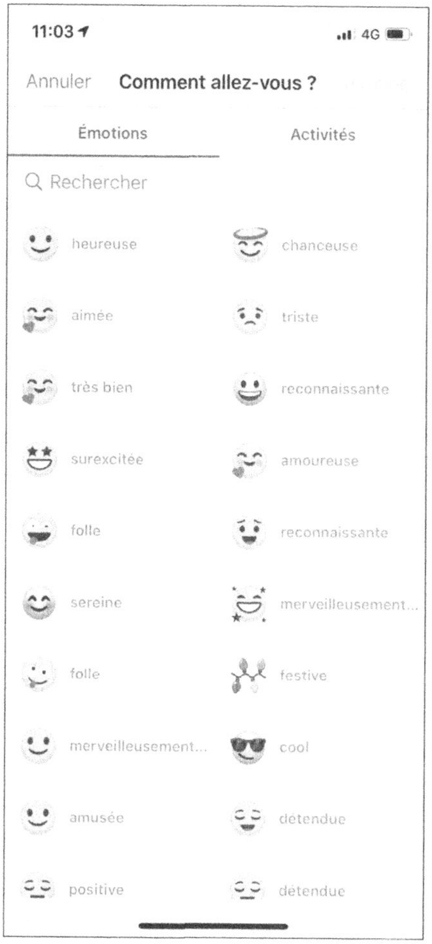

Figure 7.39

Touchez le bouton Publier pour partager votre humeur ou activité dans votre journal.

❺ La publication est ajoutée à votre journal.

Aimer et commenter depuis l'application Facebook

Tout comme vous pouvez le faire dans la version classique de Facebook, vous pouvez réagir aux publications de vos amis depuis l'application ou la version mobile.

❶ Touchez la zone indiquant le nombre de « J'aime » ou de commentaires sous une publication pour voir les détails. Vous pouvez voir le temps d'un instant les noms de vos amis ayant récemment aimé ou commenté la publication.

❷ Touchez le bouton **J'aime** pour indiquer que vous aimez la publication. Maintenez le doigt longuement sur le bouton pour pouvoir choisir une réaction (Figure 7.40).

Figure 7.40 Touchez J'aime, ou choisissez une « réaction ».

❸ Touchez le bouton **Commenter**, saisissez votre commentaire et touchez le bouton ➤ pour réagir à la publication (Figure 7.41).

Figure 7.41
Publiez un commentaire.

❹ Touchez le bouton **Partager** pour partager la publication. L'option la plus rapide consiste à republier l'élément tel quel dans votre propre journal, avec le dernier niveau de confidentialité employé. Touchez **Partager dans votre story** pour accéder aux options de publication dans votre story : vous pourrez ajouter un titre, des effets et stickers, par exemple. Vous pouvez enfin partager l'élément dans un message privé avec un autre membre de Facebook grâce à l'option **Envoyer dans Messenger**. Pour choisir d'autres options de publication, partager l'élément dans le journal d'un ami, par e-mail ou encore dans une note, cliquez sur **Autres options** (Figure 7.42).

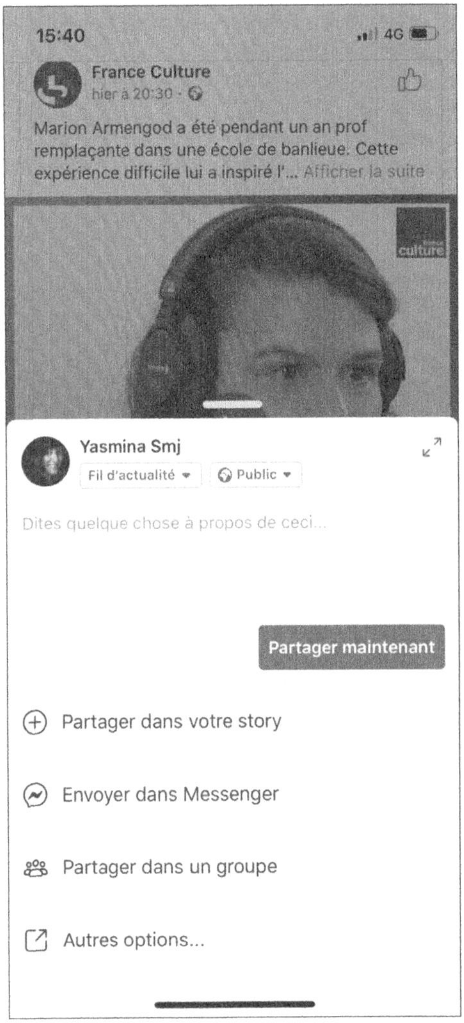

Figure 7.42
Partagez une publication.

Consulter et gérer vos évènements sur smartphone ou tablette

Vous pouvez gérer vos évènements Facebook à l'aide de l'application Facebook. Par ailleurs, les évènements Facebook sont par défaut synchronisés avec l'agenda de votre smartphone.

❶ Touchez le bouton puis **Évènements** pour voir la liste des évènements et anniversaires à venir (Figure 7.43).

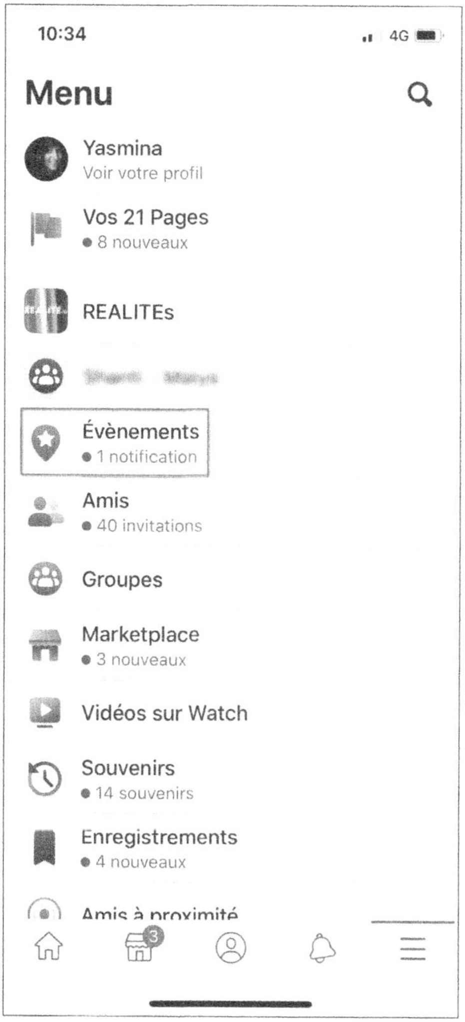

Figure 7.43 Consultez vos évènements.

❷ La liste des évènements auxquels vous êtes invité ou participez s'ouvre, avec une localisation relative à votre emplacement. Pratique ! Des suggestions d'évènements susceptibles de vous intéresser s'affichent aussi en bas d'écran (Figure 7.44).

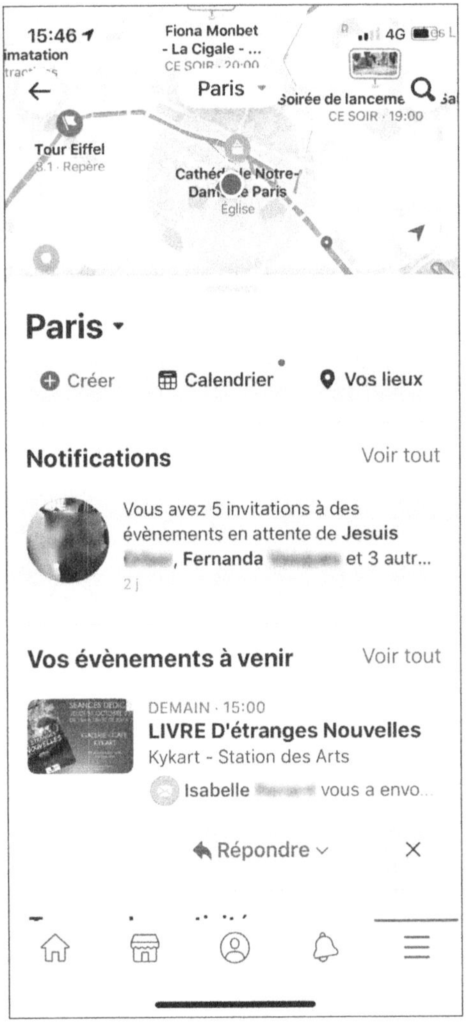

Figure 7.44 La section Évènements de Facebook Mobile.

❸ Touchez **Calendrier** pour voir les évènements sous la forme d'une liste chronologique (Figure 7.45).

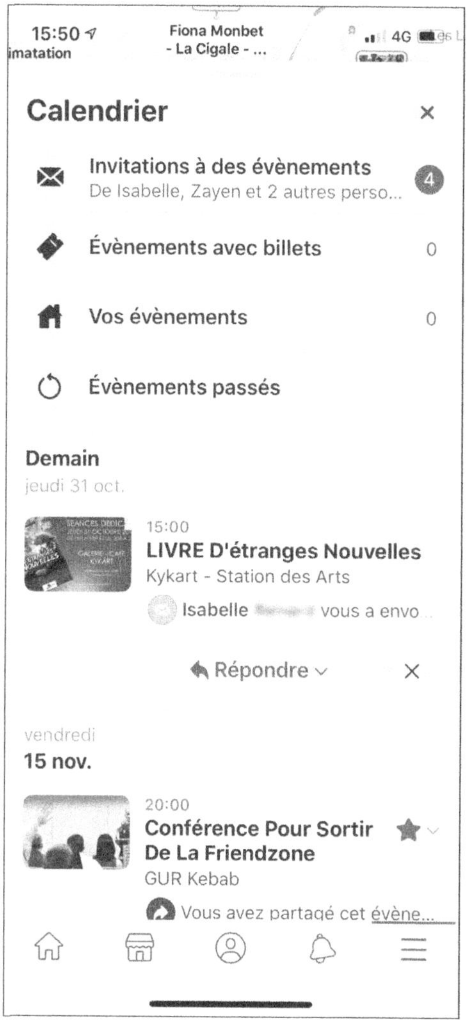

Figure 7.45 La liste chronologique des évènements de Facebook Mobile.

❹ Vous pouvez indiquer pour chaque évènement si vous êtes intéressé, y participerez ou non : touchez le bouton **Répondre** puis choisissez une option (Figure 7.46).

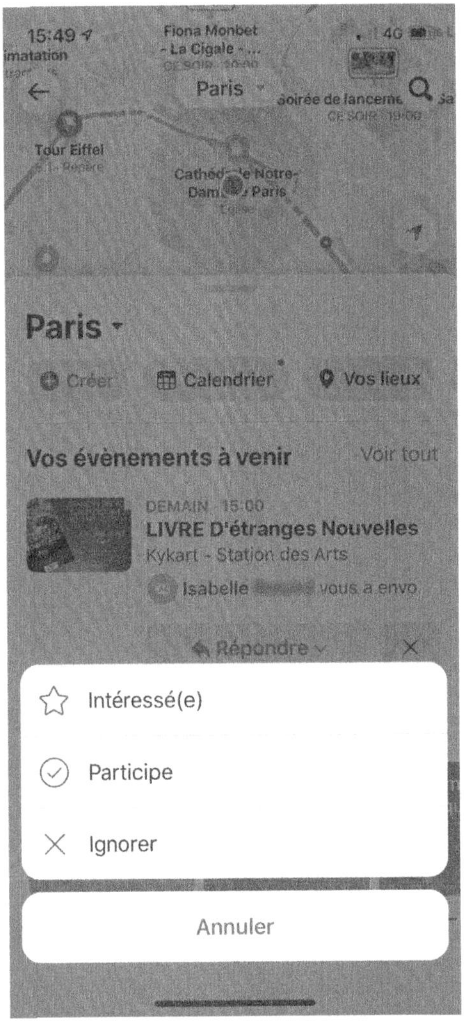

Figure 7.46

Répondez aux invitations reçues. Vous recevrez aussi une notification pour chaque évènement auquel vous êtes invité.

❺ Pour créer un évènement, touchez le bouton **Créer**. Choisissez un type d'évènement, puis indiquez les détails exactement comme vous le feriez sur un ordinateur. Consultez la section « Les évènements » du Chapitre 6 pour plus d'informations à ce sujet (Figure 7.47).

Figure 7.47 Créez un évènement.

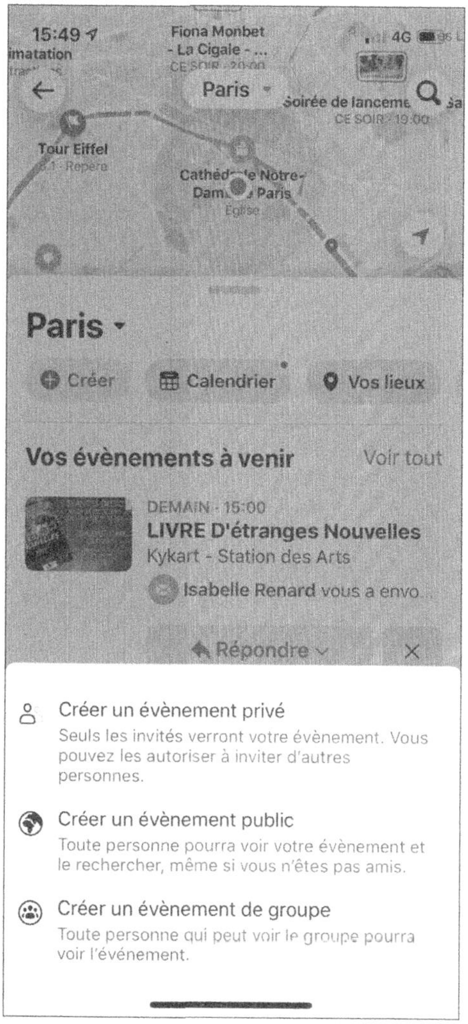

Créer et partager une « story »

Une « story » est une collection de photos ou vidéos partagée pendant une durée limitée avec vos amis Facebook. Une story est un petit montage réalisé par vos soins, montrant un moment de votre journée, et diffusée non pas dans votre journal ou dans le fil d'actualité de vos amis, mais accessible uniquement à ceux qui souhaitent la regarder, pendant les vingt-quatre heures qui suivent sa création. Vous pouvez partager votre story avec vos amis Facebook et vos contacts Messenger, ou uniquement avec les personnes de votre choix.

❶ Pour créer une story, affichez le fil d'actualité et touchez le bouton **Ajouter à la story** (Figure 7.48).

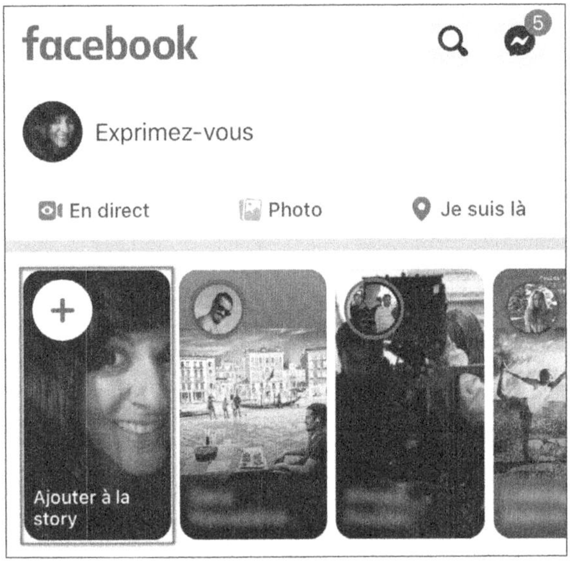

Figure 7.48
Créez votre story.

❷ Touchez le bouton **Photo** en bas de l'écran pour prendre une photo. Maintenez la pression du bouton pour passer en mode vidéo. Touchez **En direct** pour commencer une vidéo en direct. Vous pouvez aussi importer une photo depuis la pellicule de votre appareil photo (Figure 7.49).

❸ Pour ajouter des effets ou un filtre, touchez le bouton  (Figure 7.50). Le bouton  permet d'appliquer une correction colorimétrique automatique à la photo. Si vous souhaitez ajouter un sticker, dessiner sur votre photo ou vidéo, ou encore ajouter du texte, touchez , 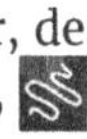 ou Aa. Les possibilités sont infinies !

Figure 7.49

Ajoutez des photos ou des vidéos à votre story.

❹ Enfin, touchez le bouton pour modifier les paramètres de confidentialité de votre story.

❺ Une fois votre story créée, touchez **Partager dans ma story** pour la publier.

Figure 7.50
Ajoutez un filtre.

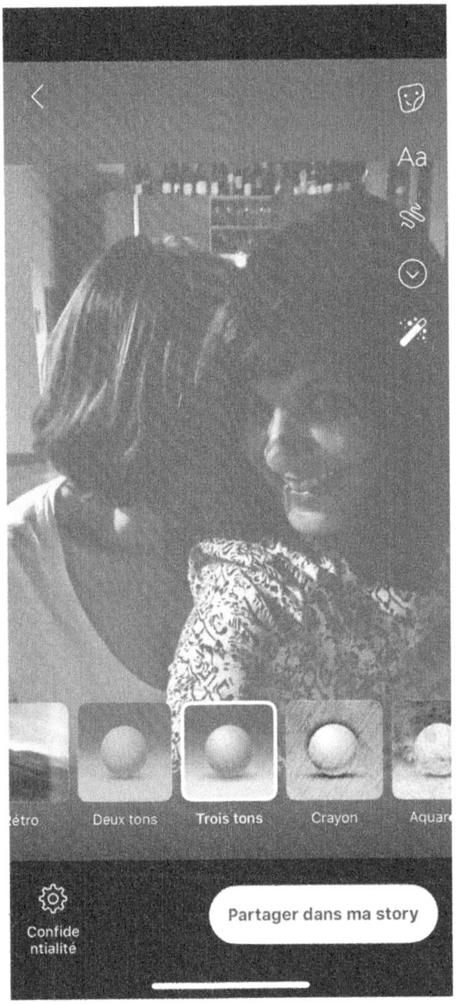

Contrairement aux publications dans le fil d'actualité, Facebook indique le nombre et les noms des personnes ayant vu votre story. Si votre story est publique, elle peut être vue par tout membre de Facebook, y compris ceux qui ne font pas partie de de vos amis. Leurs noms n'apparaissent pas dans le détail de la liste des personnes ayant vu votre story, mais leur nombre est comptabilisé dans le total des visionnages (Figure 7.51).

Votre story est désormais disponible et reste visible – selon les paramètres de confidentialité choisis – pendant vingt-quatre heures. Ensuite ? Elle disparaîtra à tout jamais ! Enfin, pas tout à fait en réalité : elle reste accessible à vous et vous seul dans votre historique. Facebook permet aussi d'ajouter une story à vos

« stories à la une » : celles-ci restent visibles de façon permanente dans votre journal. Affichez votre profil et touchez **Ajouter**. Touchez **Modifier les stories à la une** pour organiser vos stories préférées (Figure 7.52).

Figure 7.51
Facebook indique le nombre de personnes ayant vu votre story.

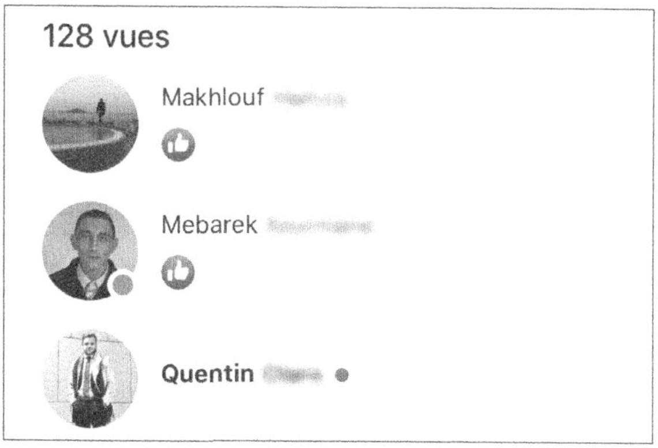

Figure 7.52
Les stories à la une.

Accéder aux paramètres et se déconnecter

Comme dans la version traditionnelle de Facebook, vous pouvez accéder aux paramètres de votre compte et vous déconnecter de l'application.

❶ Touchez le bouton ☰ pour accéder au menu.

❷ Touchez **Déconnexion** si vous souhaitez vous déconnecter de l'application (Figure 7.53).

Figure 7.53 Accès aux paramètres et déconnexion.

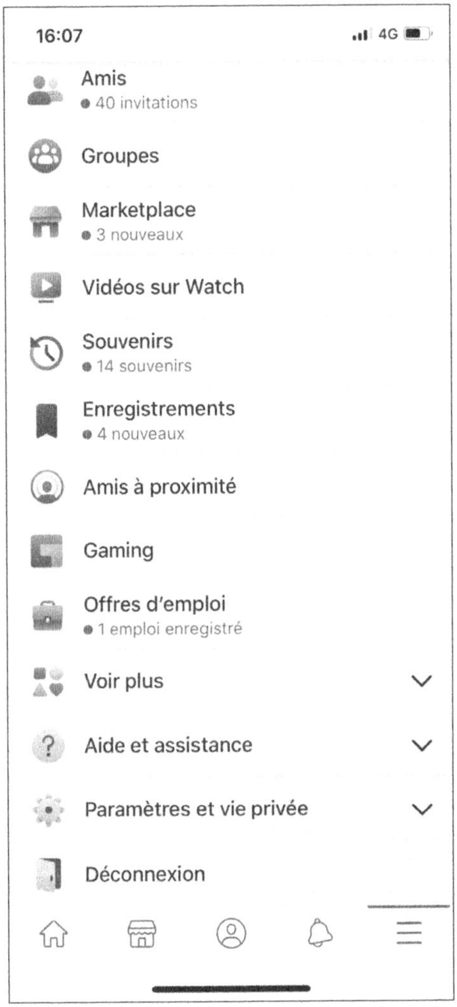

Gérer les notifications de Facebook Mobile

Tous les réglages importants de Facebook sont communs à la version Web et à l'application mobile, à une exception près : la gestion des notifications. Vous devez utiliser l'application Facebook Mobile pour paramétrer les notifications reçues sur votre smartphone :

❶ Touchez le bouton ☰ pour accéder au menu puis **Paramètres et vie privée** et, enfin, **Paramètres** (Figure 7.54).

Figure 7.54
Accès aux paramètres du compte.

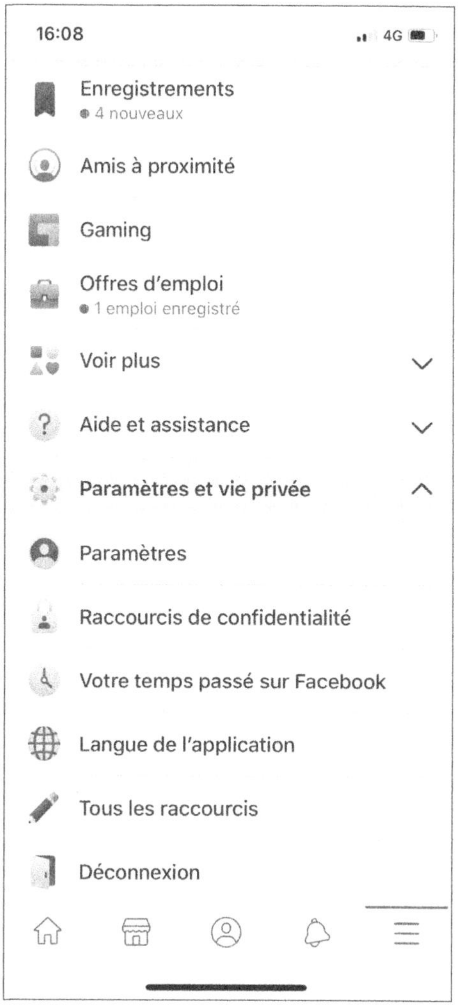

❷ Faites défiler vers le bas jusqu'à la section **Notifications**, puis touchez **Paramètres de notifications** (Figure 7.55).

❸ Vous pouvez activer les alertes sonores pour toutes les notifications reçues ou seulement pour les plus importantes, c'est-à-dire celles concernant votre compte, ainsi que la sécurité ou la confidentialité. Touchez la ligne en haut d'écran et choisissez une option.

❹ Choisissez ensuite quel type d'évènements doit vous être notifié en activant ou désactivant les options listées.

Figure 7.55
Accès aux paramètres de notifications.

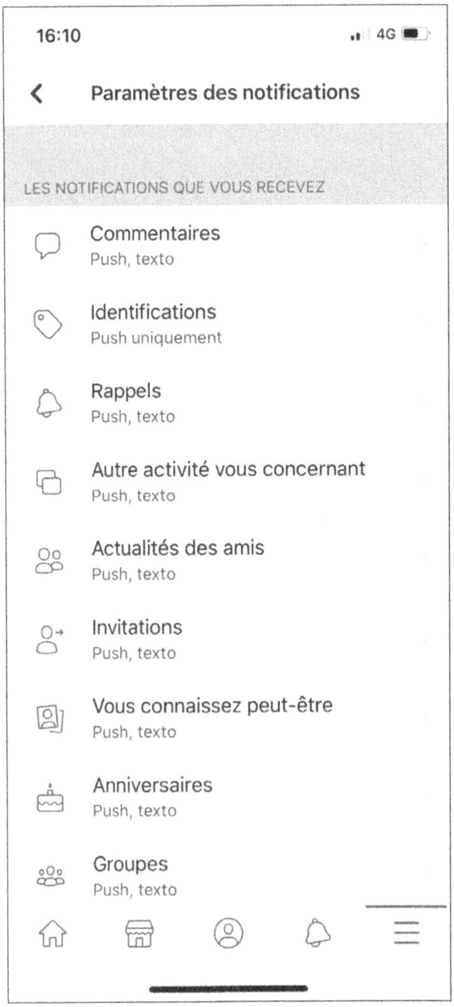

Info

Les notifications Facebook s'affichent sur l'écran de votre smartphone selon les options choisies dans les réglages de votre appareil. Sur iPhone, par exemple, rendez-vous dans **Réglages → Notifications → Facebook** (Figure 7.56). Vous pouvez alors choisir d'autoriser ou non toutes les notifications, ainsi que leur mode d'affichage : pastille sur icône de l'application, affichage sur l'écran lorsque l'iPhone est en veille et style d'alerte lorsque l'iPhone est déverrouillé (aucun, bannière ou fenêtre d'alerte).

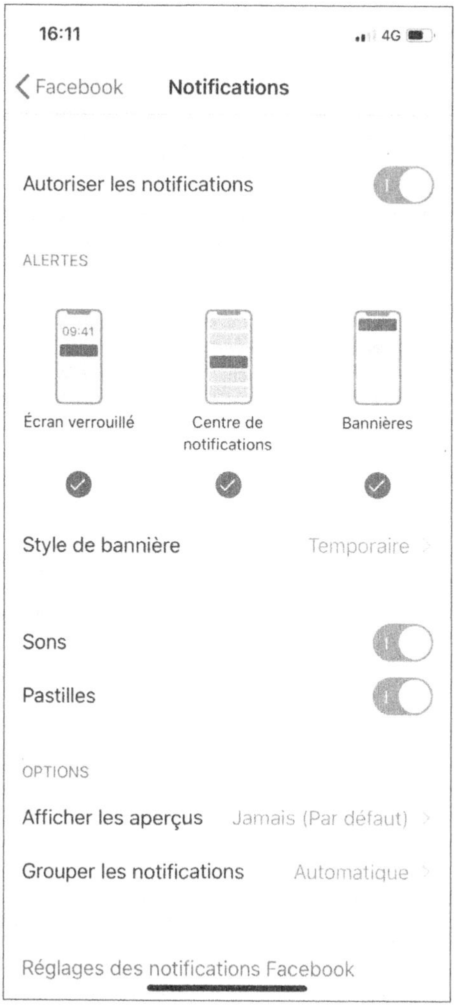

Figure 7.56 Les réglages de notifications de Facebook Mobile sur l'iPhone.

Info

L'ensemble des paramètres de confidentialité et réglages de Facebook sont accessibles *via* les menus **Paramètres** et **Raccourcis de confidentialité**. Consultez le Chapitre 9 pour plus d'informations sur ces réglages.

Contrôler le temps passé sur l'application Facebook Mobile

Contrairement à la version traditionnelle de Facebook, l'application mobile donne accès à des informations et outils intéressants sur le temps que vous consacrez au réseau social.

❶ Touchez le bouton ☰ pour accéder au menu.

❷ Touchez **Votre temps passé sur Facebook** (Figure 7.57).

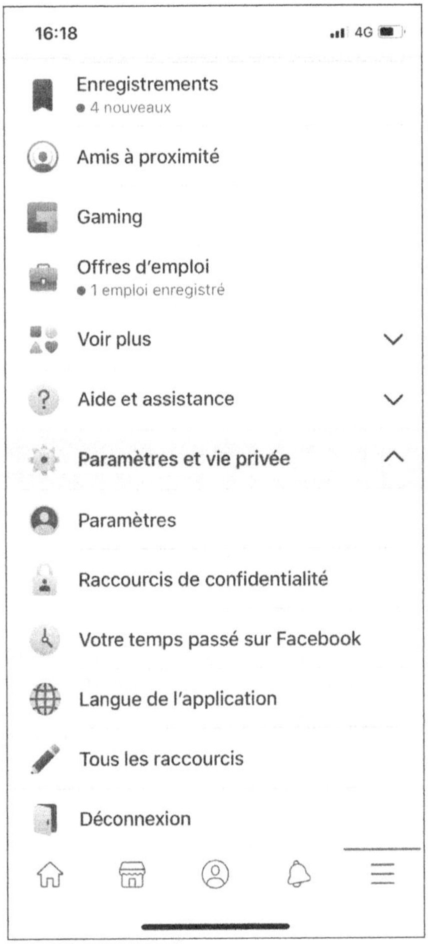

Figure 7.57
Accès à l'outil de gestion du temps passé sur l'application.

❸ Un graphique affiche la durée quotidienne d'utilisation de l'application Facebook Mobile sur cet appareil spécifique (Figure 7.58).

Figure 7.58 Découvrez combien de temps vous avez consacré chaque jour à Facebook sur votre smartphone.

❹ Les sections **Gérer votre temps** et **Gérer vos notifications** donnent accès à des réglages et outils pour « optimiser » le temps passé sur l'application. Vous les jugerez utiles ou non. L'option **Définir un rappel de temps quotidien** peut vous alerter si vous dépassez une durée définie par vos soins (Figure 7.59).

Figure 7.59 Facebook peut vous aider à limiter le temps passé sur l'application… À vous de voir !

DANS CE CHAPITRE

Installer et configurer Facebook Messenger
•
Initier une conversation
•
Lancer un appel vocal ou vidéo
•
Ignorer ou bloquer un correspondant
•
Ajuster les notifications de Facebook Messenger

Chapitre 8

Facebook Messenger

Spécialement conçue pour les appareils mobiles, l'application **Facebook Messenger** sert à échanger des messages par le biais de la messagerie instantanée Facebook. Régulièrement enrichie de nouvelles fonctionnalités, l'application permet bien entendu d'échanger des messages écrits avec vos amis Facebook, mais aussi de lancer des appels vocaux et vidéo, d'avoir des conversations de groupe, ou encore de découvrir des jeux.

Installer et configurer Facebook Messenger

Facebook Messenger est une application indépendante de Facebook Mobile, vous devez donc commencer par l'installer sur votre smartphone ou tablette. Cette opération se fait très simplement depuis l'application Facebook Mobile ou depuis la boutique d'applications de votre appareil.

❶ Touchez le bouton en haut à droite de l'écran et laissez-vous guider dans le processus d'installation de l'application (Figure 8.1).

Figure 8.1 Le bouton indique le nombre de conversations non lues.

❷ La boutique d'applications s'ouvre directement sur la page consacrée à Facebook Messenger : cliquez sur le bouton d'installation. L'application est gratuite (Figure 8.2).

Figure 8.2 Téléchargez l'application Facebook Messenger.

Installer Facebook Messenger : obligatoire ?

Facebook a lancé son application de messagerie instantanée, nommée **Facebook Messenger**, dans le but avoué de contrer toutes les autres applications mobiles de messagerie instantanée, et même WhatsApp Messenger, que l'entreprise Facebook a pourtant rachetée pour plusieurs milliards de dollars !

Pour aider le déploiement de leur stratégie, Facebook a donc décidé de plus ou moins obliger tous les utilisateurs de Facebook Mobile (et il y en a énormément) à passer par cette application pour consulter leur messagerie Facebook depuis leur smartphone. Vous n'aurez donc pas vraiment le choix.

❸ Lancez ensuite l'application afin de la configurer : Facebook vous propose d'utiliser par défaut le compte avec lequel vous êtes connecté à l'application mobile. Cliquez sur **Changer de compte** si vous souhaitez vous connecter avec un autre compte utilisateur, ou cliquez sur le bouton **Continuer** pour utiliser le compte actuel (Figure 8.3).

❹ Cliquez sur **OK** puis sur **Autoriser** pour activer les notifications (vous pourrez éventuellement modifier ce réglage ultérieurement). Facebook vous propose ensuite d'ajouter un numéro de téléphone. Celui-ci sera associé à votre compte Facebook Messenger et les personnes possédant votre numéro pourront vous ajouter à leurs contacts, mais le numéro ne sera pas accessible par ailleurs sur Facebook. Cette opération est optionnelle. Cliquez sur **OK** pour accepter la synchronisation, ou sur **En savoir plus** puis sur **Plus tard** pour ne pas les synchroniser pour le moment. La synchronisation avec vos contacts est elle aussi optionnelle. Notez que si vous l'activez, Facebook Messenger importera tous les contacts enregistrés sur votre smartphone, ce qui n'est peut-être pas une bonne idée.

Figure 8.3 Configurez l'application au premier démarrage.

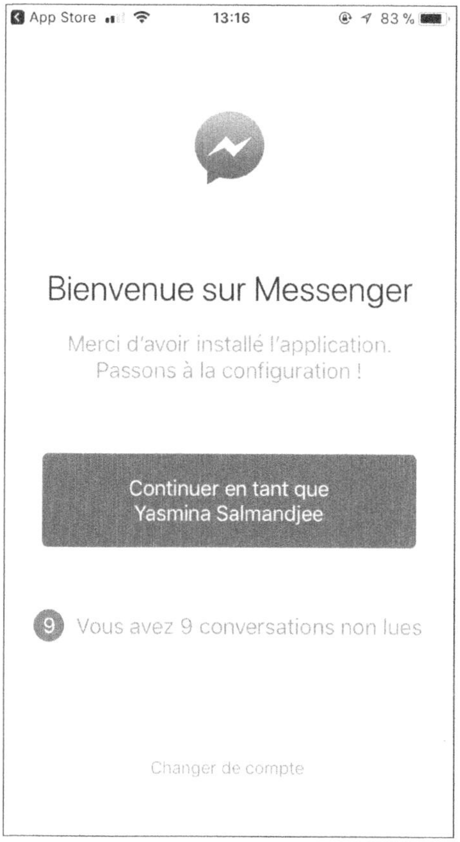

❺ La configuration est terminée. Facebook Messenger s'ouvre (Figure 8.4). En haut d'écran, vous pouvez voir les contacts actifs, c'est-à-dire connectés eux aussi à l'application Facebook Messenger. Vous verrez en priorité les contacts ayant publié une story (consultez le Chapitre 7 pour plus d'informations à ce sujet). Touchez le nom d'un contact pour visualiser sa story. Au-dessous s'affichent les invitations par message et les derniers échanges avec vos amis. Touchez une ligne pour consulter la conversation ou répondre à un message. Les messages non lus s'affichent en gras. Une pastille verte indique que le contact concerné est en ligne.

Figure 8.4 Bienvenue dans Facebook Messenger.

Vous pourrez désormais accéder à Facebook Messenger *via* le bouton en haut à droite de l'écran de Facebook Mobile, ou directement en cliquant sur l'icône de l'application sur l'écran de votre appareil.

Au sujet des invitations par message

Les invitations par message sont des messages envoyés par des membres de Facebook ne faisant pas partie de vos amis. Facebook Messenger filtre automatiquement ces messages dans une boîte de réception spéciale. Vous pouvez les consulter sans pour autant accepter le contact dans votre réseau. Cliquez sur **Nouvelles invitations par message** pour afficher les messages, puis sur un message pour le consulter. Vous pouvez alors accepter ou refuser la demande de contact (Figure 8.5).

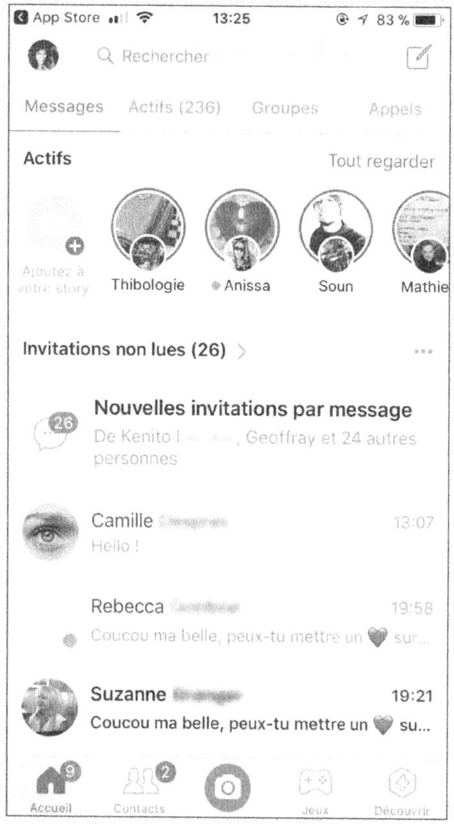

Figure 8.5

Consultez les messages filtrés et les invitations par message.

Initier une conversation

Pour lancer une conversation avec l'un de vos contacts Facebook :

❶ Touchez le bouton en haut d'écran. La liste de vos contacts s'affiche. L'application vous propose en priorité les contacts avec lesquels vous avez eu des échanges récemment et ceux avec lesquels vous communiquez fréquemment.

❷ Saisissez les premières lettres du nom ou prénom d'un contact, puis touchez son nom dans la liste (Figure 8.6).

Figure 8.6

Choisissez un contact.

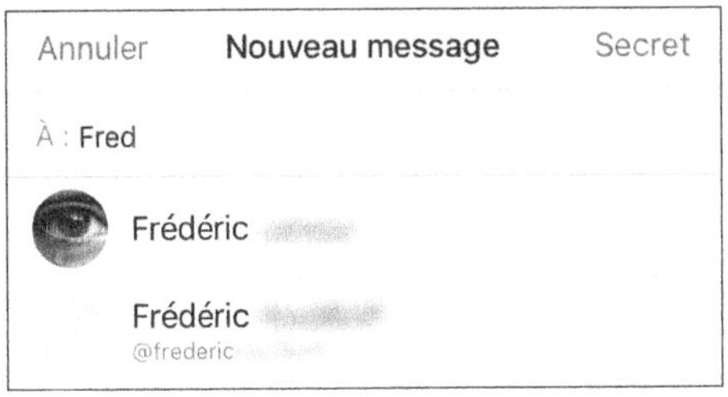

❸ Saisissez votre message dans la zone d'édition puis touchez ➤ pour l'envoyer (Figure 8.7).

Figure 8.7

Un message simple !

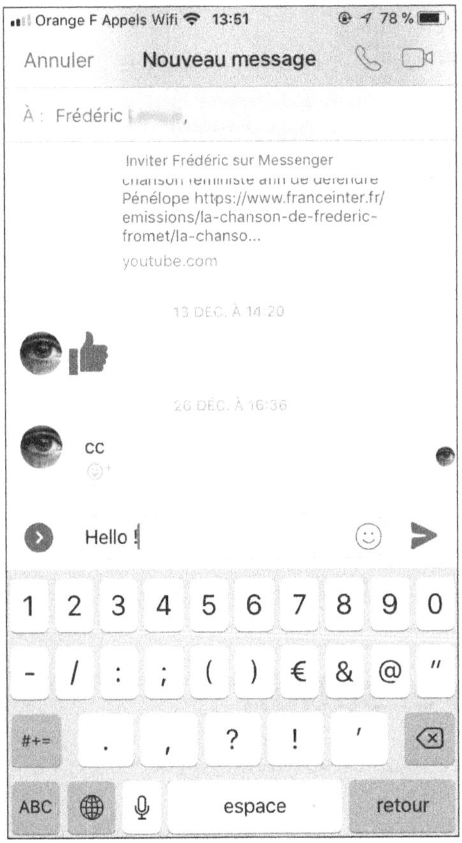

❹ Touchez ☺ pour ajouter un autocollant (Figure 8.8). Touchez une vignette en bas d'écran pour parcourir les bibliothèques d'autocollants installées sur votre appareil, et sur le bouton + pour en télécharger de nouvelles.

Figure 8.8 Ajoutez un sticker si vous le souhaitez.

❺ Utilisez le clavier spécial de votre smartphone pour insérer un emoji (Figure 8.9). Les emoji ont été présentés au début de cet ouvrage et sont aujourd'hui très employés, en particulier dans les messageries instantanées : ces petits dessins en disent souvent plus que mille mots !

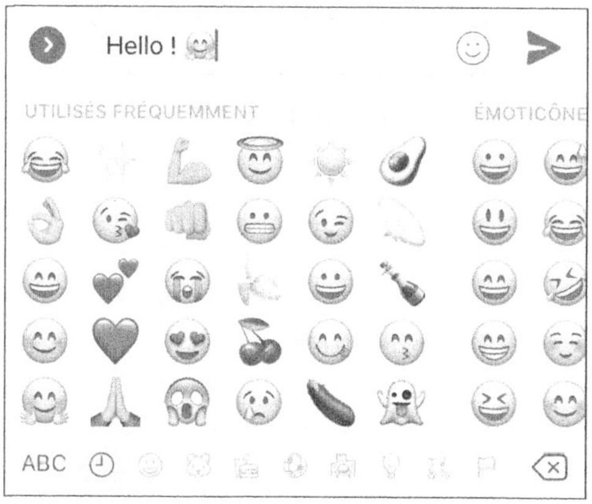

Figure 8.9 Ajoutez un ou plusieurs emojis !

❻ Enfin, vous pouvez aussi joindre une photo, une vidéo ou un message vocal en touchant le bouton (Figure 8.10).

Figure 8.10 Joignez une photo, une vidéo ou un message vocal.

❼ Vous pouvez enfin lancer un appel vocal ou vidéo avec le contact sélectionné en touchant le bouton ou , respectivement. Notez que ce type d'appel utilise votre connexion Internet et est gratuit, mais certains opérateurs peuvent en limiter l'accès.

Les possibilités offertes par Facebook Messenger pour rendre la conversation vivante et ludique sont quasiment infinies, et chacun s'exprime selon son style. À vous de trouver le vôtre !

Les notifications d'envoi et de lecture

Dans Facebook Messenger, vous pouvez à tout moment savoir si un message a été ouvert par votre correspondant : une vignette avec sa photo s'affiche sous la dernière bulle d'échange. À défaut, c'est un cercle avec une coche qui indique que le message a été délivré. Notez toutefois que le destinataire du message peut très bien avoir lu votre message sur l'écran de son appareil, sous la forme d'une notification, mais ne pas l'ouvrir pour autant dans l'application Facebook Messenger. De la même manière, vous pouvez voir un message apparaître sur l'écran de votre smartphone ou tablette, mais tant que vous ne l'aurez pas explicitement ouvert dans Facebook Messenger, il ne sera pas indiqué comme lu pour votre correspondant.

Une conversation secrète ?

Si vous souhaitez lancer une conversation secrète, c'est-à-dire visible uniquement sur l'appareil depuis lequel elle a été initiée, touchez **Secret**. Les messages ne seront pas visibles depuis un autre appareil ou ordinateur, et vous pourrez de plus définir une durée avant la suppression des messages. Touchez le bouton pour définir une durée (Figure 8.11).

Au sujet des conversations de groupe

Facebook Messenger donne la possibilité d'avoir des conversations de groupe. C'est une fonctionnalité relativement classique pour une application de messagerie instantanée, lorsqu'il s'agit de messages écrits, mais notez qu'il est possible d'avoir aussi des conversations vocales et même vidéo en groupe ! Pour créer un groupe, saisissez simplement les noms de tous les participants à y inclure au moment de la création d'un nouveau message. Vous pourrez par la suite retrouver les conversations de groupe dans l'onglet **Groupes** de l'application. Une fois le groupe créé, il suffit de toucher le bouton ou pour lancer un appel vocal ou vidéo, respectivement. Dans une conversation de groupe, les vignettes des photos des participants ayant lu chaque message s'affichent au-dessous des échanges.

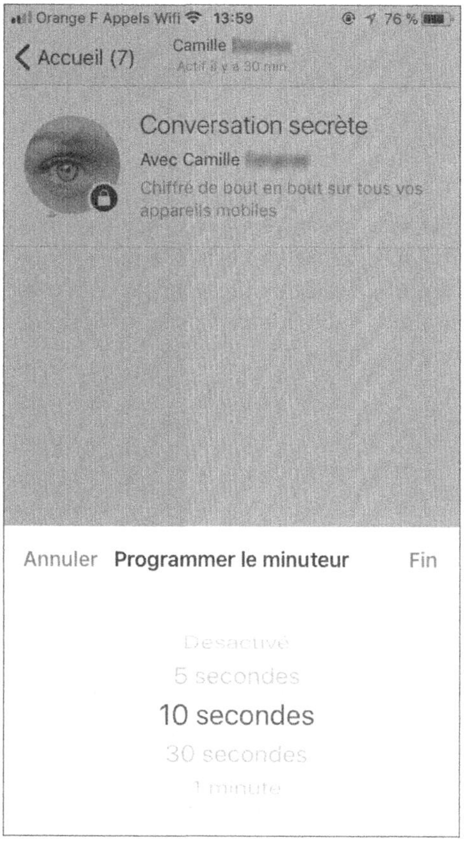

Figure 8.11
Les messages de la conversation secrète seront automatiquement effacés une fois la durée définie écoulée.

Ignorer ou bloquer un correspondant

De la même façon que vous pouvez, à tout moment, supprimer un ami de Facebook ou bloquer une personne, vous pouvez ignorer les messages, voire complètement bloquer les échanges avec tout correspondant sur Facebook Messenger. Notez que vous pouvez aussi temporairement désactiver les notifications pour une conversation, individuelle ou de groupe.

❶ Affichez la conversation concernée dans Facebook Messenger puis touchez le nom du correspondant ou du groupe en haut d'écran (Figure 8.12).

Figure 8.12 Les options de conversation avec un contact particulier.

❷ Touchez **Notifications** puis choisissez une durée si vous souhaitez ne plus recevoir d'alerte chaque fois qu'un message est échangé dans cette conversation. Notez que cette option peut être utile pour les conversations de groupe : vous ne recevrez ainsi plus de notifications pendant la durée choisie, sans pour autant quitter le groupe (Figure 8.13).

Figure 8.13 Désactivez les notifications pendant une durée définie.

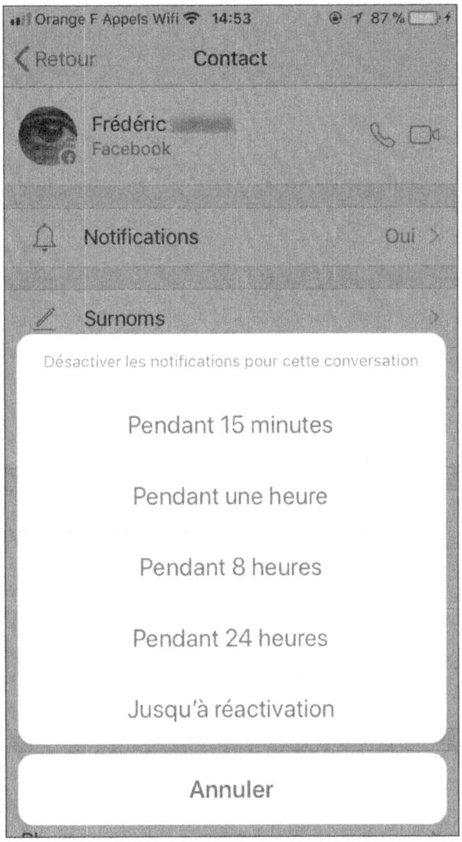

❸ Pour ignorer les messages d'un contact ou d'un groupe, touchez **Ignorer** puis **Ignorer les messages** (Figure 8.14). Dès lors, les messages de ce correspondant seront placés dans la boîte spéciale contenant les messages filtrés (comme nous l'avons vu précédemment dans ce chapitre). Vous pourrez toujours les consulter à cet emplacement.

Figure 8.14 Ignorez les messages d'un contact.

❹ Vous pouvez complètement bloquer les messages d'un contact, y compris audio et vidéo : touchez **Bloquer**, puis **Bloquer les messages**. Enfin, solution plus radicale, vous pouvez bloquer la personne elle-même sur Facebook, comme expliqué au Chapitre 5. Touchez **Bloquer sur Facebook**.

❺ Son profil s'affiche dans l'application Facebook Mobile. Touchez le bouton **Plus**, puis **Bloquer** (Figure 8.15). Cette opération bloque la personne sur Facebook Mobile et sur Facebook Messenger simultanément.

Figure 8.15
Bloquez un contact dans Facebook Mobile.

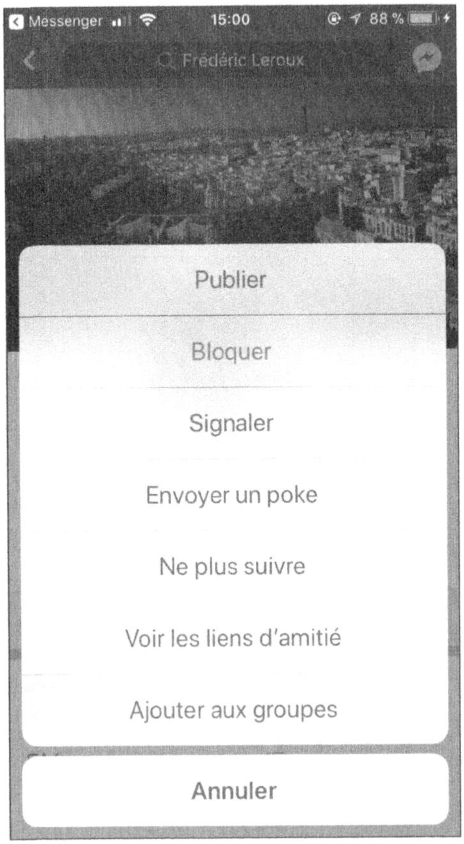

Ajuster les notifications de Facebook Messenger

Pour terminer ce chapitre, voyons comment paramétrer les notifications de Facebook Messenger.

❶ Sur l'écran d'accueil de Facebook Messenger, touchez la vignette affichant votre propre photo (Figure 8.16). Les options de notifications s'affichent.

❷ Touchez **Ne pas déranger** (appareils Apple/iOS) ou **Sons et notifications** (appareils Android) pour désactiver toutes les notifications pendant une durée déterminée.

❸ Désactivez l'option **Voir les aperçus** pour que les bannières et alertes ne s'affichent plus sur l'écran de votre appareil.

Figure 8.16

Les options de notifications de Facebook Messenger.

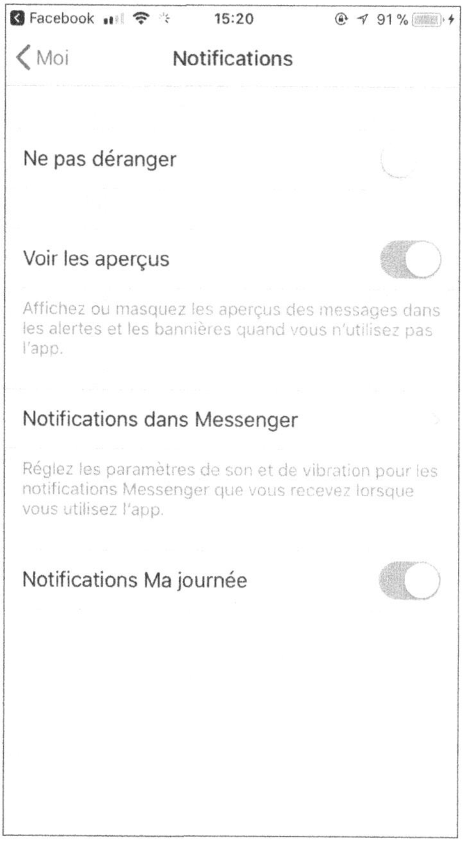

❹ Touchez **Notifications dans Messenger** pour paramétrer les options de son et de vibreur.

❺ Enfin, l'option **Notifications ma journée** concerne votre story Facebook. Désactivez l'option pour ne recevoir aucune notification lorsque votre story est lue par un ami.

DANS CE CHAPITRE

Chapitre 9

Sécurité, confidentialité et réglages

Le sujet épineux de la confidentialité et de la sécurité sur les réseaux sociaux en général, et sur Facebook en particulier, a déjà été maintes fois abordé au cours des chapitres précédents. Ce chapitre l'approfondit et détaille les options importantes relatives à la sécurité et la confidentialité sur Facebook. Vous apprendrez non seulement à bien ajuster les réglages, parfois très permissifs quant à la diffusion de vos informations à des tiers, mais aussi à réagir en cas de problème.

La confidentialité et la sécurité sur Facebook

Ce qu'il faut retenir tient en quelques points essentiels.

Il est possible de **contrôler la diffusion** de manière précise pour la plupart des informations confiées par vos soins aux réseaux sociaux, grâce aux **paramètres de confidentialité**. En cas de problème, vous pouvez bloquer une personne.

Tout ce que vous publiez ou partagez, même avec des paramètres de confidentialité restreints, vous **engage** : ne diffusez pas des propos ou des photos qui constituent un délit de quelque ordre. Un utilisateur de Facebook peut ainsi, par exemple, signaler une publication qui lui semble abusive.

Vous devez respecter la propriété intellectuelle, le droit d'auteur et le droit à l'image. Ne reproduisez pas du contenu sans avoir l'autorisation de son auteur et ne publiez pas des photos de personnes sans leur consentement.

Astuce

En étant membre de Facebook, vous acceptez implicitement les conditions d'utilisation du site. Elles précisent de nombreux autres points, tels que l'interdiction de « spammer », faire du marketing pyramidal ou diffuser des virus à l'aide de Facebook. Vous pouvez les consulter en cliquant sur le lien **Conditions d'utilisation** en bas d'écran ou à cette adresse : http://www.facebook.com/terms.php

Ajuster les paramètres de confidentialité de Facebook

Pour accéder aux réglages, rendez-vous dans la section **Paramètres** des options de Facebook.

❶ Pour modifier vos paramètres de confidentialité, cliquez sur → **Paramètres**.

❷ Les paramètres de confidentialité sont répartis en sept sections : **Confidentialité**, **Journal et identification**, **Stories**, **Localisation**, **Blocage**, **Langue et région** et **Reconnaissance faciale** (Figure 9.1).

Cliquez sur l'option de votre choix dans la barre de menus à gauche :

» **Confidentialité** vous permet de décider qui peut voir votre contenu, vous contacter ou vous trouver sur Facebook et en dehors de Facebook (sur le Web *via* les moteurs de recherche) [Figure 9.2].

Figure 9.1

Accédez aux paramètres de confidentialité.

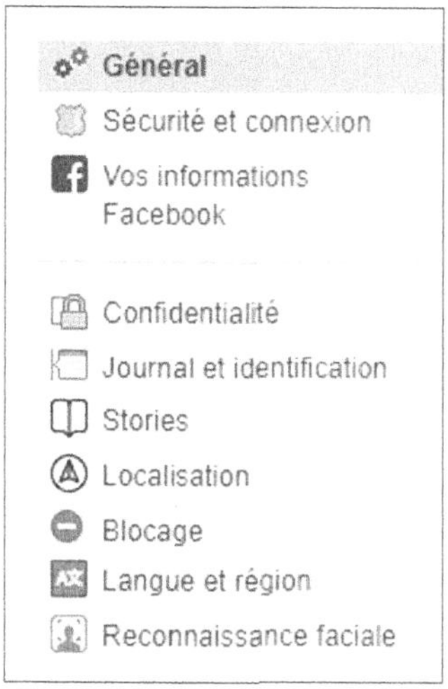

Figure 9.2

Paramètres de confidentialité.

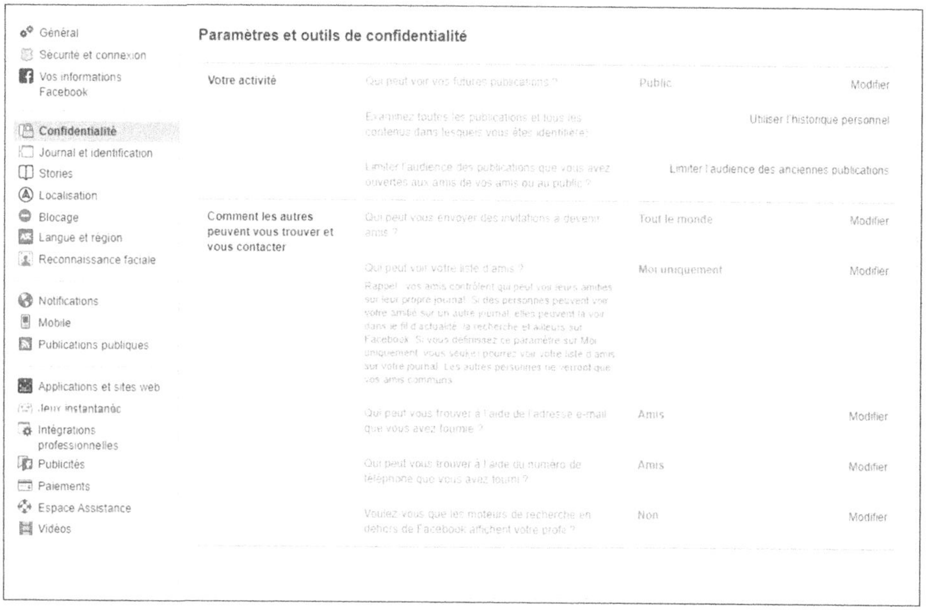

» **Journal et identification** sert à gérer les contenus et les identifications vous concernant dans votre journal, ainsi que dans les photos et publications de vos amis sur Facebook (Figure 9.3).

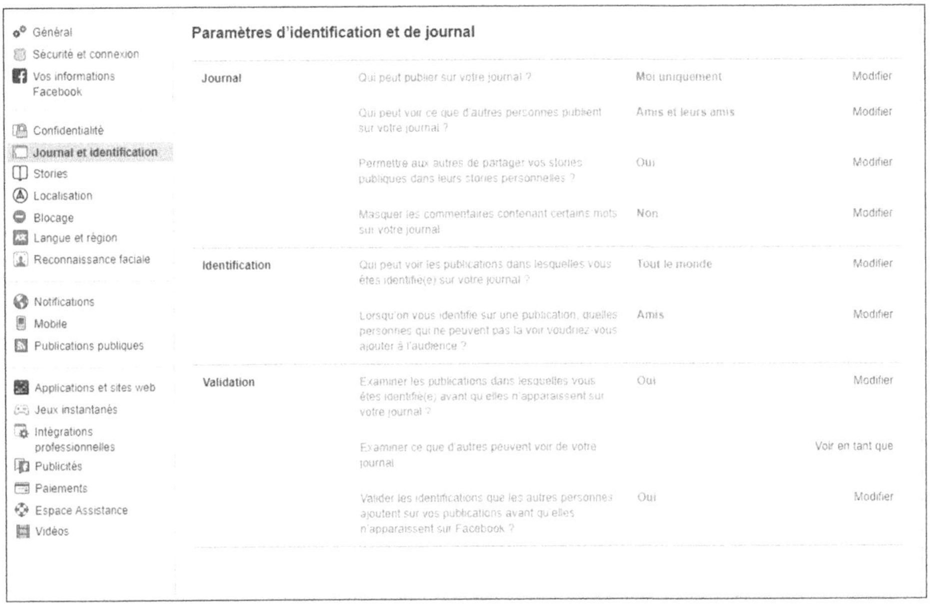

Figure 9.3
Paramètres d'identification et de journal.

» **Stories** concerne les options de partage de vos stories dans les stories d'autres et lorsque vous mentionnez une personne (Figure 9.4).

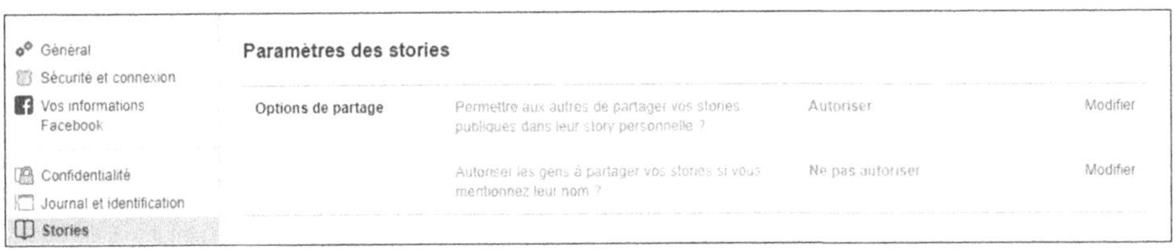

Figure 9.4
Paramètres des stories.

» **Localisation** permet d'autoriser ou non Facebook à conserver un historique de votre emplacement géographique (Figure 9.5).

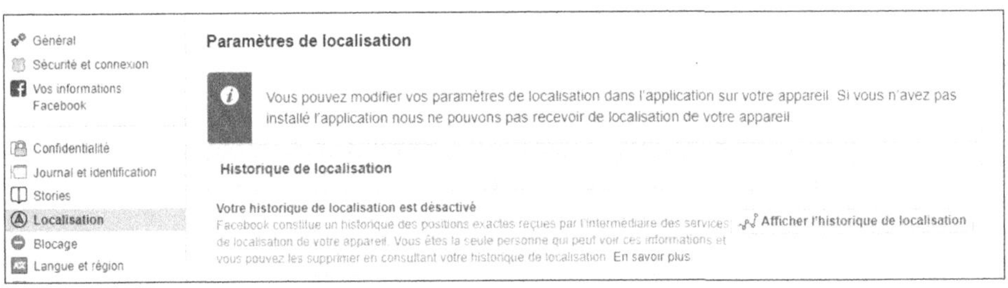

Figure 9.5
Paramètres de localisation.

» **Blocage** permet de contrôler les applications et membres Facebook que vous avez bloqués ou restreints (Figure 9.6).

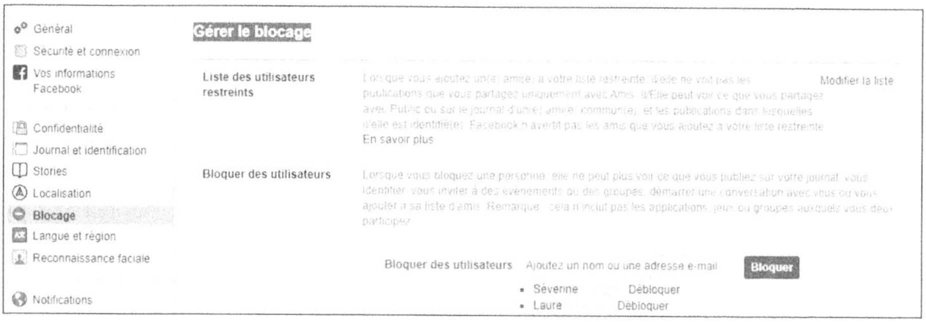

Figure 9.6
Gérer le blocage.

» **Langue et région** regroupe l'ensemble des réglages relatifs à la langue d'utilisation de Facebook, les formats d'heure, de date et de température régionaux, ainsi que les options de traduction automatique des publications en langue étrangère (Figure 9.7).

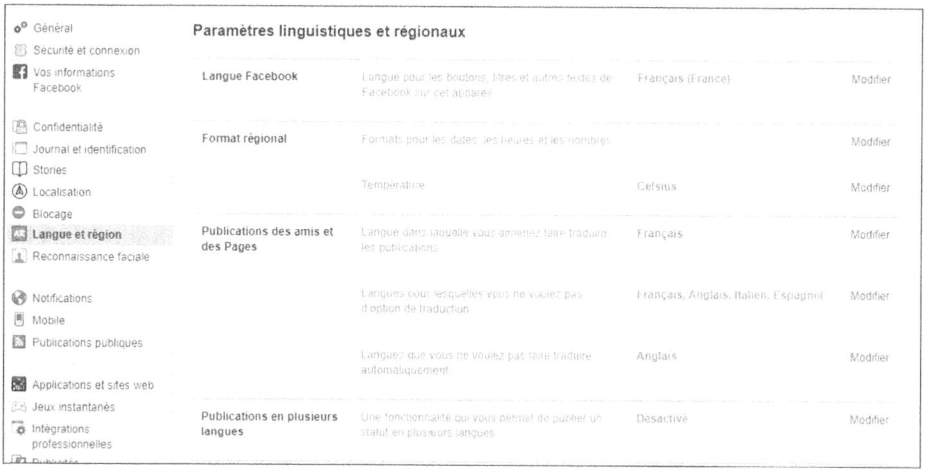

Figure 9.7
Paramètres linguistiques et régionaux.

» **Reconnaissance faciale** permet à Facebook de détecter quand vous apparaissez dans une photo ou une vidéo (Figure 9.8).

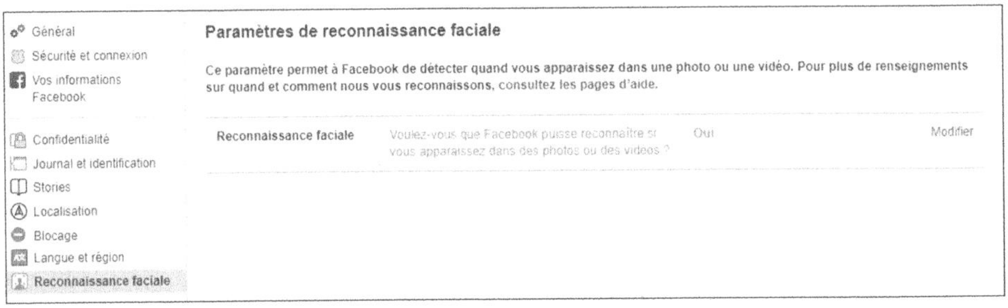

Figure 9.8
Paramètres de reconnaissance faciale.

La plupart des options sont explicites, il suffit de cliquer sur le lien **Modifier** en vis-à-vis d'un réglage pour le modifier. Les sections qui suivent détaillent certaines options importantes pour bien paramétrer votre compte.

Affiner les paramètres de confidentialité par défaut

Le réglage de confidentialité par défaut est celui qui sera appliqué à toutes vos futures publications, à moins que vous ne le modifiiez manuellement.

❶ Pour accéder aux réglages de confidentialité par défaut, cliquez sur ▾ → **Paramètres**, puis sur **Confidentialité** dans le menu latéral.

Info

Vous pouvez aussi cliquer sur le lien **Affichez plus de paramètres** en bas de la fenêtre Raccourcis de confidentialité présentée à la section précédente.

❷ Le réglage concernant les publications de statut ou de photos, sans intervention particulière de votre part, s'affiche dans la section **Qui peut voir mon contenu ? → Qui peut voir vos futures publications ?** (Figure 9.9).

❸ Si vous le souhaitez, vous pouvez rendre publiques par défaut toutes vos publications, grâce à l'option **Public**. C'est une option intéressante si vous souhaitez que toutes vos publications soient visibles par le plus grand nombre.

❹ Vous pouvez à l'opposé personnaliser le réglage, voire restreindre tous les accès à une seule personne : vous-même, en choisissant l'option **Moi**. Bien sûr, le jeu ne consiste pas à *tout* verrouiller, car si vous seul pouvez voir vos publications et photos, Facebook perd tout son intérêt.

❺ Dans tous les cas, gardez à l'esprit que vous pouvez personnaliser le niveau de confidentialité à chaque publication, comme expliqué au Chapitre 4.

Figure 9.9 Choisissez le niveau de confidentialité par défaut. C'est en principe le dernier réglage utilisé qui s'applique ici, mais vous pouvez le modifier à tout moment.

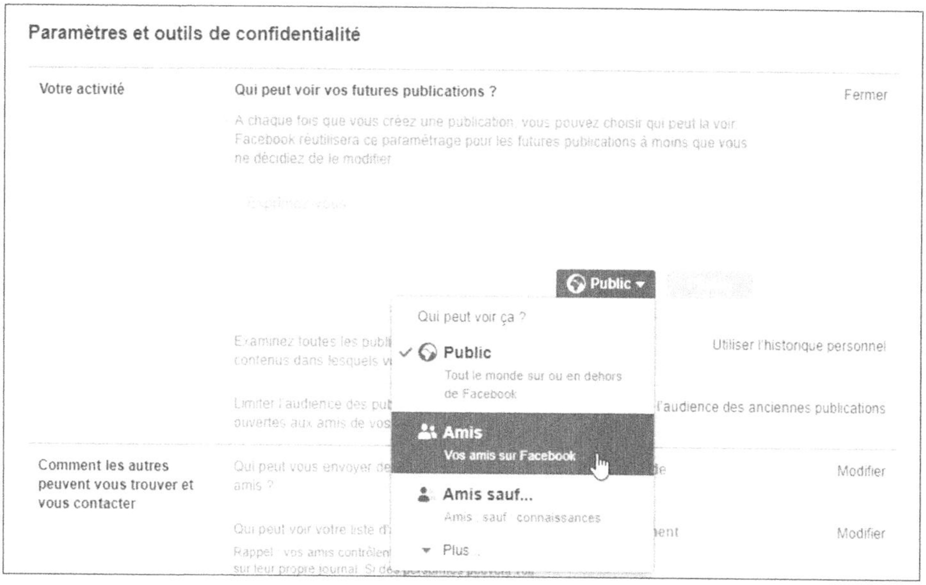

Info

Rappel : les amis que vous avez placés dans la liste **Restreint** voient uniquement vos publications publiques.

Afficher votre profil de recherche publique

Nous avons déjà vu ce qu'est votre profil ou journal Facebook au début de cet ouvrage : c'est tout simplement l'ensemble des publications que vous partagez avec votre réseau (informations, photos, liens, statuts, *etc.*). Il existe en fait une version restreinte de ce profil, visible par tout le monde, *via* les moteurs de recherche sur le Web comme Google : c'est le **profil de recherche publique** ou **profil public**, tout simplement.

Le profil public a un intérêt : lorsque des personnes effectuent une recherche sur votre nom dans un moteur de recherche, elles peuvent vous retrouver par ce biais et ainsi savoir que vous êtes membre de Facebook. Ce qui peut aussi être un inconvénient, car n'importe qui peut le faire : un employeur potentiel, des contacts non souhaités, des inconnus, *etc.* À vous d'en décider.

❶ Vous pouvez voir un aperçu de ce profil public et décider de ne pas apparaître dans les résultats de recherche publique : affichez les réglages de confidentialité en cliquant sur → Paramètres, puis sur Confidentialité dans le menu latéral.

❷ Par défaut, l'option **Voulez-vous que les moteurs de recherche en dehors de Facebook affichent votre profil ?** est activée et vous pouvez apparaître dans les moteurs de recherche avec votre profil public.

❸ Vous pouvez désactiver l'option à tout moment pour ne plus apparaître dans la recherche publique. Cliquez sur **Modifier**, puis désactivez l'option **Autoriser les moteurs de recherche en dehors de Facebook à afficher votre profil** (Figure 9.10).

Figure 9.10 Désactivez cette option pour que votre profil ne soit pas référencé dans les moteurs de recherche.

❹ Cliquez sur **Confirmer**.

Astuce

Vous pourrez constater que votre profil public est toujours visible dans les résultats des moteurs de recherche après avoir désactivé l'option présentée à la section précédente, du moins pendant quelque temps. Ceci est tout à fait normal, car les moteurs de recherche, comme Google, Yahoo! ou Bing, doivent scanner régulièrement l'ensemble du Web pour mettre à jour leurs registres : la disparition de votre profil public ne sera donc pas immédiate. De plus, la plupart des moteurs de recherche utilisent un système de « cache » (une copie de sauvegarde) des données : les informations de votre profil peuvent donc rester disponibles pendant un certain temps sur le Web.

Contrôler qui peut publier dans votre journal

Par défaut, vos amis peuvent publier dans votre journal : quelques mots, et même une photo ou un lien. Vous pouvez l'interdire.

❶ Cliquez sur ▾ → **Paramètres**, puis sur **Journal et identification** dans le menu latéral.

❷ Cliquez sur **Modifier** en regard de **Qui peut publier dans votre journal ?**. Choisissez l'option **Moi** pour ne pas autoriser vos amis à publier dans votre journal (Figure 9.11).

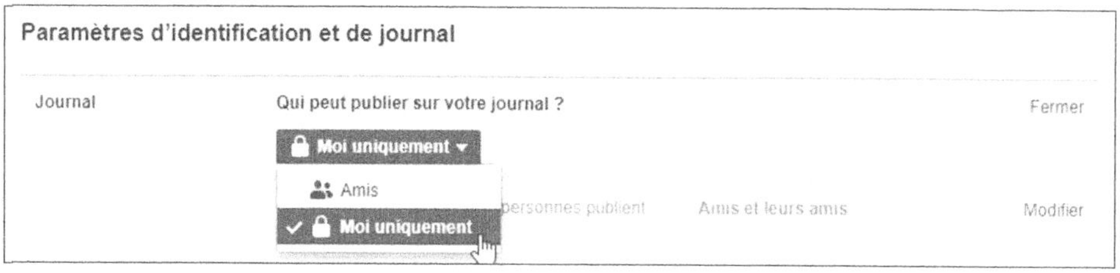

Figure 9.11 Choisissez l'option *Modifier* pour contrôler qui peut publier dans votre journal.

❸ Pour examiner l'apparition dans votre journal chaque fois qu'un ami vous identifie dans l'une de ses publications, ajustez les réglages de la section **Validation**. Vérifiez que les options **Examiner les publications dans lesquelles vos amis vous identifient avant qu'elles n'apparaissent sur votre journal ?** et **Valider les identifications que les autres personnes ajoutent sur vos publications avant qu'elles n'apparaissent sur Facebook ?** sont paramétrées sur **Oui**. À défaut, cliquez sur **Modifier**, puis sélectionnez **Activé** dans le menu d'options (Figure 9.12).

Figure 9.12 Toute publication vous mentionnant devra alors être approuvée par vos soins avant d'apparaître dans votre journal.

Confidentialité des applications et sites Web

Les applications Facebook ont été présentées au Chapitre 7. La gestion de la confidentialité des applications est donc particulière elle aussi, puisque Facebook n'a pas le contrôle total sur ces éléments. Cliquez sur ▾ → **Paramètres**, puis sur **Applications et sites Web** dans le menu latéral pour voir la liste des jeux et des applications externes que vous utilisez et avez autorisé à accéder à vos données. Cliquez sur la croix à droite du nom d'une application donnée pour la supprimer. Vous n'aurez plus accès à l'application (et devrez l'autoriser à nouveau si vous souhaitez l'utiliser ultérieurement). L'application n'aura plus accès à vos informations, ni la possibilité de publier en votre nom (Figure 9.13).

Figure 9.13

Supprimez une application.

Cliquez sur le bouton **Voir et modifier** pour modifier les autorisations d'une application donnée. Vous pouvez voir ici les différentes autorisations et données requises par l'application. Pour faire en sorte que votre activité au sein d'une application donnée ne soit visible que par vous-même et non par tous vos amis, choisissez **Moi uniquement** pour l'option **Visibilité de l'application**. Vous pouvez aussi consulter la **politique de confidentialité** et les **conditions de service** de l'application à l'aide des liens de la section **Mentions légales**, qui vous renverront vers le site Web du concepteur de l'application (Figure 9.14).

Figure 9.14

Modifiez les autorisations d'une application donnée.

Paramétrer les paramètres publicitaires

Les publicités Facebook disposent de leurs propres réglages de confidentialité. Il est important de connaître et d'affiner ces options qui, par défaut, ouvrent en grand l'accès à de nombreuses données personnelles.

Vous l'aurez peut-être remarqué, Facebook est un site Web gratuit, mais sur lequel vous ne serez pas épargné par la publicité. Facebook utilise d'ailleurs vos informations personnelles et celles de vos amis pour mieux cibler ses annonces. Vous pouvez restreindre ces accès à vos données.

❶ Cliquez sur ▾ → **Paramètres**, puis sur **Publicités** dans le menu latéral (Figure 9.15).

Figure 9.15
Accédez aux paramètres des publicités.

❷ La page qui s'affiche vous donne accès à de nombreuses informations sur l'utilisation de vos données personnelles par Facebook et ses partenaires commerciaux (Figure 9.16).

Figure 9.16
Informations et paramètres des publicités.

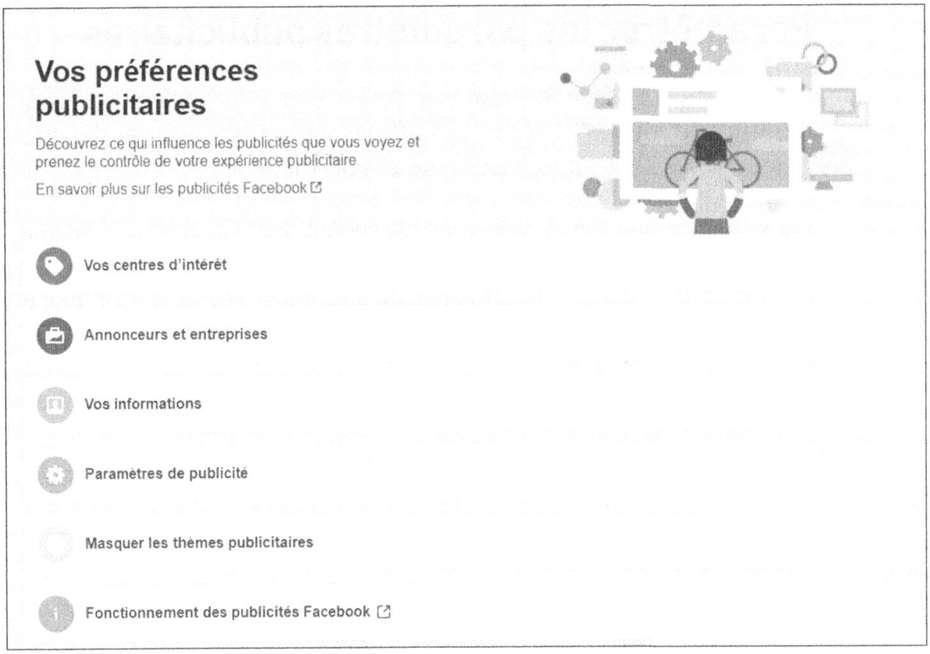

❸ Il existe deux types de publicités : les publicités diffusées par des entités externes, c'est-à-dire des sites Web et applications tiers (et facturées par Facebook à ces entités), et les publicités associées à vos amis et relayant les offres de produits et services que les membres de votre réseau Facebook ont indiqué aimer ou ont partagées, dites **publicités sociales**. Vous pouvez modifier les paramètres concernant ces publicités et refuser explicitement d'associer vos centres d'intérêt à des publicités sociales qui seraient diffusées auprès de vos amis.

❹ Les publicités diffusées par des entités externes sont ciblées selon vos centres d'intérêt, c'est-à-dire les mentions « J'aime » et pages dont vous êtes fan. Pour ne plus voir des publicités ciblées selon vos centres d'intérêt, cliquez sur **Autoriser** en regard de **Publicités basées sur les données de nos partenaires**, puis choisissez **Non autorisé** dans le menu d'options (Figure 9.17).

❺ Dans le menu **Qui peut voir vos actions sociales associées aux publicités ?**, choisissez l'option **Personne** si vous ne souhaitez pas que des publicités utilisant vos propres centres d'intérêt s'affichent dans le fil d'actualité de vos amis (Figure 9.18).

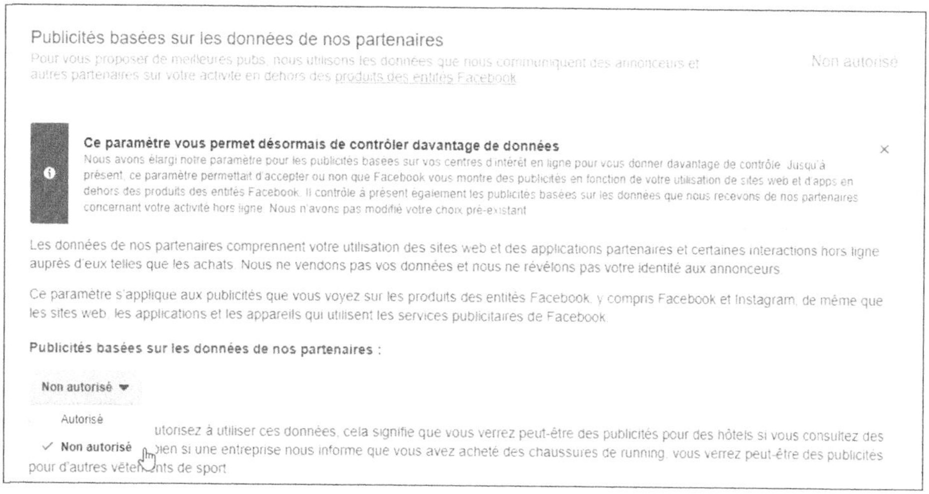

Figure 9.17 Notez que ce réglage ne réduira pas beaucoup le nombre de publicités affichées par Facebook.

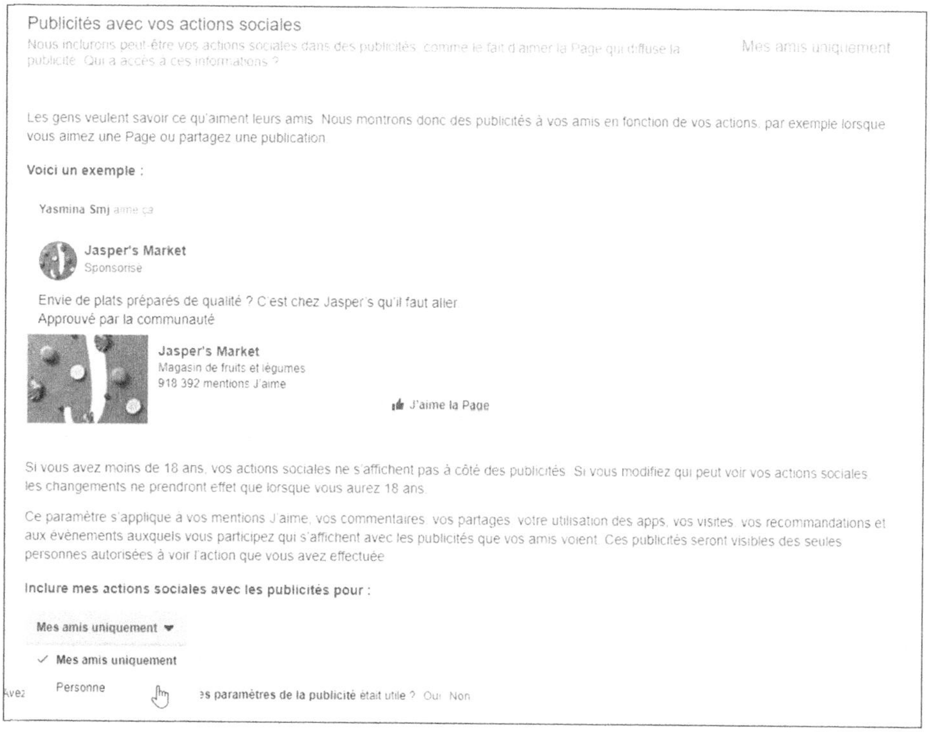

Figure 9.18 Paramètres des publicités avec vos actions sociales.

Signalements et aide

En cas de problème sur Facebook, vous pouvez signaler des éléments (publications, messages). Vous découvrirez aussi comment obtenir de l'aide et quelques conseils pour gérer le harcèlement ou les attaques malveillantes.

Signaler une publication

Comme partout sur le Web et pour toutes les messageries, Facebook n'est pas à l'abri d'individus malintentionnés, voire indélicats. Des messages indésirables et même des abus peuvent survenir. Vous pouvez ainsi recevoir des messages publicitaires non souhaités par le biais de la messagerie Facebook. Plus grave, si vos paramètres de confidentialité le permettent, des propos déplacés ou des photos inappropriées peuvent être publiés dans votre journal, en réponse à vos publications ou dans votre page professionnelle, si vous en avez une. Dans ce cas, ayez le réflexe d'effacer, bien entendu, immédiatement la publication concernée, mais aussi, si vous le jugez nécessaire, de la signaler à Facebook. Pour supprimer une publication de votre journal, cliquez sur ••• en haut à droite. Choisissez ensuite l'option qui convient le mieux : masquer la publication (sans la supprimer) ou la supprimer.

Pour signaler une publication apparaissant dans votre fil d'actualité et vous semblant abusive, cliquez sur ••• en haut à droite de la publication, puis sur **Trouver de l'aide ou signaler la publication** (Figure 9.19).

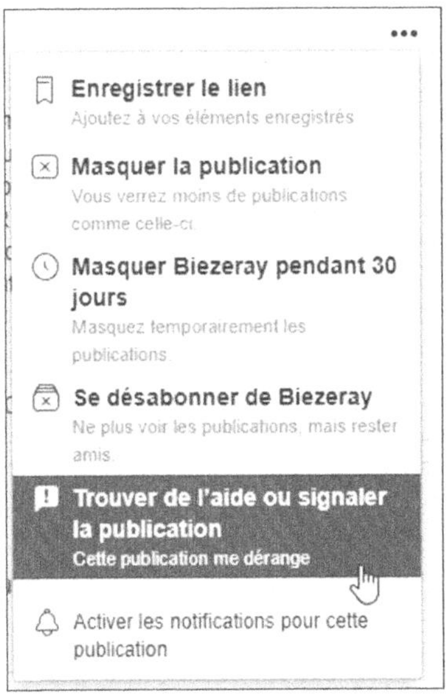

Figure 9.19
Signaler une publication ou obtenir de l'aide.

Choisissez alors l'option correspondant le mieux à la situation, puis cliquez sur **Continuer**. Si la publication émane de l'un de vos contacts, vous pourrez alors choisir de le bloquer, de ne plus le suivre ou de le retirer de votre liste d'amis, ou encore d'envoyer un message pour résoudre le problème.

Astuce

Facebook examine *en principe* les signalements et prend les mesures nécessaires à l'encontre des utilisateurs concernés. Sachez que cela n'est pas systématique. Il est toutefois utile de signaler une publication abusive si de nombreux autres utilisateurs font de même : un signalement massif attirera l'attention des modérateurs du site.

Harcèlement ou attaques de personnes : quelques conseils

Le harcèlement ou les attaques de personnes par le Web et les réseaux sociaux est un phénomène qui prend malheureusement de l'ampleur. Il existe même désormais un terme pour cela : le *cyber-harcèlement*. Une grande prudence et du bon sens permettent de limiter ce type d'attaques.

Ajustez vos paramètres de confidentialité avec soin, comme expliqué au cours des sections précédentes, pour chacun des sites dont vous êtes membre. N'hésitez pas à revenir sur ces réglages de temps à autre : quand votre situation change (lorsque vous recadrez un emploi, par exemple) ou tout simplement pour vérifier que les options n'ont pas évolué (c'est souvent le cas sur Facebook).

N'acceptez pas les invitations de personnes inconnues ou indésirables. Vous pouvez tout simplement ignorer une invitation d'une personne que vous ne semblez pas connaître, ou échanger des messages avant de l'accepter. Facebook demande d'utiliser ses vrais prénom et nom lors de la création d'un compte et désactive les faux profils qui lui sont signalés, mais c'est surtout à vous de décider qui fait partie de votre réseau et accède à votre profil.

Supprimez et même bloquez toute personne qui a un comportement abusif, et signalez-la.

Enfin, sachez que les personnes pratiquant ce type de harcèlement ou d'attaques n'attendent généralement qu'une chose de votre part : une réaction. Au lieu de leur répondre, publiquement ou en privé, bloquez et signalez systématiquement les messages.

Ce sujet est hélas loin d'être clos sur le Web et nous vous encourageons à prendre les mesures nécessaires, d'un point de vue juridique s'il le faut, si vous ou surtout vos enfants rencontrez ce type de problèmes.

Info

Tous les réseaux sociaux acceptant les signalements traitent ceux-ci de manière confidentielle. Les sites peuvent prendre des mesures en conséquence, comme l'envoi d'avertissements, la suppression d'un compte ou l'exclusion définitive du réseau.

Que faire si un message indique la présence d'un virus sur votre ordinateur suite à la connexion sur Facebook ?

Un tel message peut s'afficher lorsque Facebook détecte des éléments suspects relatifs à l'utilisation de votre compte, laissant penser que votre ordinateur est infecté par un logiciel malveillant ou espion.

Il est recommandé, pour accéder à Facebook mais aussi pour garantir la sécurité de votre ordinateur et de vos documents, de procéder à l'installation d'un logiciel antivirus.

Facebook dispose d'un partenariat avec le logiciel antivirus McAfee et vous propose donc de réaliser cette procédure gratuitement en suivant les instructions affichées à l'écran. Rien ne vous empêche toutefois d'utiliser un autre programme, comme l'excellent (et gratuit) **avast!**, que vous pouvez télécharger sur le Web à l'adresse suivante :

http://www.avast.com/fr-fr/free-antivirus-download

Réglages importants

Voyons à présent comment paramétrer plusieurs réglages importants de Facebook. Qu'il s'agisse de votre compte, de la gestion des notifications, des alertes sonores, ou encore des options concernant votre mot de passe ou votre nom, vous devez paramétrer ou, du moins, connaître ces réglages pour une meilleure utilisation de Facebook.

Changer de mot de passe

Vous pouvez changer de mot de passe Facebook, et il est même recommandé de le faire de temps à autre pour éviter les indiscrétions ou les risques de piratage de votre compte. Voici comment procéder.

❶ Cliquez sur ▾ → **Paramètres** pour afficher les paramètres de votre compte Facebook.

❷ Cliquez sur **Général** dans la barre de menus à gauche de la page.

❸ Cliquez sur **Modifier** en regard de **Mot de passe**.

❹ Saisissez votre mot de passe actuel, puis un nouveau mot de passe pour le remplacer. Un indicateur de fiabilité vous donne une idée de la robustesse du nouveau mot de passe choisi.

❺ Saisissez une deuxième fois le nouveau mot de passe.

❻ Cliquez sur le bouton **Enregistrer les modifications** (Figure 9.20).

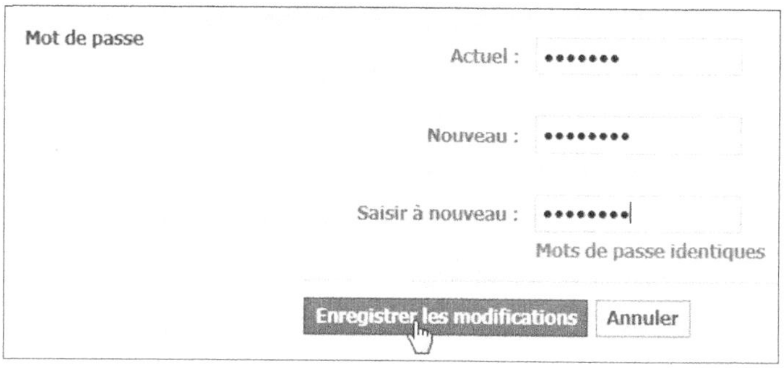

Figure 9.20
Changez de mot de passe occasionnellement pour renforcer la sécurité de votre compte Facebook.

Info

En cas d'oubli de votre mot de passe, cliquez sur le lien **Mot de passe oublié ?** de la page de connexion de Facebook ou rendez-vous directement à l'adresse suivante : http://www.facebook.com/recover.php

Que faire si un courrier électronique exige votre mot de passe Facebook ?

Il est préférable d'ignorer simplement ce message (ainsi que les éventuelles pièces jointes), et surtout de ne pas y répondre. Ce message est très probablement malintentionné et frauduleux, même si l'adresse de messagerie de l'émetteur du message contient le mot « Facebook » (cette adresse est vraisemblablement fausse).

Facebook ne vous demandera jamais votre mot de passe par e-mail (comme tout site « sérieux », d'ailleurs). Il est fortement déconseillé de communiquer vos informations de connexion à autrui.

De même, certains messages sont de faux rapports d'utilisation abusive du site ou des faux avertissements indiquant que votre compte sera suspendu si vous ne procédez pas à une action immédiate.

Une façon de déterminer si un courrier électronique provient vraiment de Facebook consiste à vérifier le lien **vous désabonner**, en bas du message, permettant de vous désinscrire. Celui-ci doit commencer par « **www.facebook.com** ». Survolez le lien avec la souris dans le navigateur Web ou copiez-le dans le Bloc-notes pour effectuer cette vérification.

Gérer les notifications de Facebook

Par défaut, Facebook vous enverra un courriel pour vous informer d'à peu près tout ce qui se passe sur le réseau : des demandes d'ajout aux messages d'amis en passant par les commentaires sur la moindre photo ! Les messages peuvent donc devenir très vite trop nombreux et envahissants. Heureusement, vous pouvez aussi paramétrer ces envois et décider exactement ce dont vous souhaitez être informé par Facebook :

❶ Cliquez sur  → **Paramètres** pour afficher les paramètres de votre compte Facebook.

❷ Cliquez sur **Notifications** dans la barre de menus à gauche de la page.

❸ Dans la section **Paramètres de notification** (Figure 9.21), vous pouvez décider la manière dont les notifications vous seront signalées. **Push** concerne les notifications affichées sous la forme de pastilles rouges dans la barre  en haut à droite de la fenêtre de Facebook. **E-mail** déclenche l'envoi d'un courriel par Facebook à chaque notification – une option qui peut rapidement devenir envahissante ! **Texto** vous permet de recevoir des notifications par SMS. Vous pouvez activer les textos en cliquant sur le lien proposé, mais sachez que cela n'ira pas plus loin car, à l'heure où ces lignes sont écrites, le service n'est pas disponible en France ! Nos lecteurs francophones en Belgique ou au Canada, par exemple, pourront bénéficier de ce service. Ajustez les paramètres de notifications pour chaque type de réglage proposé par Facebook (Figure 9.21).

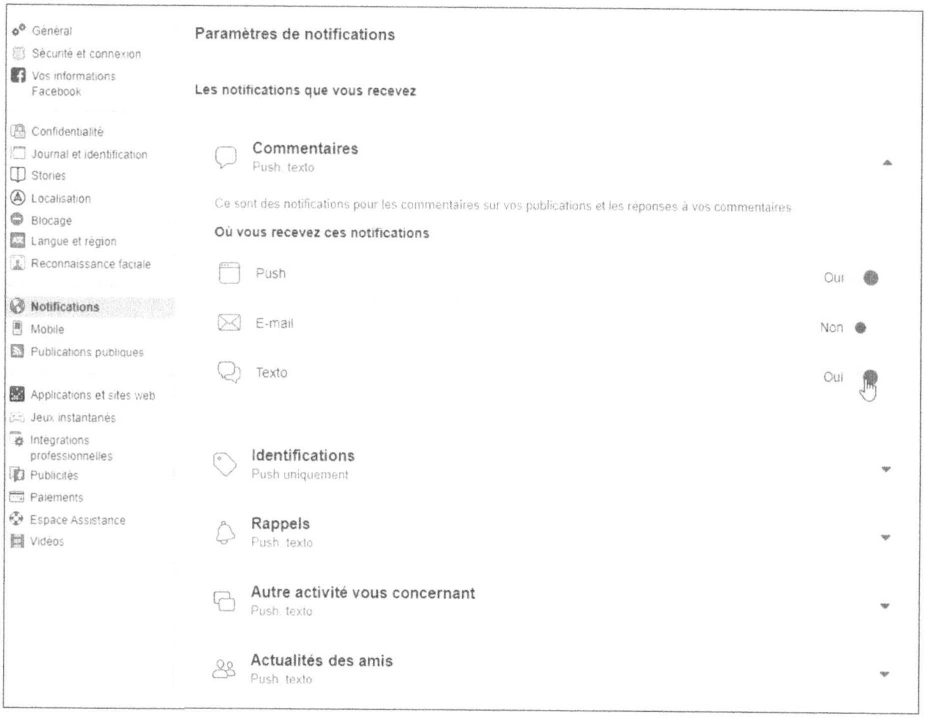

Figure 9.21
Les paramètres de notifications sur Facebook.

❹ Naviguez vers le bas jusqu'à la section **Méthodes de notification** et cliquez sur **Navigateur**. Pour qu'aucun son ne soit émis à l'arrivée d'une nouvelle notification, désactivez l'option **Émettre un son à chaque nouvelle notification**. De même pour les messages (Figure 9.22).

❺ La section **E-mail** permet de choisir quelles notifications vous seront aussi signalées par e-mail. Il y a trois niveaux de notifications. Si vous vous connectez régulièrement à Facebook, l'option **Uniquement les notifications concernant votre compte, la sécurité et la confidentialité** est déjà amplement suffisante. Vous verrez aussi la liste des notifications pour lesquelles vous ne recevrez pas de messages. Cliquez sur **Activer** en regard d'une option si vous changez d'avis (Figure 9.23).

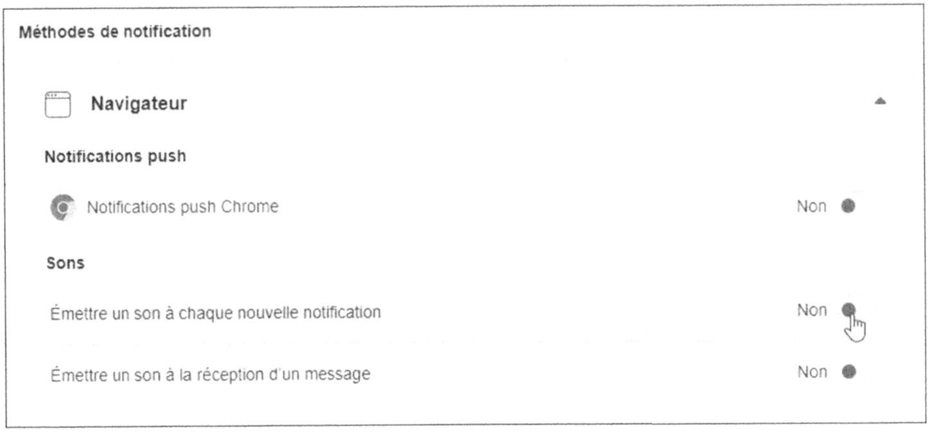

Figure 9.22
Les paramètres de navigateur.

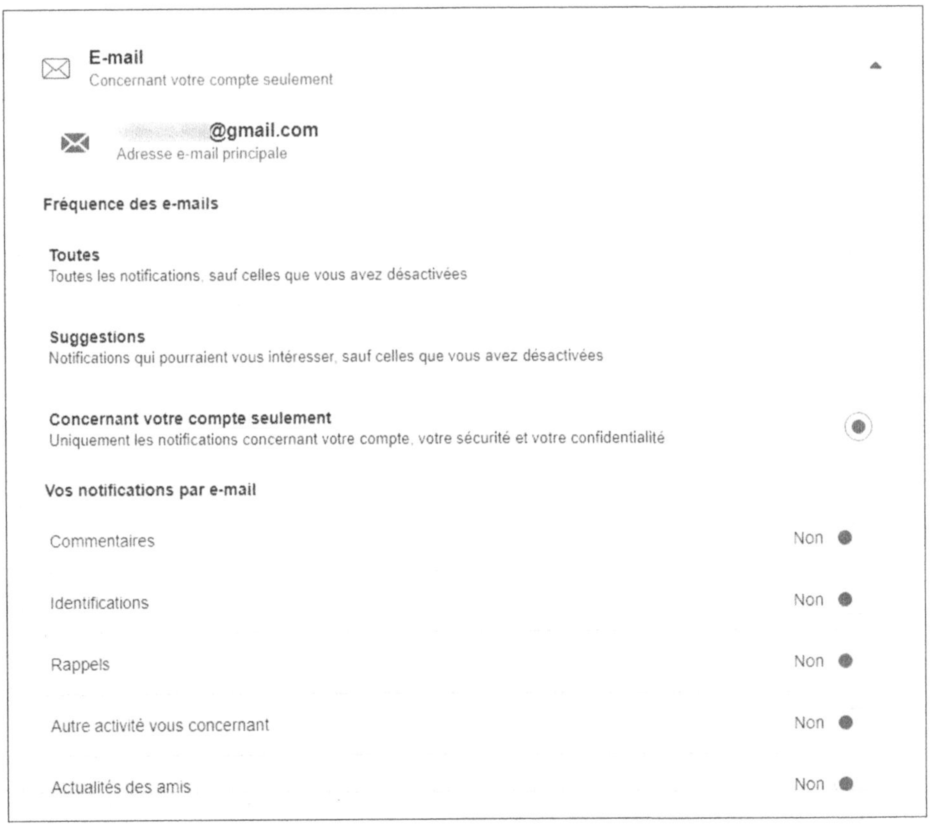

Figure 9.23
Les paramètres de notifications par e-mail.

Astuce

Si vous vous connectez régulièrement à Facebook, inutile de demander l'envoi de messages pour la plupart des éléments, car vous les verrez immédiatement dans votre fil d'actualité et dans vos notifications en haut d'écran. Cela peut donc paraître fastidieux et long au départ, mais il est judicieux de désactiver la majorité des notifications dans les réglages.

LOL

Vous recevez encore beaucoup trop de messages ? Il existe une solution plus radicale : créez un filtre de messagerie qui envoie systématiquement tous les messages provenant de Facebook dans la Corbeille ! Attention, toutefois, vous pourriez manquer des messages importants.

Ajuster les paramètres de lecture des vidéos

Peut-être l'avez-vous remarqué, et peut-être cela vous ennuie-t-il, certaines des vidéos qui apparaissent dans votre fil d'actualité se lancent toutes seules, mais sans le son, heureusement (pour voir les vidéos avec le son, cliquez simplement sur l'image). Vous pouvez désactiver cette lecture automatique.

❶ Cliquez sur ▾ → **Paramètres.**

❷ Cliquez sur **Vidéos** dans la barre de menus à gauche de la page.

❸ Dans le menu déroulant **Lecture auto des vidéos**, sélectionnez **Non.**

❹ Vous pouvez aussi choisir d'afficher ou non la version HD des films, lorsque deux versions sont proposées. La version haute définition étant bien entendu plus exigeante pour votre connexion à Internet (Figure 9.24).

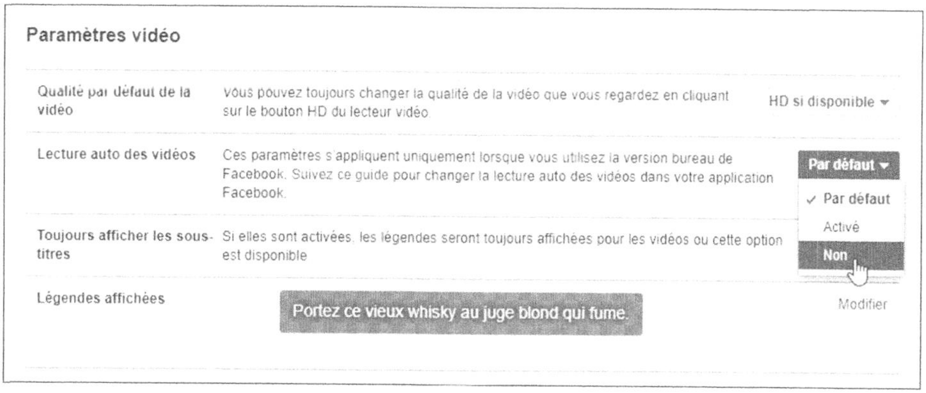

Figure 9.24
Les options de lecture des vidéos.

❺ Les autres réglages concernent l'affichage et le style de sous-titres pour les vidéos. Choisissez une option pour l'affichage systématique des sous-titres et leur apparence.

Changer de nom

En principe, vous avez indiqué votre nom complet au moment de votre inscription sur Facebook et ne devriez pas avoir besoin de le changer, d'autant que les conditions d'utilisation exigent l'utilisation de votre « vrai » nom. Cette information ne fait donc pas partie des données éditables de votre profil. La question peut néanmoins se poser en cas de changement d'état civil (mariage ou divorce) ou si vous décidez d'indiquer un surnom, par exemple.

1. Cliquez sur → **Paramètres** pour afficher les paramètres de votre compte Facebook.

2. Cliquez sur **Général** dans la barre de menus à gauche de la page.

3. Cliquez sur **Modifier** en regard de **Nom**.

4. Éditez votre nom et choisissez un type d'affichage : *prénom nom* ou *nom prénom* (Figure 9.25).

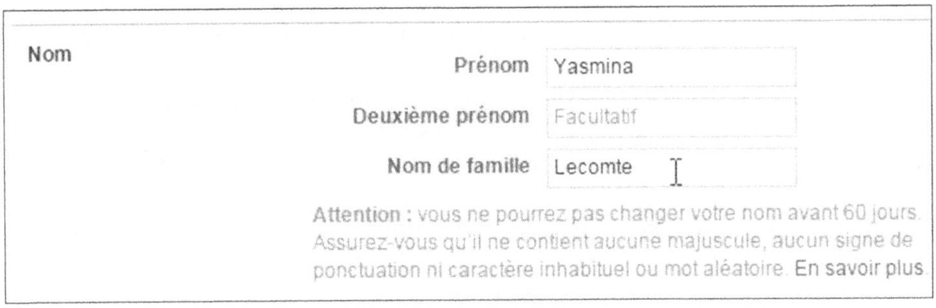

Figure 9.25
Changez de nom.

5. Le champ **Autre nom** permet d'indiquer votre nom de jeune fille, un surnom ou un nom professionnel. Activez l'option **Inclure sur mon profil** pour qu'il s'affiche après votre nom principal dans votre journal. À défaut, cet autre nom sera utilisé uniquement dans les résultats de recherche (Figure 9.26).

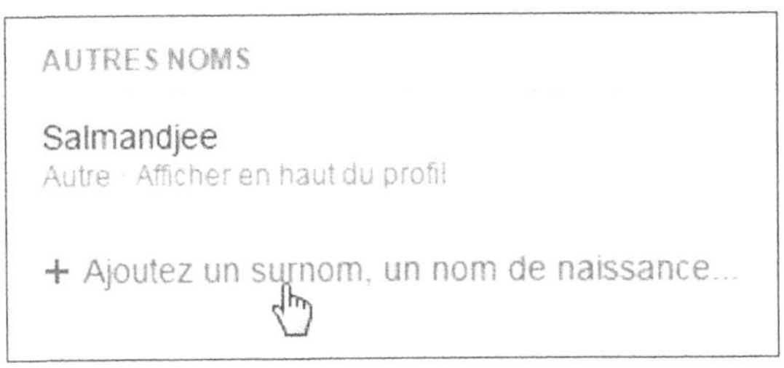

Figure 9.26
Indiquez votre surnom, nom d'artiste ou nom de jeune fille.

❻ Saisissez votre mot de passe et cliquez sur le bouton **Enregistrer les modifications**.

❼ Votre demande est en attente d'approbation par Facebook. Elle peut être refusée si vous ne respectez pas les règles relatives aux noms autorisés sur Facebook. Consultez l'encadré qui suit pour plus de détails.

Attention

Pour limiter les abus, Facebook effectue une vérification systématique suite à chaque demande de changement de nom et limite le nombre de changements de nom possibles.

Quels sont les noms autorisés sur Facebook ?

Facebook demande à ses membres d'indiquer et d'utiliser leur nom et leur identité réels. C'est l'un des principes fondateurs mêmes du site. Les conditions d'utilisation sont donc très strictes sur ce point et, si vous utilisez votre vrai nom, vous ne devriez rencontrer aucune difficulté particulière. Sachez toutefois que les noms ne peuvent pas inclure les éléments suivants :

» symboles, chiffres, mise en majuscules inhabituelle ou ponctuation ;

» caractères qui n'appartiennent pas à une même langue ;

» titres religieux, militaires ou de profession ;

» mots, phrases ou surnoms à la place du deuxième prénom (les surnoms peuvent être utilisés au lieu d'un prénom ou comme deuxième prénom s'il s'agit d'une variante de votre vrai prénom ou de votre nom de famille, comme JP pour Jean-Philippe) ;

» contenu offensant ou explicite de quelque nature que ce soit.

Pour ajouter un autre nom à votre compte, comme votre nom de jeune fille, votre surnom ou un nom professionnel, utilisez le champ **Autre nom** (consultez la section qui suit).

Astuce

Les comptes sont individuels et ne peuvent donc faire figurer que le nom d'une et une seule personne. Facebook interdit bien entendu de créer un compte au nom d'autrui, d'utiliser une autre identité que la vôtre ou de vous faire passer pour une autre personne.

Adieu Facebook !

Si vous ne souhaitez plus utiliser votre compte Facebook ou apparaître sur le site, c'est possible ! Mais sachez que la suppression d'un compte Facebook est un peu un parcours du combattant. Il y a en fait deux niveaux de suppression pour un compte Facebook : la **simple désactivation** et la **suppression définitive**. La première option est relativement facile à mettre en œuvre : quelques clics suffisent. C'est la seconde qui demande beaucoup de détermination, car vous devez explicitement en faire la demande par le biais d'un formulaire, dont l'accès est très bien caché sur le site, puis Facebook fera tout pour vous dissuader d'aller au bout de votre demande !

Astuce

Il s'agit bien ici de se désinscrire de Facebook et non de simplement vous déconnecter du site après une session. Il suffit pour cela de cliquer sur ▾ → **Déconnexion**.

Désactiver ou supprimer votre compte Facebook

La **simple désactivation** de votre compte Facebook stoppe votre présence sur le site, mais vous permet à tout moment de revenir et retrouver votre profil, votre réseau, vos groupes et pages, comme si vous n'étiez jamais parti. Cela veut donc aussi dire que Facebook conserve toutes vos données et photos dans ses registres !

1. Cliquez sur ▾ → **Paramètres** pour afficher les paramètres de votre compte Facebook.

2. Cliquez sur **Vos informations Facebook** dans la barre de menus à gauche de la page.

3. Cliquez sur **Voir** dans la section **Désactivation et suppression** (Figure 9.27).

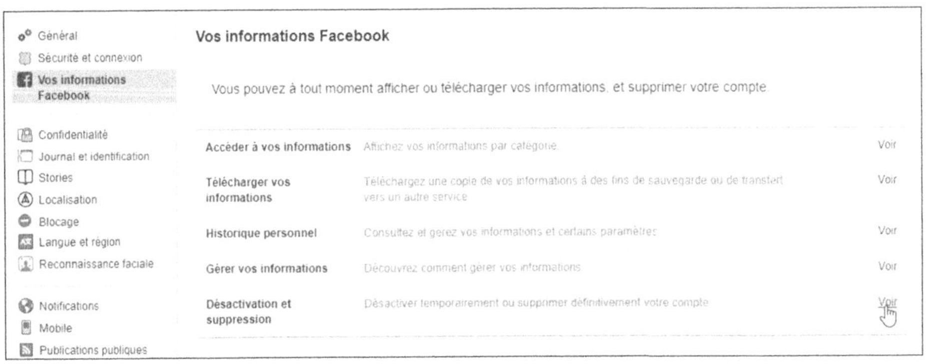

Figure 9.27
Le processus de désactivation/suppression de compte.

4. Choisissez une option : la désactivation – temporaire – ou la suppression – définitive – de votre compte.

❺ Cliquez sur le bouton **Poursuivre** et, par mesure de sécurité, saisissez à nouveau votre mot de passe.

❻ Indiquez une raison pour justifier votre volonté de désactiver votre compte (Figure 9.28). Vous constaterez que Facebook fera tout pour vous dissuader de partir !

Info

Même après la désactivation de votre compte, vos amis pourront continuer à vous inviter aux évènements, vous identifier dans des photos, vous inviter à rejoindre des groupes, *etc.* Activez l'option **Ne plus recevoir de messages de la part de Facebook** pour ne pas être sollicité par ce biais. Il suffit de vous connecter, une seule fois, exactement comme vous le faisiez auparavant, pour réactiver immédiatement et intégralement votre compte.

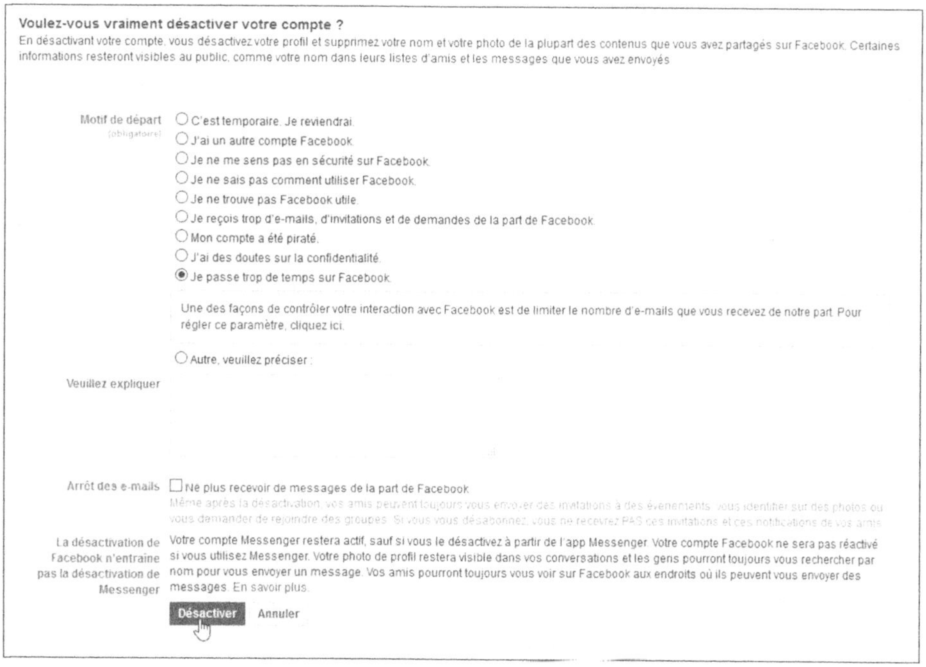

Figure 9.28 Le processus de désactivation de compte.

❼ Confirmez votre souhait de désactiver votre compte.

❽ Votre compte est désactivé.

Réactiver votre compte

Si vous avez désactivé votre compte, vous pouvez à tout moment le réactiver : il suffit de vous connecter à l'aide de votre adresse e-mail de connexion et de votre mot de passe, comme indiqué suite à la procédure de désactivation. Votre compte sera à nouveau actif et restauré à l'identique : réseau d'amis, publications, photos, *etc.*

❾ La suppression définitive de votre compte efface complètement et irrémédiablement toutes vos données, y compris vos messages Messenger, sans possibilité de récupération ultérieure. Facebook s'engage dans ce cas à supprimer les données vous concernant. Vous pouvez toutefois les télécharger au préalable (Figure 9.29).

Figure 9.29

Téléchargez vos données avant la suppression définitive de votre compte.

Votre compte sera supprimé définitivement quatorze jours après cette procédure. Attention : après ce délai, la récupération des informations de votre compte n'est plus possible, de même que la réactivation

Accéder à l'aide de Facebook

En cas de problème, référez-vous à l'aide de Facebook, qui propose des solutions précises à chaque type de situation.

Cliquez simplement sur le bouton , puis saisissez une question ou des mots-clés dans le champ de recherche pour consulter les pages d'aide correspondantes (Figure 9.30).

Figure 9.30
Accédez à l'aide rapide de Facebook.

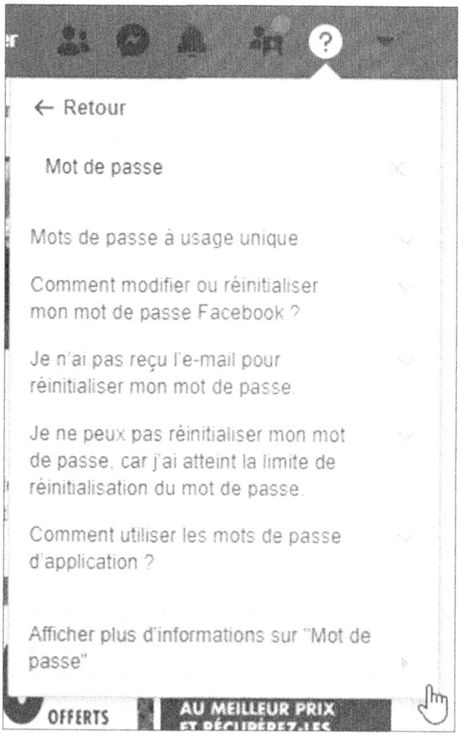

Pour accéder à l'aide complète de Facebook, cliquez sur  → **Pages d'aide**.

Partie 3

Les autres réseaux sociaux incontournables

Dans cette partie...

DANS CE CHAPITRE

Créer votre compte et votre profil Twitter

•

Rechercher et suivre un contact

•

Publier un tweet

•

Créer un thread

•

Répondre à un tweet

•

Faire suivre ou aimer un tweet

•

Envoyer un message privé

•

Ajuster les paramètres de Twitter

•

Des outils pour optimiser votre présence sur les réseaux sociaux

Chapitre 10
Twitter

Avec Facebook, Twitter est l'autre phénomène du Web et des réseaux sociaux de ces dernières années. Ces deux mastodontes (en termes de nombre d'utilisateurs comme de popularité) ont des points communs, mais présentent aussi de réelles dissemblances dans leur concept. Ce sont tous deux, avant tout, des réseaux sociaux : le concept de communauté et d'échange y est fondamental. Leur fonctionnement est toutefois différent : sur Twitter, tout est public, la notion « d'amitié » est remplacée par celle du « suivi » de personnes et, surtout, les messages échangés sont limités en nombre de caractères. Une contrainte, pensez-vous ? C'est au contraire justement ce qui a fait le succès de Twitter !

Qu'est-ce que Twitter ?

Twitter est un réseau social fondé sur le concept du **microblogging**, lui-même un dérivé du **blogging**. Les blogs, faut-il encore les présenter, sont des sites personnels de type journal ou carnet de bord. Très simples à créer, ils permettent à ceux qui les tiennent de publier des notes ou billets. Le **microblogging**, comme son nom l'indique, est une variante consistant à publier uniquement des « mini-billets ».

Les utilisateurs s'y expriment donc à travers de petites saillies et pensées brèves plutôt que par de longs discours. Il existe plusieurs plates-formes de microblogging, Twitter étant la plus célèbre.

Les **tweets**, publics, peuvent être lus par tous. Grâce au concept de « retweet », qui consiste à republier un message, les nouvelles circulent à vitesse grand V sur le Web.

L'un des atouts majeurs de Twitter est sa réactivité : le réseau permet de consulter des informations en temps réel et de savoir ce qui se passe sur le Web et « dans la vraie vie » à un instant T. De nombreuses personnalités des médias, hommes et femmes politiques, journalistes, sportifs, célébrités tweetent en direct certains évènements et l'actualité « chaude ». Les sujets d'actualité sont très rapidement mis en avant et commentés par les utilisateurs.

Info

Le logo et symbole associé à Twitter est un petit oiseau qui vous semblera bientôt très familier. En anglais, *to tweet* signifie « pépier » ou « gazouiller » !

Quelques chiffres sur Twitter

Le tout premier tweet date du 21 mars 2006. Aujourd'hui, Twitter totalise un peu plus de 335 millions d'utilisateurs actifs dans le monde, dont 163 millions d'utilisateurs actifs quotidiens. En France, Twitter compte 15,7 millions de visites uniques par mois, et 3,5 millions par jour.

Mille cinq cents millions de tweets sont envoyés chaque jour, ce qui équivaut à 5 787 tweets chaque seconde.

Enfin, il existerait 20 millions de faux comptes Twitter et 44 % des utilisateurs n'ont jamais publié de tweet.

Source : *Chiffres Twitter – Q4 2019*

Concepts fondamentaux de Twitter

Dès votre inscription, Twitter vous suggérera de **suivre** des personnalités, entreprises ou marques, médias, émissions susceptibles de vous intéresser. Suivre une personne, c'est tout simplement être **abonné** à ses publications, et voir ses messages s'afficher dans votre **fil Twitter** (aussi appelé ***timeline***).

Le concept du fil Twitter est semblable à celui du fil d'actualité Facebook : il affiche les tweets des personnes que vous suivez, par ordre chronologique inversé, sur votre page d'accueil Twitter.

Twitter présente plusieurs autres différences notables avec Facebook : votre réseau n'est pas fait de *contacts* ou d'*amis*, mais d'*abonnés/abonnements* (*followers* et *following* en VO), et les *tweets* (messages publiés) sont tous publics.

Info

Consultez l'encadré « Quelles sont les différences entre Twitter et Facebook ? », plus loin dans ce chapitre, pour plus d'informations.

Enfin, le célèbre #, qui se dit « hashtag », désigne les sujets discutés sur Twitter par mots-clés. Tout utilisateur peut reprendre un hashtag déjà en circulation ou inventer ses propres mots-clés. Les hashtags les plus employés à un moment T deviennent les « *trending topics* » ou tendances du moment. Les # permettent aussi d'indiquer un évènement ou une émission de télévision lorsque les utilisateurs se plaisent à « *live-tweeter* » (nous y reviendrons dans une section suivante).

Utiliser Twitter dans un but professionnel

Comme Facebook, Twitter intéresse beaucoup les entreprises et les professionnels, en leur offrant une exposition et un moyen de s'exprimer inédits.

Sur Twitter, rien n'empêche la création d'un profil au nom d'une entreprise (ou même de son acronyme).

Utilisez le logo ou une image de l'entreprise comme photo de profil. Le compte Twitter peut alors servir à communiquer sur les objectifs et activités de l'entreprise.

La règle des 280 caractères

À ses débuts, Twitter limitait à 140 le nombre de caractères pouvant être utilisés pour écrire un tweet. C'était la règle parce qu'à l'origine, le microblogging s'inspirait du monde des SMS.

Les incontournables « textos » sont limités à 160 caractères. Twitter en réservait 20 pour les noms d'utilisateurs : il vous en restait donc 140 pour vous exprimer !

Info

Notez que les textos sont toujours limités à 160 caractères même si les téléphones actuels contournent cette limite en agrégeant plusieurs textos en un seul.

Depuis fin 2017 Twitter a porté la limite à 280 caractères (dans certains pays dont la France), notamment pour faciliter l'écriture des messages. La société espère ainsi gagner des utilisateurs.

Les tweets peuvent contenir des liens (toujours dans la limite des 280 caractères) vers des pages Web ou des photos.

LOL

Pour des astuces sur la manière de rédiger ces messages, consultez la section « Respecter la limite des 280 caractères », plus loin dans ce chapitre.

Pourquoi choisir (aussi) Twitter ?

Rien ne vous oblige à choisir *entre* Twitter et Facebook : beaucoup d'utilisateurs ont d'ailleurs un compte et un profil sur chacun de ces réseaux sociaux.

Certains les utilisent conjointement (il est d'ailleurs possible d'automatiser la publication des messages d'un site à l'autre), d'autres de façon complémentaire, pour des besoins différents : Facebook pour son côté ludique et privé, par exemple, et Twitter pour s'informer et communiquer au plus grand nombre.

Utilisateurs, abonnés et abonnements

Sur Twitter, les utilisateurs sont désignés par le symbole **@** : @JJBourdin_RMC est, par exemple, le nom d'utilisateur Twitter de Jean-Jacques Bourdin.

Les **abonnés** sont les membres de Twitter qui suivent un utilisateur donné. Les **abonnements** sont les membres de Twitter suivis par un utilisateur. En cliquant sur **Suivre** pour @JJBourdin_RMC (Jean-Jacques Bourdin), par exemple, vous devenez abonné de ce compte, et l'utilisateur @JJBourdin_RMC fait partie de vos abonnements (Figure 10.1).

Figure 10.1 Jean-Jacques Bourdin possède plus de 450 000 abonnés et suit 457 utilisateurs à l'heure où ces lignes sont écrites.

Astuce

L'icône indique que l'utilisateur a été « vérifié » par Twitter et qu'il s'agit bien d'un profil officiel pour la personne ou la marque nommée. Il y a environ 300 000 comptes Twitter certifiés à l'heure où ces lignes sont écrites.

Live-tweeter

Twitter est un média très réactif. Aussi, lorsque des utilisateurs assistent à un évènement suivi par un grand nombre d'autres « Twittos », c'est ainsi qu'on nomme parfois les utilisateurs assidus de Twitter – qu'il s'agisse d'un fait d'actualité, d'une manifestation sportive, d'un concert, d'un meeting politique ou même d'une émission télé –, ils « live-tweetent » ! Cela signifie littéralement qu'ils tweetent « en direct ».

Il est d'usage d'utiliser un hashtag désignant l'évènement ou son acteur principal, par exemple #Beyonce #Stadedefrance lors d'un concert de Beyonce au Stade de France, ou #DALS pour ceux qui se trouvent devant leur poste et commentent *Danse avec les stars*.

Quelles sont les différences entre Twitter et Facebook ?

Twitter est un réseau social bien différent de tous les autres, et en particulier de Facebook, dans le sens où il repose entièrement sur un concept aussi simple que contraignant : les membres peuvent publier des mini-messages d'une longueur de 280 caractères au maximum.

En dehors de ce point, le principe du réseau diffère lui aussi légèrement : on parle non pas ici de *contacts* ou d'*amis*, mais d'*abonnés* et d'*abonnements*, ou encore de *suiveurs* et de *suivis*.

Autre différence notable, sur Twitter, les *tweets* (messages publiés) sont tous publics et peuvent être lus par tous. Libre à vous de suivre les gens qui vous intéressent. Certains vous suivront peut-être à leur tour ! Notez qu'il est possible d'avoir un compte privé où seuls vos abonnés pourront voir vos tweets, mais cette utilisation fait perdre tout l'intérêt de Twitter.

Grâce au concept de *retweet*, qui consiste à republier sur son propre compte Twitter un message émis par un autre, les nouvelles circulent très, très vite sur le Web.

Créer votre compte et votre profil Twitter

Pour vous lancer sur Twitter, commencez par créer un compte et un profil :

❶ Rendez-vous sur la page d'accueil de Twitter en français : http://twitter.fr/

❷ Cliquez sur le bouton **S'inscrire**.

❸ Indiquez votre (vrai) nom, votre adresse de messagerie (ou un numéro de téléphone) et un mot de passe, puis cliquez sur le bouton **S'inscrire** (Figure 10.2).

❹ Indiquez vos préférences en termes de réception d'e-mails et de publicités personnalisées. L'option **Permettez aux autres utilisateurs de trouver votre compte Twitter grâce à votre adresse email** de la section **Entrez en contact avec les personnes que vous connaissez** est utile pour obtenir plus rapidement des abonnés parmi vos contacts de messagerie. Cliquez ensuite sur **Suivant**.

❺ Confirmez votre inscription en cliquant sur **S'inscrire**. Un code de vérification est envoyé à l'adresse e-mail ou par SMS au numéro de téléphone indiqué précédemment. Saisissez ce code pour valider votre inscription. Attention : les codes de vérification expirent au bout de deux heures. Cliquez sur **Suivant**.

Figure 10.2

Le formulaire d'inscription sur Twitter.

❻ Indiquez à présent un mot de passe, d'au moins six caractères. Cliquez sur **Suivant**.

❼ L'écran suivant vous propose d'ajouter une photo à votre profil. Cliquez sur le bouton + (Figure 10.3). Vous pouvez aussi ignorer cette étape et ajouter une photo plus tard : cliquez sur **Passer pour le moment**.

Figure 10.3

Ajoutez une photo pour personnaliser votre profil.

❽ Sélectionnez et téléchargez une photo depuis votre ordinateur puis cliquez sur **Suivant** (Figure 10.4).

Figure 10.4

La photo est associée à votre profil.

❾ Il est temps à présent de vous montrer créatif ! Saisissez quelques mots – dans la limite de 160 caractères – en guise de biographie. Cliquez sur **Suivant** (Figure 10.5).

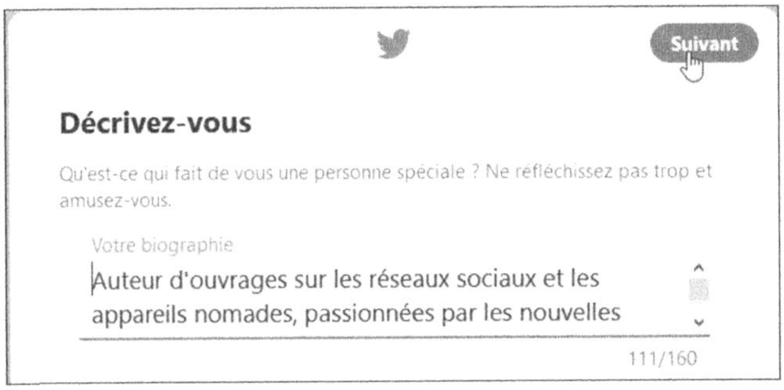

Figure 10.5 Fantaisiste ou sérieux ? À vous de choisir le ton de votre bio Twitter !

❿ Afin de découvrir vos premiers abonnés Twitter à suivre, vous pouvez télécharger votre liste de contacts e-mail. Vous pouvez aussi effectuer cette démarche ultérieurement.

⓫ Indiquez ensuite les langues dans lesquelles vous souhaitez voir des tweets. Cliquez sur **Suivant** (Figure 10.6).

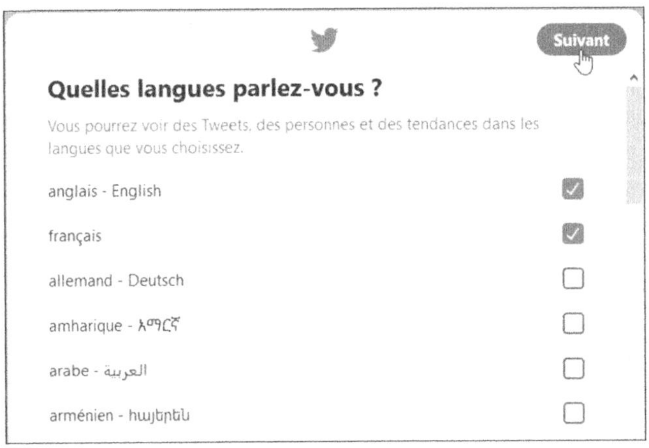

Figure 10.6 Souhaitez-vous afficher des tweets dans toutes les langues ?

⓬ Terminez votre inscription en sélectionnant des centres d'intérêt : Twitter vous proposera une sélection de comptes à suivre en conséquence. Une sélection de comptes Twitter s'affiche en fonction des thèmes que vous avez sélectionnés. Si nécessaire, décochez les cases des comptes que vous ne souhaitez pas suivre. Cliquez ensuite sur le bouton **Suivre**.

⓭ Choisissez enfin votre nom d'utilisateur Twitter. Vous obtenez des suggestions fondées sur vos nom et prénom, tout en tenant compte de la disponibilité (les noms d'utilisateurs sont uniques). Le nom d'utilisateur Twitter est unique mais non définitif : vous pourrez en changer ultérieurement. (Figure 10.7).

Figure 10.7
Twitter permet de changer de nom d'utilisateur à tout moment.

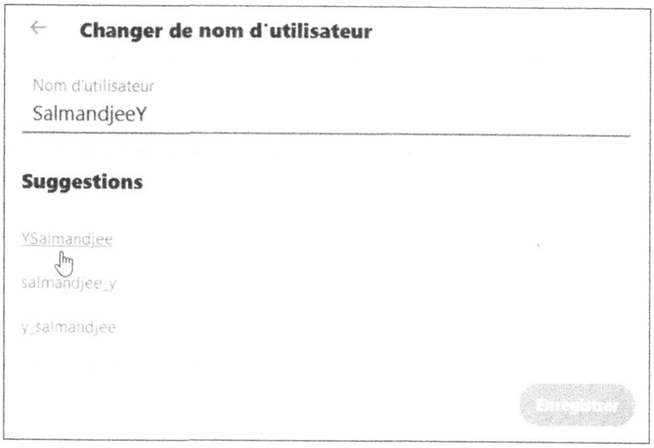

Bien choisir votre nom d'utilisateur Twitter

Vous pouvez choisir un nom d'utilisateur complètement différent de celui proposé par défaut par Twitter : un pseudo, un surnom, *etc.* Les autres utilisateurs de Twitter pourront de toute façon vous trouver grâce à ce nom d'utilisateur, mais aussi par votre nom ou votre adresse de messagerie. Cette dernière ne sera pas visible publiquement.

Si vous comptez utiliser Twitter et Facebook conjointement, pensez dès à présent à choisir un nom d'utilisateur Twitter identique (ou, à défaut, le plus proche possible) de votre nom d'utilisateur Facebook. À l'inverse, si vous visez une utilisation bien distincte, vous pouvez choisir un pseudo en guise de nom d'utilisateur Twitter (rappel : vous devez impérativement utiliser votre nom réel pour vous inscrire sur Facebook). Consultez la section « Choisir votre nom d'utilisateur Facebook » du Chapitre 5 pour plus d'informations.

⓮ En tant que nouveau venu, Twitter vous présente un aperçu de ses concepts et vous guide pour démarrer. Cliquez sur **C'est parti !** pour passer d'étape en étape dans le tutoriel.

⓯ Votre page d'accueil Twitter s'affiche (Figure 10.8).

Figure 10.8 Bienvenue sur Twitter.

Quelle est l'adresse de votre profil Twitter ?

L'adresse de votre profil Twitter est tout simplement de la forme :

http://twitter.com/nom-utilisateur

Remplacez *nom-utilisateur* par votre nom d'utilisateur Twitter : **http://twitter.com/ysalmandjee**, par exemple.

Info

Vous venez de terminer la création de votre profil Twitter. Pensez à inviter votre entourage réel et virtuel (amis, famille, contacts professionnels) à vous suivre : vous aurez ainsi vos premiers abonnés. Vous pouvez, par exemple, envoyer un e-mail ou encore partager un lien vers votre profil sur votre mur Facebook.

Modifier votre profil

Pour personnaliser votre profil Twitter :

❶ Cliquez sur **Profil** dans le menu latéral (Figure 10.9).

❷ Votre profil s'affiche. Cliquez sur **Éditer le profil** (Figure 10.10).

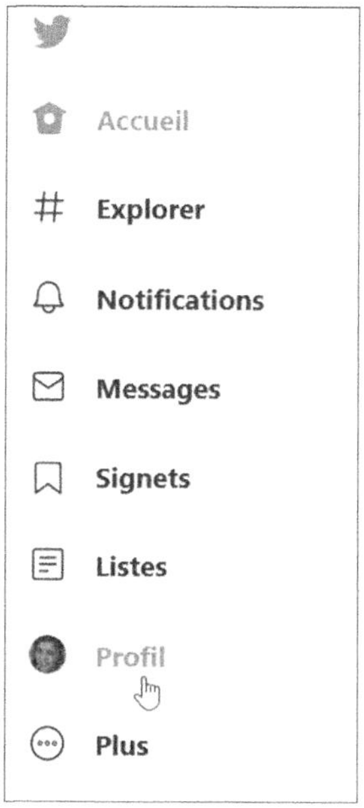

Figure 10.9
Modifiez votre profil Twitter.

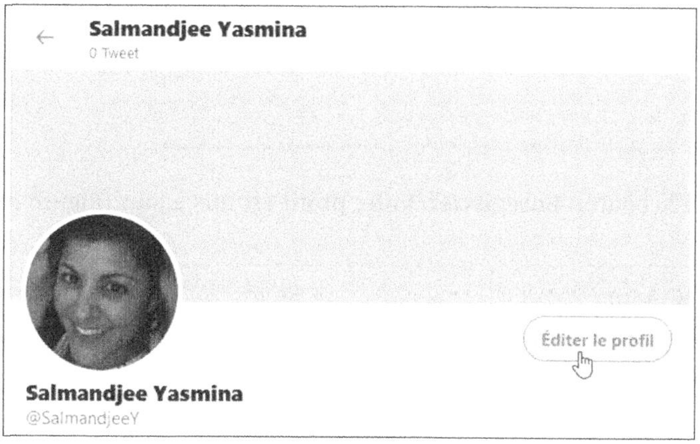

Figure 10.10
Éditez votre profil Twitter.

❸ Modifiez votre nom si vous le souhaitez et indiquez votre localisation. Si vous possédez un site Web, une page Facebook ou un blog, saisissez son adresse.

❹ Vous pouvez éditer votre biographie à volonté. De manière cohérente avec la logique de Twitter, ce texte doit être court et synthétique : 160 caractères au maximum.

❺ Cliquez sur votre photo de profil pour en changer, ou sur la bannière en haut d'écran pour choisir une photo d'arrière-plan pour votre profil (Figure 10.11).

Figure 10.11
Cette personnalisation n'est pas obligatoire, mais rendra votre profil plus attractif.

❻ Cliquez sur le bouton **Enregistrer**. Votre profil est mis à jour (Figure 10.12).

Figure 10.12
Enregistrez les modifications.

❼ Pour modifier votre nom d'utilisateur, cliquez sur **Plus** dans le menu latéral (Figure 10.13) puis sur **Paramètres et confidentialité**.

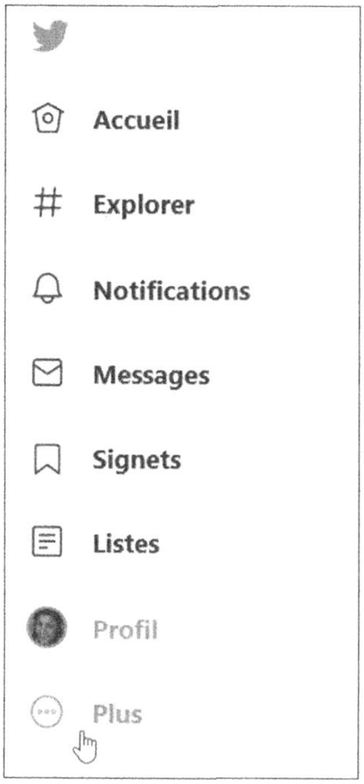

Figure 10.13 Accédez aux paramètres avancés.

❽ Cliquez sur **Nom d'utilisateur** dans la section **Connexion et sécurité**. Saisissez un nouveau nom. S'il est disponible, il est validé (Figure 10.14). Cliquez sur **Enregistrer**.

Figure 10.14 Le nom d'utilisateur doit être disponible et être composé de moins de 15 caractères.

Comment acquérir des abonnés ?

Vous augmenteriez le nombre de vos abonnés :

» Par le biais de vos proches et contacts professionnels, tout d'abord. Si vous publiez des tweets intéressants, ils seront probablement publiés à nouveau par d'autres (« retweetés »), vous exposant à de nombreux abonnés potentiels.

» En vous abonnant vous-même à d'autres utilisateurs, aussi, même si vous ne les connaissez pas. Ceux-ci auront peut-être l'idée d'aller consulter votre profil et de s'abonner à vos tweets.

» Enfin, si vous possédez un blog, un profil LinkedIn ou Facebook, n'hésitez pas à y ajouter un lien vers votre profil Twitter. Vous pouvez même activer l'option permettant de publier automatiquement vos mises à jour sur Facebook ou LinkedIn en tant que tweets. Consultez la fin de ce chapitre pour plus d'informations à ce sujet.

Rechercher un contact

Pour vous abonner à une personne, et donc la suivre, vous devez commencer par effectuer une recherche. Le mieux reste de connaître son nom d'utilisateur du type @PrenomNom mais vous pouvez essayer de rechercher la personne en saisissant son prénom et son nom ou en saisissant son adresse de courriel.

❶ Cliquez dans la zone **Recherchez Twitter** en haut à droite de votre page d'accueil.

❷ Saisissez le nom de la personne que vous recherchez.

❸ Une liste de propositions s'affiche. Si vous ne trouvez pas la personne dans la liste, cliquez sur **Rechercher tous les comptes**. Si vous connaissez le nom d'utilisateur, saisissez ce dernier (vous n'êtes pas obligé de saisir le caractère @ du début).

❹ Cliquez sur le contact que vous souhaitez afficher (Figure 10.15).

❺ La page d'accueil et les tweets du contact s'affichent (Figure 10.16).

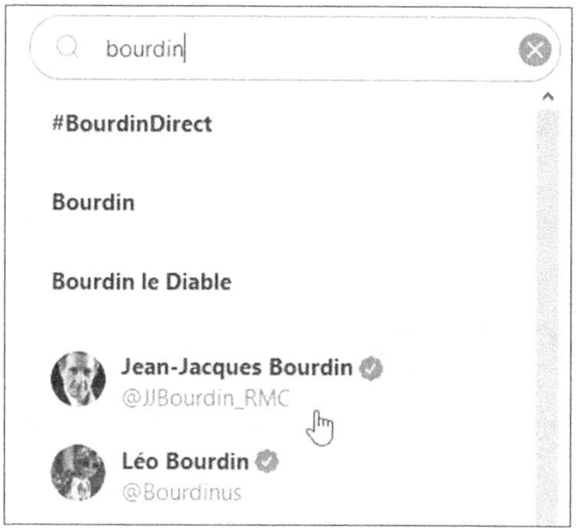

Figure 10.15 Recherchez un utilisateur.

Figure 10.16 Affichez la page Twitter de votre contact.

Suivre un contact

Vous suivez un contact pour voir ses tweets s'afficher dans votre fil Twitter : vous êtes dans ce cas abonné à ses tweets.

Il est très simple de suivre un contact :

❶ Recherchez un contact comme vous l'avez fait dans la section précédente.

❷ Cliquez sur le bouton **Suivre** (Figure 10.17).

Figure 10.17 Cliquez sur le bouton Suivre.

❸ Le bouton Suivre devient un bouton **Abonné** (Figure 10.18).

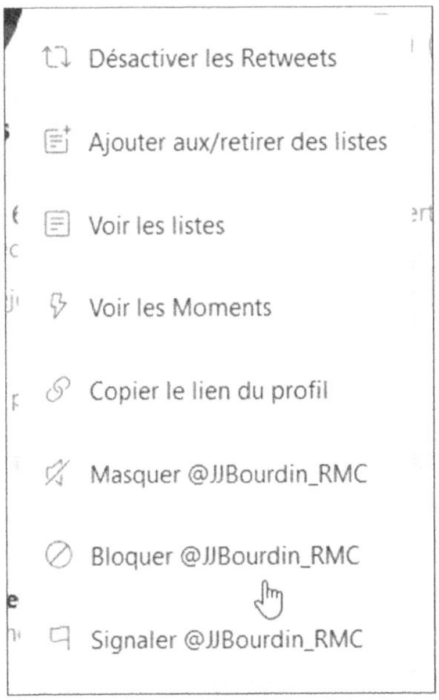

Figure 10.18 Il suffit de cliquer sur ce bouton pour vous désabonner. Le bouton redevient alors Suivre.

Bloquer, signaler ou masquer un contact

Il arrive que certaines personnes vous importunent, qu'elles soient ou non abonnées à vos tweets et que vous soyez ou non abonné à cette personne.

Pour bloquer une personne, affichez cette dernière. Vous pouvez la rechercher comme vous l'avez vu précédemment, mais vous pouvez également la bloquer à partir de ses publications qui apparaissent dans votre fil Twitter.

Lorsque vous êtes sur la page d'une personne, cliquez sur les trois points à gauche du bouton **Abonné** ou **Suivre** (Figure 10.19). Si vous êtes dans le fil Twitter, cliquez sur la flèche vers le bas, en haut à gauche du tweet.

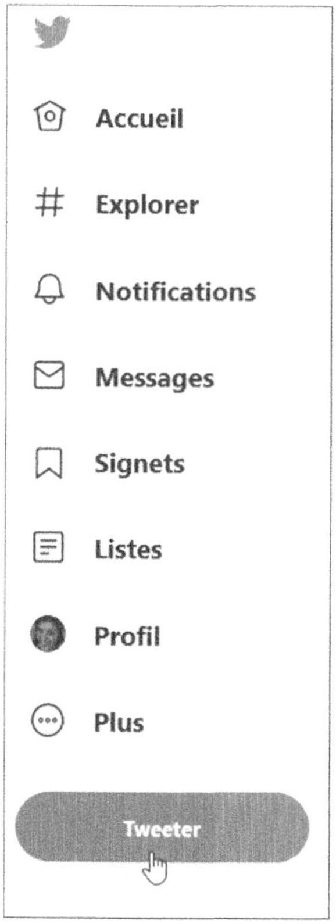

Figure 10.19 Ouvrez le menu en cliquant sur les trois points.

Dans le menu qui apparaît, vous pouvez :

- **Masquer le contact.** Vous ne voyez plus les tweets dans le fil mais vous pouvez toujours aller les consulter sur le compte de l'utilisateur. Ce dernier peut également interagir avec vous. Dans ce cas, vous recevez une notification.
- **Bloquer le contact.** Vous ne voyez plus les tweets de la personne et celle-ci ne peut plus interagir avec vous.
- **Signaler le contact.** Si la personne ne respecte pas les règles de Twitter, vous la signalez afin que Twitter prenne les mesures nécessaires.

Si vous avez bloqué ou masqué un contact, vous pouvez inverser l'opération à tout instant en ouvrant le menu et en choisissant **Réafficher** ou **Débloquer**.

Publier un tweet

À vous de jouer à présent ! Voyons comment publier vos premiers tweets.

❶ Cliquez sur le bouton **Tweeter** dans le menu latéral de Twitter (Figure 10.20). Vous pouvez aussi cliquer dans la zone **Quoi de neuf** de votre page d'accueil.

Figure 10.20 Votre premier tweet !

❷ Saisissez votre message. N'oubliez pas que la longueur maximale est de 280 caractères. Pour vous aider, un cercle en bas à droite de la fenêtre de saisie affiche le nombre de caractères restants au fur et à mesure que vous tapez. Votre message peut être aussi très court (Figure 10.21).

Figure 10.21 Rédigez votre premier tweet.

❸ Cliquez sur **Tweeter**.

❹ C'est tout ! Votre premier tweet vient d'être publié. Il apparaît dans votre fil Twitter et dans celui de vos abonnés, si vous en avez déjà (Figure 10.22).

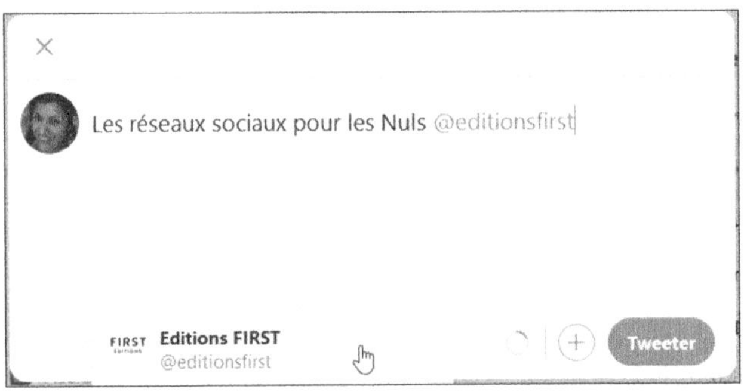

Figure 10.22 Votre premier tweet !

Ajouter des #hashtags et @mentions

Concept propre au microblogging, le fameux **#hashtag** est un moyen d'associer un mot-clé à un tweet, et ainsi de catégoriser les messages publiés. Grâce à l'hashtag (nom du symbole *dièse* en anglais), les utilisateurs peuvent « garder le fil » d'une conversation, retrouver facilement les tweets parlant du même sujet, *etc.*

Les **@mentions** sont elles aussi très utilisées sur Twitter : il s'agit d'indiquer le pseudo Twitter d'une personne concernée par le tweet, précédé du symbole @.

❶ Pour mentionner une personne dans votre Twitter, saisissez le symbole @ puis les premières lettres du nom de l'utilisateur : la liste des personnes correspondantes s'affiche (Figure 10.23).

Figure 10.23
Cliquez sur un nom pour mentionner l'utilisateur concerné dans votre tweet. Vous pouvez mentionner plusieurs personnes.

❷ Pour insérer un hashtag, saisissez le symbole # puis le mot-clé de votre choix. Une liste de suggestions s'affiche, mais vous pouvez inventer votre propre hashtag (Figure 10.24).

Figure 10.24
Vous pouvez lister plusieurs hashtags.

Attention

Attention : les tweets peuvent vite devenir d'indigestes mélanges de #hashtags et de @mentions ! La limite de caractères doit par ailleurs être respectée en tenant compte de ces compléments.

Info

Vous pouvez voir la liste des tweets dans lesquels vous-même êtes mentionné de la sorte en cliquant sur **Notifications** dans la barre d'outils Twitter, puis sur **Mentions**.

Tweeter une image et ajouter un lien

Voyons à présent comment enrichir vos tweets avec une photo et/ou un lien vers une page Web. En ce qui concerne les photos, en fait, ce n'est pas réellement l'image qui est jointe au message, mais un lien vers celle-ci. Twitter fait tout le travail pour vous : télécharger la photo, la stocker sur ses serveurs, générer un lien vers celle-ci et l'inclure dans le tweet en cours de rédaction. Pour les liens, vous allez découvrir que Twitter a plus d'un tour dans son sac pour respecter la limite de 280 caractères !

Pour publier un tweet agrémenté d'une image et d'un lien :

❶ Cliquez sur le bouton **Tweeter** dans la barre d'outils Twitter ou dans la zone **Quoi de neuf ?** de la page d'accueil. Vous pouvez d'ores et déjà saisir quelques mots ou lignes en guise de message.

❷ Cliquez sur l'icône **Appareil photo** (Figure 10.25).

Figure 10.25 Ajoutez une photo ou une vidéo à un tweet.

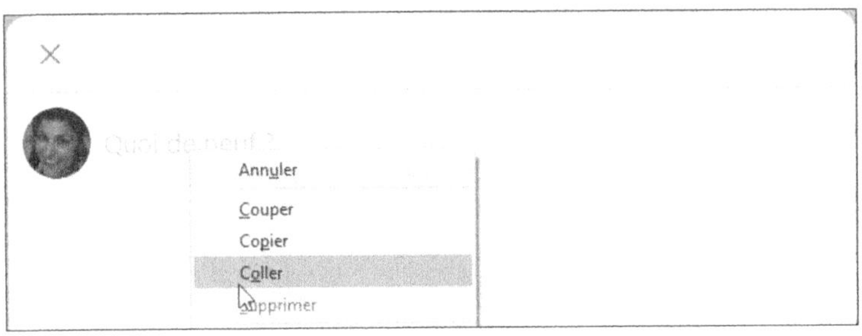

❸ Parcourez vos documents et sélectionnez l'image de votre choix.

❹ Une vignette indique que l'image sera liée au tweet en cours de création.

❺ Pour ajouter un lien vers une page Web, vous devez au préalable copier l'adresse (URL) dans le presse-papiers. Sélectionnez, par exemple, l'adresse affichée dans la barre d'adresses de votre navigateur Web, cliquez avec le bouton droit et choisissez **Copier**.

❻ Collez le contenu du presse-papiers dans la zone de saisie du tweet (Figure 10.26).

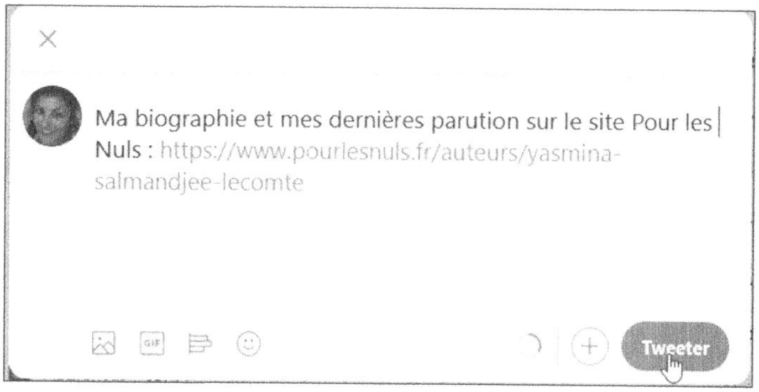

Figure 10.26
Collez.

❼ Si nécessaire, Twitter va automatiquement raccourcir l'adresse saisie pour en faire une « URL courte » et respecter la limite de 280 caractères.

❽ Cliquez sur le bouton **Tweeter** (Figure 10.27).

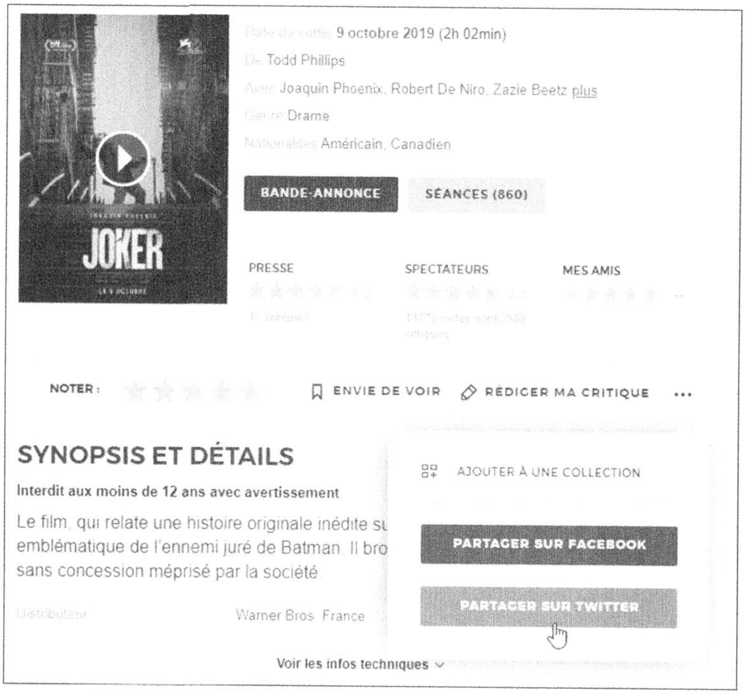

Figure 10.27
Complétez le tweet en ajoutant quelques mots pour introduire votre lien, toujours en respectant la limite de 280 caractères.

❾ Le tweet est publié.

Info

De la même manière, lorsque vous parcourez votre fil d'actualité, des liens et des images peuvent se trouver au sein des tweets. Cliquez simplement sur un lien pour accéder à la page ciblée.

Info

Le bouton **GIF** permet d'ajouter des images animées proposées par Twitter. Le bouton **Localisation** permet d'indiquer votre localisation dans le tweet. C'est utile uniquement si cette indication apporte un plus au message, en voyage ou en déplacement, par exemple. Le bouton **Question** permet de créer des sondages.

Au sujet des URL raccourcies

Une URL courte est la version raccourcie d'une adresse de page Web, automatiquement générée par Twitter. C'est indispensable car les adresses de pages Web peuvent être très longues. Twitter convertit donc l'adresse saisie dans un tweet en URL courte. Par exemple, l'adresse suivante :

https://www.pourlesnuls.fr/catalogue/1584-culture-generale/1587-societe/culture-%20high-tech%20-pour-les-nuls-EAN9782754066723.html

est automatiquement convertie en URL courte (et unique) et s'affiche ainsi dans le tweet : **pourlesnuls.fr/catalogue/1584**...

Le fait de cliquer sur l'une ou l'autre des adresses produit exactement le même résultat et mène à la même page Web d'origine.

Notez qu'il existe aussi des outils spécialisés, comme **Bit.ly** ou **PetitLien.fr**, pour créer et gérer des URL courtes de manière encore plus efficace.

Utiliser le bouton « Twitter » sur des sites Web externes

Sur de nombreux sites, vous verrez un bouton permettant de partager des éléments sur Twitter.

Cliquez sur ce bouton pour créer un tweet prérempli avec quelques mots et un lien vers la page Web concernée (Figure 10.28).

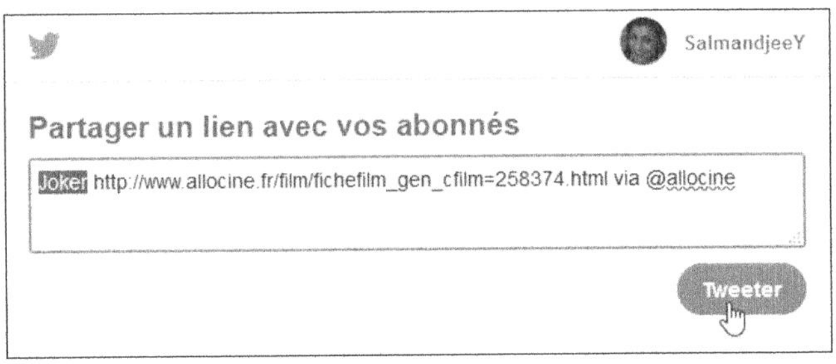

Figure 10.28 Un exemple de bouton permettant de partager un élément sur Twitter depuis un site Web.

Il ne vous reste plus qu'à cliquer sur **Tweeter** pour partager l'information (Figure 10.29).

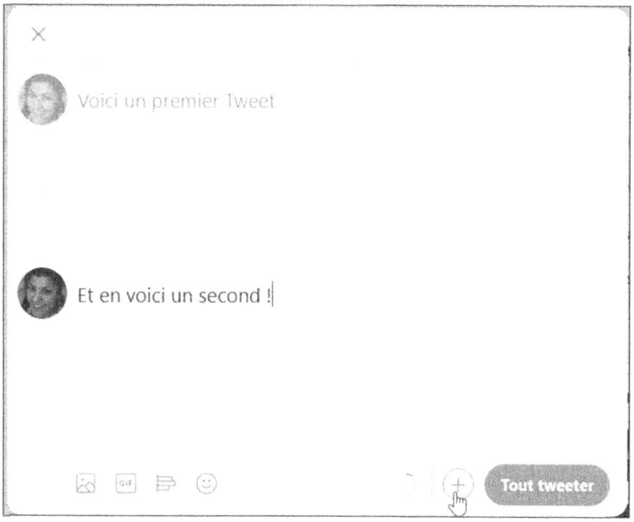

Figure 10.29
Le tweet prêt à être publié.

Créer un thread

Pour contourner l'ancienne limite de 140 caractères, les twittos ont développé une astuce, appelée « *thread* » ou « fil de discussion », qui consiste à découper le texte en plusieurs tweets. Même si la limite est désormais passée à 280 caractères, le thread peut s'avérer utile.

Le principe est simple : vous découpez le texte qui dépasse le nombre maximal de caractères en autant de tweets que nécessaire. Vous saisissez alors le premier tweet et lorsque vous l'avez terminé, vous l'envoyez puis, une fois publié, vous répondez à votre tweet. Vous saisissez alors la suite du texte. Vous publiez le nouveau tweet puis vous recommencez afin de créer autant de tweets que nécessaire. Si vous préparez vos tweets avant de les saisir, vous pouvez connaître le nombre de tweets nécessaires pour l'ensemble de votre texte. Dans ce cas, vous pouvez terminer chaque tweet en indiquant son numéro d'ordre, par exemple **1/2** et **2/2**.

Pour faciliter la saisie des différents tweets, Twitter vous offre la possibilité d'ajouter un tweet au fil. Lorsque vous saisissez le tweet, ne cliquez pas sur **Tweeter**, mais sur l'icône **+** placée à côté. Vous obtenez un nouveau tweet qui prend sa place dans la discussion (Figure 10.30).

Figure 10.30 Cliquez sur + pour ajouter un tweet dans le fil.

Si nécessaire, cliquez sur **+** pour ajouter d'autres tweets. Lorsque vous avez terminé, cliquez sur **Tout tweeter**. Votre premier tweet apparaît dans le fil Twitter et il vous suffit de cliquer sur **Afficher la discussion** pour obtenir l'ensemble de vos tweets (Figure 10.31).

Figure 10.31 Cliquez sur Afficher la discussion pour obtenir l'ensemble des tweets.

Respecter la limite des 280 caractères

La limite de 280 caractères peut sembler difficile à tenir lorsqu'on a beaucoup de choses à dire, même si c'est déjà un peu mieux que 140 caractères. Bien entendu, c'est l'idée même de Twitter : rester synthétique, s'en tenir à l'essentiel. Voici tout de même quelques astuces pour réduire la taille de vos tweets :

1. Utilisez des signes au lieu de mots aussi souvent que possible : « + » plutôt que « plus », « & » au lieu de « et », et ainsi de suite.

2. Utilisez des chiffres au lieu de les écrire en toutes lettres. Idem pour les dates.

3. Utilisez des abréviations, qu'elles soient connues de tous ou plus personnelles, à partir du moment où vous savez qu'elles seront comprises de tous dans le contexte.

4. Oubliez les points et les signes de ponctuation non indispensables à la compréhension du message, en particulier en fin de phrase.

5. Supprimez tous les mots vides et dont l'absence ne gêne pas la compréhension.

6. Inutile de signaler un lien par les mots « ici » ou « cliquez » : les liens apparaissent en couleur et sont donc déjà mis en valeur dans les tweets.

7. Utilisez un site spécialisé pour créer vos URL courtes, comme Bit.ly (consultez la section précédente pour plus d'informations).

8. N'oubliez pas que les #hashtags et les @mentions prennent de la place. Indiquez un mot-clé ou un utilisateur si c'est nécessaire, mais ne les multipliez pas inutilement.

9. Si vous avez plusieurs idées à partager, tweetez en plusieurs fois !

10. Si vous avez vraiment besoin de communiquer dans les grandes largeurs, utilisez un autre support (blog, Facebook, *etc.*) et tweetez un lien vers celui-ci !

Répondre à un tweet

Voici d'autres manières de partager du contenu ou réagir sur Twitter. Répondre à un tweet permet de réagir à une publication spécifique.

1. Pour répondre à un tweet, cliquez sur le bouton (Figure 10.32).

Figure 10.32 Répondez à un tweet.

❷ Saisissez votre tweet de réponse. N'effacez pas le @ suivi du nom d'utilisateur auquel vous répondez. Cliquez sur le bouton **Répondre** (Figure 10.33).

Figure 10.33 Sur Twitter, une publication en réponse à une autre est automatiquement signalée par @nom_utilisateur, pour indiquer à quel membre de Twitter vous répondez. On appelle ce type de tweet une « @réponse » (« at réponse »).

❸ Votre tweet est publié. Il apparaît dans le fil Twitter de vos abonnés et sous le tweet d'origine.

Faire suivre un tweet

Si l'on établissait un parallèle entre Twitter et l'e-mail, **retweeter** serait l'équivalent de transférer ou faire suivre un message.

❶ Pour faire suivre un tweet intéressant, cliquez sur le bouton ⮂. Remarquez le nombre de retweets déjà effectués par d'autres utilisateurs à côté du bouton (Figure 10.34).

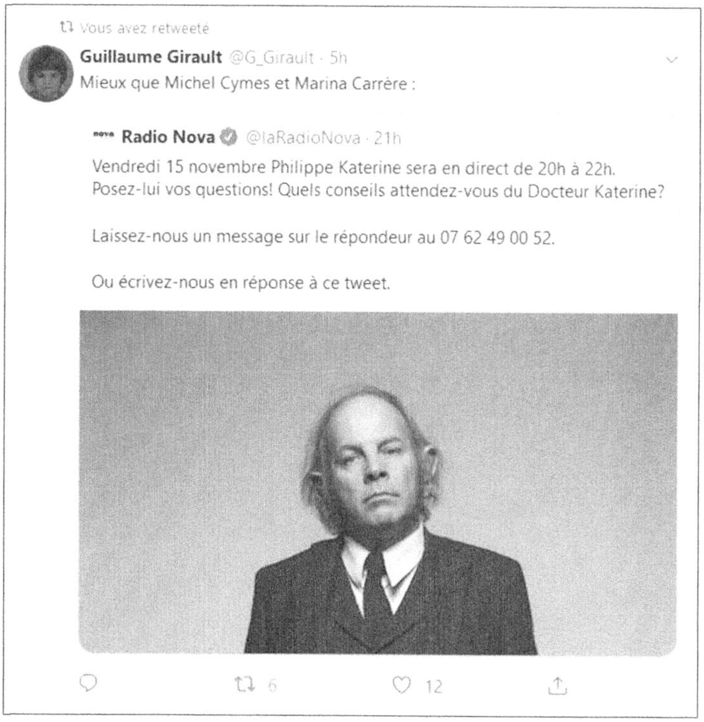

Figure 10.34 Retweetez du contenu.

❷ Cliquez sur **Retweeter** pour publier le tweet tel qu'il est, ou **Retweeter avec un commentaire** pour ajouter quelques mots. Vous n'avez plus qu'à cliquer sur **Retweeter** dans la fenêtre qui apparaît pour partager le tweet d'origine avec vos abonnés.

❸ Le tweet d'origine apparaît dans votre profil et le fil Twitter de vos abonnés, sous le nom de l'utilisateur l'ayant publié à l'origine et avec une mention indiquant que c'est vous qui l'avez retweeté (Figure 10.35).

Figure 10.35 Retweetez du contenu.

Aimer un tweet

Comme sur Facebook, vous pouvez indiquer votre appréciation pour un tweet en cliquant sur **J'aime**.

❶ Cliquez simplement sur ♡ au-dessous du tweet que vous aimez.

❷ Le cœur devient rouge et le nombre de « J'aime » est incrémenté. Cliquez à nouveau sur le ♡ pour ne plus aimer le tweet (Figure 10.36).

Figure 10.36 Comme sur Facebook, vous pouvez indiquer que vous aimez un tweet.

Envoyer un message privé

Twitter permet à ses membres d'échanger des messages privés, aussi appelés DM (*direct messages*) : étant donné que toutes les publications sur Twitter sont publiques à l'exception de ceux-ci, c'est une option indispensable lorsque les échanges relèvent de la sphère privée ! L'envoi de messages n'est possible qu'à destination de l'un de vos abonnés.

Info

Il est possible d'activer un paramètre permettant de recevoir des messages privés de tous les utilisateurs, même ceux auxquels vous n'êtes pas abonné. Consultez la section suivante, « Ajuster les paramètres de Twitter », pour plus d'informations à ce sujet. Notez que de nombreuses entreprises communiquant sur Twitter activent cette option afin que vous puissiez les contacter, même si ses utilisateurs ne vous suivent pas.

❶ Cliquez sur **Messages** dans le menu latéral de Facebook (Figure 10.37).

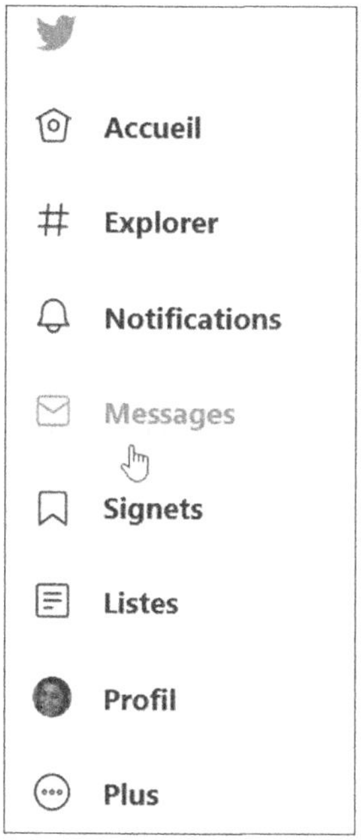

Figure 10.37 Accédez à la messagerie interne de Facebook.

❷ Cliquez sur le bouton **Nouveau message** (Figure 10.38).

Figure 10.38 Envoyez un message privé.

❸ Saisissez les premières lettres du nom réel ou du nom d'utilisateur Twitter du destinataire, puis cliquez sur un de vos abonnés dans la liste (Figure 10.39). Vous pouvez indiquer plusieurs destinataires. Cliquez ensuite sur **Suivant**.

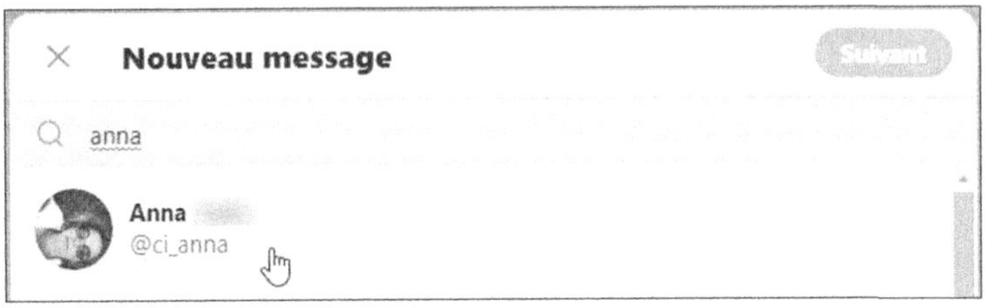

Figure 10.39 Trouvez le destinataire de votre message parmi vos abonnés.

❹ Saisissez votre message dans la zone en bas de la fenêtre. Vous pouvez insérer un emoji en cliquant sur . Pour joindre un GIF, cliquez sur et, pour insérer une image, cliquez sur (Figure 10.40).

Info

Chaque personne d'un groupe peut voir tous les messages, même si tout le monde ne se suit pas mutuellement. Dans une conversation de groupe, chaque participant peut en ajouter de nouveaux, mais les participants nouvellement ajoutés ne voient pas l'historique de la conversation.

Figure 10.40 Cliquez sur Envoyer et le tour est joué !

Ajuster les paramètres de Twitter

Les paramètres de Twitter permettent d'ajuster des réglages concernant votre compte, ainsi que la sécurité et la confidentialité.

❶ Pour ajuster vos paramètres de confidentialité Twitter, cliquez sur **Plus** dans le menu latéral, puis sur **Paramètres et confidentialité** (Figure 10.41).

❷ Dans la section **Compte**, vous pouvez changer de nom d'utilisateur (comme expliqué plus haut, dans la section « Modifier votre profil »).

❸ La section **Sécurité** permet la protection de votre compte.

❹ Si vous souhaitez que la lecture des vidéos se trouvant dans votre fil d'actualité Twitter ne soit pas automatique, désactivez l'option **Lecture automatique** dans la section **Général → Utilisation des données**.

Info

Vous pouvez demander une archive contenant l'ensemble des tweets que vous avez écrits depuis la création de votre compte : cliquez sur **Demander votre archive** et le lien vous sera envoyé par e-mail.

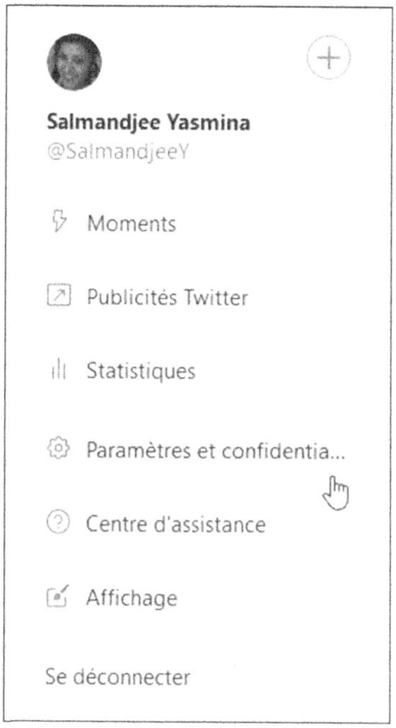

Figure 10.41
Accédez aux paramètres de Twitter.

❺ La section **Confidentialité et sécurité** permet d'ajuster plusieurs réglages importants (Figure 10.42).

Figure 10.42
Accédez aux paramètres de sécurité et de confidentialité.

❻ Les options de confidentialité concernent la diffusion de vos informations personnelles sur Twitter. Vous pouvez choisir d'autoriser tout le monde, uniquement les utilisateurs que vous suivez ou personne à vous identifier dans des photos. L'option **Protéger mes tweets** rend votre compte privé et vos tweets accessibles uniquement à ceux qui vous suivent. Enfin, la localisation de vos tweets est par défaut toujours enregistrée : désactivez l'option **Ajouter une localisation à mes tweets** pour qu'elle ne le soit plus. Cliquez sur le bouton **Supprimer toutes les informations de localisation** pour effacer l'historique de localisation de vos tweets passés (Figure 10.43).

Figure 10.43 Les options de confidentialité de Twitter.

❼ L'option **Détectabilité** permet à des utilisateurs de Twitter de vous trouver grâce à votre adresse e-mail. Si vous souhaitez être trouvé uniquement par votre nom d'utilisateur, désactivez-la.

❽ Enfin, activez l'option **Recevoir des messages privés de n'importe qui** de la section **Messages privés** pour ne pas restreindre la réception des messages privés aux utilisateurs que vous suivez (Figure 10.44).

Figure 10.44 Activez cette option uniquement si vous souhaitez autoriser tout utilisateur de Twitter à vous contacter de façon privée.

❾ Cliquez sur **Applications** pour gérer le lien entre Twitter et Facebook ou d'autres applications comme Weebly ou Twitpic. En tant qu'utilisateur de Facebook et de Twitter à la fois, vous souhaiterez probablement publier vos mises à jour sur chacun de ces sites, afin de diffuser l'information au plus grand nombre. Cette opération est automatisable : vous pouvez faire en sorte que chacun de vos tweets soit automatiquement publié en tant que statut Facebook. Cliquez sur le bouton **Connecter ce compte à Facebook** pour autoriser Twitter à publier vos tweets. Activez l'option **Publier sur mon profil Facebook**. Vos comptes Twitter et Facebook seront désormais connectés : chacun de vos tweets partagés depuis Twitter sera automatiquement publié en tant que nouveau statut sur Facebook.

Vous pouvez supprimer une autorisation et ne plus autoriser la publication automatique de vos tweets sur un autre site en cliquant sur le bouton **Révoquer l'accès** relatif à une application (Figure 10.45).

Info

À l'inverse, vous pouvez aussi publier des mises à jour sur Twitter depuis Facebook. Rendez-vous sur **http://www.facebook.com/twitter** pour mettre en place une liaison de votre compte Facebook avec votre compte Twitter. Cliquez sur le bouton **Lier à Twitter** (Figure 10.46).

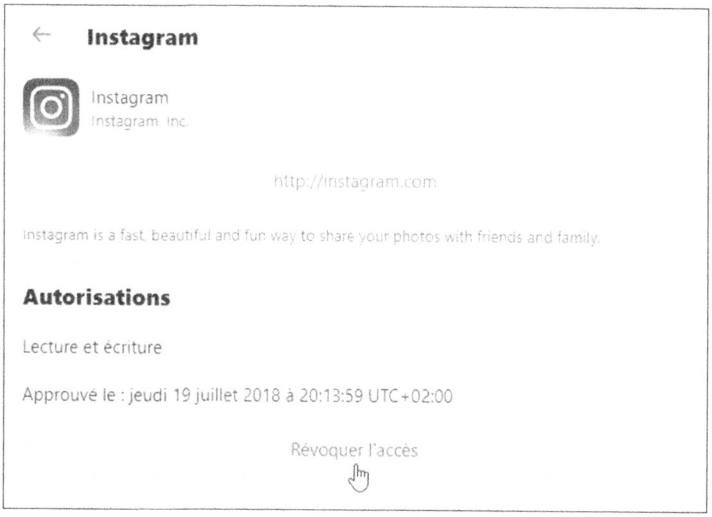

Figure 10.45
Vous pouvez révoquer l'accès à une application à tout moment.

Figure 10.46
Notez que la limitation à 280 caractères rend cette opération plus complexe. Et son automatisation est moins pertinente.

Twitter version mobile

Des applications pour tweeter depuis les smartphones et les tablettes numériques sont disponibles sur toutes les plates-formes de téléchargement : App Store, Google Play Store, *etc.* Indispensable pour suivre votre fil Twitter ou publier des messages à tout moment !

Twitter bénéficie même d'une intégration particulièrement poussée sur l'iPhone depuis la version 5 d'iOS. Il est par exemple possible de tweeter une photo, une adresse Web, un lieu ou une vidéo YouTube directement depuis les applications de base de l'iPhone.

Des outils pour optimiser votre présence sur les réseaux sociaux

Il existe de nombreux outils pour les accros à Twitter, mais aussi pour simplifier la vie des utilisateurs de multiples réseaux sociaux.

Citons parmi eux **TweetDeck**, qui permet d'afficher et d'organiser les flux, mais aussi d'aller plus loin en termes de publication, avec la programmation de tweets.

TweetDeck supporte aussi Facebook et fonctionne uniquement avec certains navigateurs Web (dont Internet Explorer ne fait pas partie). Rendez-vous sur :

http://www.tweetdeck.com/

Sachez aussi que certains sites permettent de centraliser les flux et fils d'actualité des différents réseaux sociaux dont vous êtes membre en un seul et unique tableau. Découvrez en particulier l'excellent **Seesmic**. Rendez-vous sur sa page d'accueil :

http://seesmic.com/

Citons aussi, dans le même registre, l'efficace **HootSuite** :

http://hootsuite.com

Enfin, terminons cette sélection avec un outil qui illustre parfaitement l'intégration des réseaux sociaux aux nouveaux appareils nomades : les tablettes numériques. Il s'agit de **Social Hub**, une application présente sur les tablettes Samsung, dont la Galaxy Tab. Social Hub affiche les dernières mises à jour de vos amis dans les principaux réseaux sociaux et permet de mettre à jour votre statut.

DANS CE CHAPITRE

Installer Snapchat et créer un compte

•

Ajouter des contacts

•

Les écrans de Snapchat

•

Envoyer un snap

•

Publier une Snapchat Story

•

Snapchat pour les entreprises

Chapitre 11
Snapchat

Snapchat est une application gratuite permettant le partage de photos et de vidéos (appelées *snaps*). Elle est disponible sur les plates-formes iOS et Android. Elle a pour particularité d'imposer une limite de temps de visualisation du média. En effet, chaque photographie ou vidéo envoyée ne peut être visible par son destinataire que durant une période de temps allant d'une à dix secondes. Toutefois, depuis récemment, il est possible de faire des publications sans limite de durée.

Snapchat est lancée en septembre 2014 sur l'App Store, puis en novembre 2012 sur Android. En février 2013, la société de capital-risque Benchmark investit 13,5 millions de dollars dans l'application. En novembre 2013, Facebook fait une offre de rachat d'un montant de 3 milliards de dollars, rejetée par Snapchat, qui venait également de refuser une proposition d'un milliard de dollars. Le 1er janvier 2014, 4,6 millions de comptes Snapchat sont piratés par le site SnapchatDB. Depuis, Snapchat a amélioré sa sécurité.

Trois milliards de snaps sont échangés chaque jour dans le monde et 10 milliards de snaps vus par jour. Ces chiffres ont tout simplement été multipliés par dix entre 2016 et l'heure où ces lignes sont écrites.

De plus, l'application permet aux utilisateurs de créer une Story, c'est-à-dire une juxtaposition de plusieurs photos/vidéos. Cette Story peut être vue autant de fois que le souhaite l'utilisateur, mais chaque élément qui la compose a une durée de vie de 24 heures seulement.

Installer Snapchat et créer votre compte

Snapchat est une application qui fonctionne sur les smartphones d'Apple ou Android. Vous devez installer l'application puis la configurer en créant votre compte.

❶ Commencez par vous rendre dans la boutique d'applications de votre appareil (Figure 11.1) : App Store pour les iPhone et machines Apple, Play Store pour les smartphones Android.

❷ Une fois que l'application est téléchargée, touchez-la pour l'ouvrir.

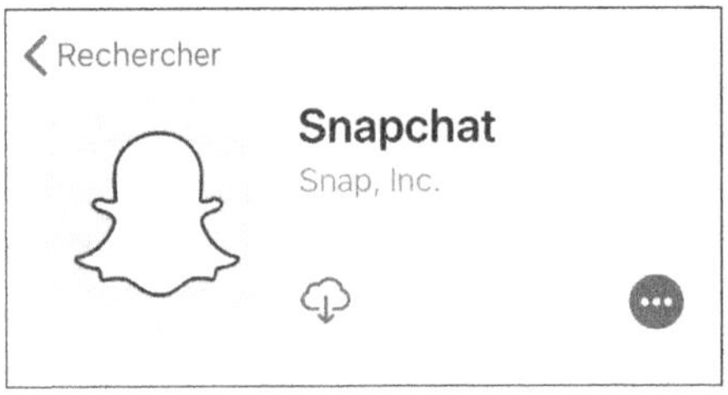

Figure 11.1 Téléchargez l'application Snapchat gratuitement depuis la boutique d'applications de votre smartphone.

❸ Touchez le bouton **S'inscrire** (Figure 11.2). Si vous avez déjà un compte et réinstallez Snapchat, touchez **Connexion**.

Figure 11.2 Touchez S'inscrire pour créer un compte.

❹ Indiquez votre prénom et votre nom puis cliquez sur **Je m'inscris et j'accepte** (Figure 11.3). Vous acceptez ainsi les conditions d'utilisation et la politique de confidentialité de Snapchat. Vous pouvez consulter ces textes en touchant les liens correspondants. N'oubliez pas que vous n'avez pas d'autre choix que d'accepter pour utiliser le service.

Figure 11.3
Inscrivez-vous sur Snapchat.

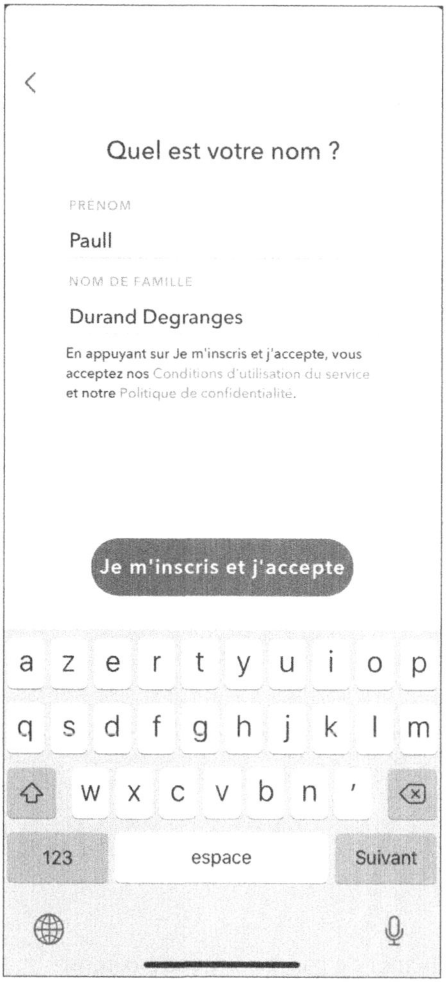

❺ De nouveaux écrans s'affichent pour continuer la configuration. Vous devez tout d'abord indiquer votre date de naissance. Il faut avoir plus de 13 ans pour utiliser le service.

❻ Choisissez ensuite un nom d'utilisateur. Snapchat propose un nom en utilisant votre prénom et votre nom (Figure 11.4). Vous pouvez modifier la proposition. Si vous saisissez un nom d'utilisateur déjà existant, le programme vous l'indique.

Figure 11.4 Choisissez votre nom d'utilisateur.

❼ Dans l'écran suivant, saisissez le mot de passe pour votre compte.

❽ Indiquez votre numéro de téléphone portable ou une adresse mail (Figure 11.5). Un code de vérification est alors envoyé pour que vous finalisiez la création du compte.

Figure 11.5
Indiquez un numéro de portable ou une adresse mail.

❾ La création est terminée mais il reste encore quelques manipulations à faire. Dans l'écran qui apparaît, touchez **Continuer**.

❿ Un écran vous demande si vous autorisez Snapchat à accéder à vos contacts (Figure 11.6).

Info

Toutes les applications de réseaux sociaux vous demandent l'accès à vos contacts. Il est en effet essentiel que vous ayez des contacts dans les applications afin de pouvoir partager vos publications. Toutefois, rien ne vous oblige à autoriser les applications à scruter vos contacts. Vous pouvez effectuer l'ajout de contacts manuellement.

Figure 11.6 Autorisez ou pas l'accès à vos contacts.

⓫ Une série d'écrans défile pour vous demander différentes autorisations, comme l'accès à votre appareil photo, au microphone ou à la localisation.

⓬ Lorsque vous avez terminé la configuration, l'écran principal apparaît (Figure 11.7).

Figure 11.7
L'écran principal s'affiche lorsque la configuration est terminée.

Ajouter des contacts

Même si vous avez autorisé l'application à utiliser les contacts de votre téléphone pour les connecter à votre compte Snapchat, il arrivera toujours un moment où vous souhaiterez entrer en contact avec une personne que vous ne connaissez pas ou avec une société.

❶ Touchez la zone **Rechercher**.

2. Des propositions s'affichent au bas de la fenêtre. Au-dessus du clavier, vous pouvez choisir un thème. Par exemple, le bouton **Trouver des amis** permet d'utiliser les contacts de votre téléphone pour rechercher vos amis.

3. Utilisez la zone de saisie **Rechercher** pour saisir l'identifiant, l'adresse mail ou le nom de la personne que vous souhaitez ajouter.

4. Si la personne apparaît dans la liste, cliquez sur le bouton **Ajouter** (Figure 11.8).

Figure 11.8 Ajoutez des contacts.

Les écrans de Snapchat

Lorsque vous démarrez Snapchat, vous obtenez l'appareil photo qui permet de prendre les photos ou de réaliser les vidéos (Figure 11.9).

Figure 11.9 L'appareil photo de Snapchat.

Une icône **Chat**, en bas à gauche, permet d'ouvrir le volet de gauche de l'application, dans lequel se trouvent les chats avec vos contacts (Figure 11.10). Pour afficher les chats, vous pouvez aussi faire glisser l'écran vers la droite.

Figure 11.10 La fenêtre des chats.

L'icône **Story**, en bas à droite, permet d'ouvrir le volet de droite dans lequel se trouvent les Stories (Figure 11.11). Vous pouvez aussi ouvrir ce volet en faisant glisser l'écran vers la gauche.

Figure 11.11
La fenêtre des Stories.

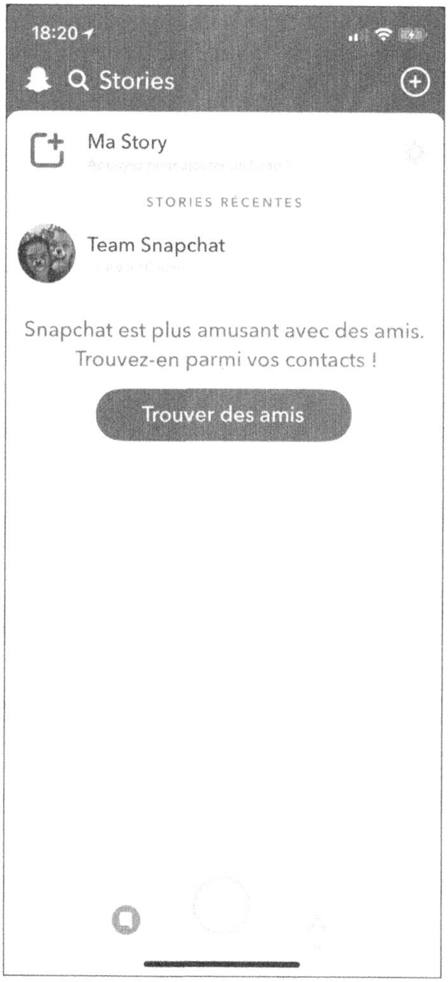

Envoyer un snap

Il est très simple d'envoyer un snap.

1. Affichez l'appareil photo de Snapchat et cadrez une photo (ou une vidéo). Vous pouvez, par exemple, toucher votre visage pour que l'application le détecte et réalise ainsi un selfie. Différents effets apparaissent à droite du bouton de déclenchement de la photo (Figure 11.12).

Figure 11.12
Appliquez des effets à un selfie.

❷ Des outils vous permettent de modifier vos photos, comme ajouter du texte (Figure 11.13).

❸ Touchez le bouton **Envoyer à** lorsque vous avez terminé.

Figure 11.13
Apportez des modifications à votre photo.

❹ Sélectionnez le contact à qui vous voulez envoyer votre snap (Figure 11.14), puis touchez **Envoyer**.

Figure 11.14
Envoyez le snap.

Info

Si vous choisissez de faire une vidéo, un bouton vous permet d'appliquer des effets audio à votre voix, lors d'un selfie par exemple.

Publier une Snapchat Story

Les Snapchat Stories permettent de partager plusieurs images en une fois. Vous n'êtes pas limité à une seule photo ou vidéo.

Pour créer une Story, commencez par prendre une photo ou une vidéo, comme indiqué dans la section précédente. Appliquez tous les effets que vous souhaitez.

Vous pouvez ajouter une image ou une vidéo à votre Story de deux manières différentes :

» Cliquez sur l'icône **Story** en bas à gauche de la fenêtre. Une nouvelle fenêtre s'affiche et vous demande de confirmer la création de la Story (Figure 11.15).

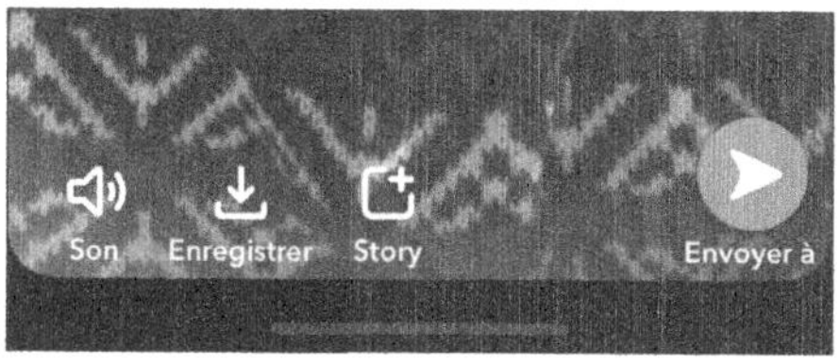

Figure 11.15
Créez une Story.

» Après avoir pris la photo, cliquez sur **Envoyer à**, comme dans la section précédente. Puis sélectionnez l'option **Ma Story** dans l'écran **Envoyer à** (Figure 11.16). Un message vous indique que vous créez une Story.

Figure 11.16 Envoyez la photo ou la vidéo vers votre Story.

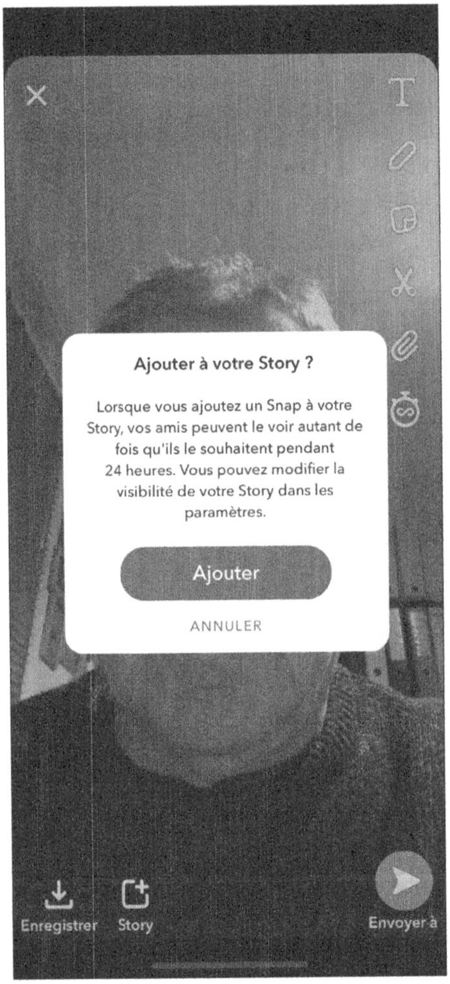

Ajoutez ensuite d'autres photos ou vidéos.

Snapchat pour les entreprises

Le côté ludique et éphémère de Snapchat destine plutôt l'application aux adolescents et aux jeunes adultes. Toutefois, avec le temps, Snapchat séduit au-delà de ce public. Et ce grâce à de nouvelles fonctionnalités comme, entre autres, les découvertes de contenus de grands médias ou le stockage de snaps comme souvenirs. À l'instar des parents de snapchateurs, de grandes marques utilisent Snapchat pour se faire connaître.

Snapchat permet à ses utilisateurs de communiquer de façon humoristique grâce aux nombreux outils proposés pour créer des visuels originaux et décalés.

Concernant les entreprises, le réseau leur donne la possibilité de faire leur promotion de manière originale. Par exemple, pour utiliser le côté éphémère de Snapchat, une société peut proposer des bons de réduction temporaires et valables uniquement sur Snapchat.

Les entreprises vont encore plus loin en proposant de diffuser en direct certains événements sur Snapchat ou en collaborant avec des snapchateurs influents.

Figure 11.17 Le compte Snapchat d'un célèbre équipementier sportif.

Chapitre 12
LinkedIn

DANS CE CHAPITRE

S'inscrire sur LinkedIn et créer un profil professionnel

Relations et réseau, les concepts fondamentaux de LinkedIn

Personnaliser votre profil avec une photo

Utiliser LinkedIn dans un cadre professionnel

Rechercher des personnes et entrer en contact

Des outils ciblés pour les professionnels

Compte Basic et comptes Premium

LinkedIn version mobile

Les réseaux sociaux dits « professionnels » permettent à tout un chacun de créer un profil en ligne très proche d'un CV puis, comme pour tout réseau social, de rassembler une communauté de contacts.

Dans ce chapitre, nous verrons comment initier votre réseau professionnel sur le site référence en la matière : LinkedIn. Vous apprendrez à créer votre réseau et le développer, et découvrirez ses principaux outils.

Info

Le but et le mode de fonctionnement des réseaux sociaux professionnels sont par essence nettement différents de ceux des réseaux sociaux classiques, plus personnels et ludiques. Un profil sur un réseau social professionnel comme LinkedIn est totalement différent d'un profil Facebook. La photo choisie pour l'illustrer le sera aussi en principe. Par ailleurs, si les membres de vos réseaux LinkedIn et Facebook peuvent se recouper, on ne parle néanmoins pas d'« amis » mais de « relations » ou « contacts » sur les réseaux professionnels. Il est d'ailleurs tout à fait concevable d'inclure dans son réseau LinkedIn des personnes qu'on connaît peu ou pas du tout « dans la vraie vie », puisqu'il s'agit du cadre professionnel. Les outils se ressemblent aussi, mais sont clairement orientés vers l'échange entre pros, la recherche d'emploi ou le recrutement. Enfin, l'une des particularités des réseaux sociaux professionnels est de proposer une partie des fonctionnalités avec un abonnement payant.

À propos de LinkedIn

LinkedIn est, à l'heure où ces lignes sont écrites, le principal réseau social professionnel en nombre de membres, à l'échelle mondiale : le site compte plus de 600 millions d'inscrits. À noter, 40 millions de membres sont des décisionnaires et *toutes* les entreprises du Fortune 500 (le CAC 40 américain) sont représentées par des cadres sur le site : Linkedin est, en un mot, incontournable !

Lancé en 2003, le site Web a été créé par des anciens de la « Mafia PayPal » (c'est ainsi que l'on nomme les entrepreneurs issus de l'entreprise PayPal en Californie). Contrairement à la grande majorité des réseaux sociaux qui sont gratuits, un certain nombre de fonctionnalités de LinkedIn sont réservées aux membres disposant d'un abonnement payant. Le modèle économique de LinkedIn repose d'ailleurs sur ces abonnements, ainsi que sur la publicité, mais surtout sur les services de recrutement offerts aux entreprises comme aux candidats. Preuve en est que les réseaux professionnels sont réellement devenus incontournables dans les processus de recrutement des entreprises aujourd'hui.

Le principal concurrent de LinkedIn en Europe est Viadeo, site Web créé en France, qui comptabilise 65 millions de membres dont 10 millions dans l'Hexagone. Citons aussi Xing, le réseau professionnel de référence en Chine. Les fonctionnalités offertes et le système d'abonnement sont semblables, dans les grandes lignes, à ceux proposés par LinkedIn.

Quelques chiffres sur LinkedIn

- » Lancement de LinkedIn : 5 mai 2003.
- » 610 millions de membres inscrits, dont 16 millions en France.
- » Plus de 100 millions des membres sont actifs chaque mois.
- » 40 % des membres sont actifs sur le site quotidiennement.
- » Deux nouveaux membres rejoignent LinkedIn chaque seconde.
- » Temps passé sur le réseau : 17 minutes par mois.
- » 79 % des membres ont plus de 34 ans, l'âge moyen des membres est de 44 ans.

Source : **https://www.blogdumoderateur.com/chiffres-linkedin/** – Novembre 2019

S'inscrire sur LinkedIn et créer un profil professionnel

Le démarrage de votre réseau commence par l'inscription (gratuite) sur le site Web de LinkedIn et la création de votre profil. Prenez le temps nécessaire et accordez un soin particulier à cette étape car, dans le monde des réseaux sociaux professionnels, votre profil est votre carte de visite, votre CV et votre vitrine personnelle à la fois.

Pour vous inscrire sur LinkedIn, une adresse de messagerie suffit. Voici comment procéder :

❶ Rendez-vous sur le site de LinkedIn en français :

http://www.linkedin.fr

❷ Saisissez vos nom, prénom, adresse de messagerie, et choisissez un mot de passe dans le formulaire d'inscription.

❸ Cliquez sur le bouton **Accepter et s'inscrire (Figure 12.1)**.

Figure 12.1
L'inscription sur LinkedIn.

Astuce

Utiliser votre adresse de messagerie du bureau pour accéder à LinkedIn, pour ou contre ? La réponse semble plutôt évidente : à éviter. Non seulement, les échanges sur LinkedIn peuvent concerner un éventuel changement d'emploi et doivent donc rester confidentiels, mais de plus, vous pourriez être amené à perdre cette adresse en changeant d'entreprise. Si vous souhaitez recevoir les messages sur votre adresse professionnelle, utilisez votre adresse personnelle et créez une redirection de messages pour tous les courriels émis par LinkedIn. Vous pourrez l'annuler à tout moment.

❹ Renseignez les informations demandées pour poursuivre l'inscription : votre pays et votre code postal. Cliquez sur **Suivant**.

❺ Dès l'étape suivante, vous initiez la création de votre profil professionnel. Indiquez les informations demandées avec le plus d'exactitude possible, bien qu'aucune d'entre elles ne soit obligatoire. Commencez par saisir l'intitulé de votre poste actuel, puis l'entreprise au sein de laquelle vous l'exercez et, enfin, le secteur d'activité **(Figure 12.2)**.

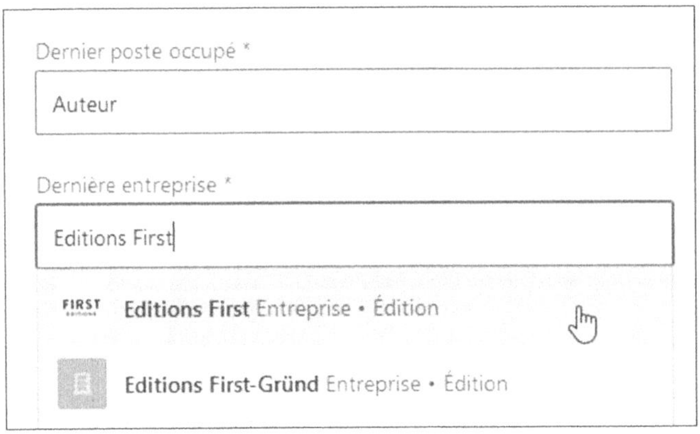

Figure 12.2 LinkedIn propose des noms d'entreprises parmi ceux déjà enregistrés sur le site.

❻ Cliquez sur le bouton **Continuer**.

❼ LinkedIn vous demande de saisir le code que vous avez reçu par e-mail (consultez votre messagerie). Saisissez ce code et cliquez sur **Accepter et confirmer**.

❽ C'est terminé ! Votre profil LinkedIn est désormais actif. Vous devez toutefois le compléter.

❾ LinkedIn vous permet par exemple d'effectuer une première recherche de contacts à l'aide du poste et de l'entreprise indiqués lors de votre inscription. Cliquez sur le bouton **Trouver des relations (Figure 12.3)**.

Figure 12.3
LinkedIn vous propose de vous connecter à des membres que vous êtes susceptible de connaître, professionnellement parlant.

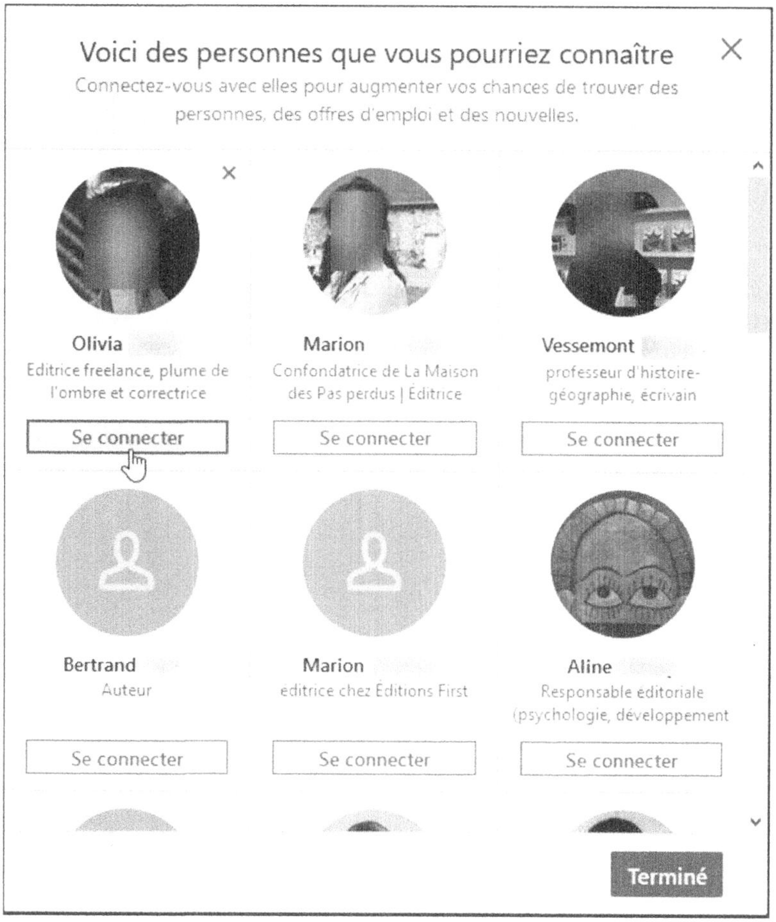

⑩ À ce stade, il est aussi judicieux d'ajouter une photo à votre profil (Figure 12.4).

Figure 12.4
Ajoutez une photo à votre profil.

Info

La particularité de la plupart des réseaux sociaux professionnels est de proposer une partie de leurs services en contrepartie d'un abonnement payant. C'est le cas de LinkedIn qui vous propose à l'étape suivante un comparatif entre les versions gratuite (compte « Basic », limité mais fonctionnel) et Premium (plusieurs « plans » et tarifs, offrant des fonctionnalités avancées pour les recherches de profil et mises en relation). Pour le moment, vous disposez d'un compte gratuit.

⓫ **L'inscription sur LinkedIn à proprement parler est désormais terminée. Il est toutefois essentiel à ce stade de compléter et d'enrichir votre profil professionnel en indiquant plus de détails sur votre poste actuel, vos emplois et expériences précédents et votre formation. Suivez les étapes suggérées par le site pour améliorer votre profil (Figure 12.5). Non seulement ces informations étofferont votre profil et lui donneront de la crédibilité, mais de plus, les entreprises et établissements renseignés pourront être utilisés par LinkedIn pour la recherche de nouveaux contacts.**

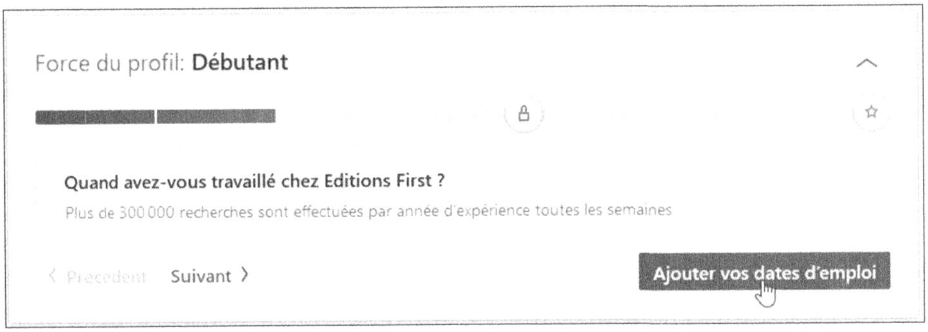

Figure 12.5 Complétez votre profil.

Relations et réseau, les concepts fondamentaux de LinkedIn

Sur LinkedIn, on ne parle pas d'« amis » mais de « relations ». Le concept est toutefois le même : il s'agit tout simplement des personnes avec lesquelles vous êtes en relation sur LinkedIn. La notion de « réseau » est importante puisque, sur ce site, votre réseau est constitué de vos relations, mais pas seulement. Il y a en effet plusieurs niveaux de relations :

» **Relations de premier niveau :** ce sont les personnes auxquelles vous êtes directement connecté (vous avez accepté leur invitation ou inversement). On parle aussi de « relations directes ».

» **Relations de deuxième niveau :** c'est l'ensemble des personnes connectées à vos relations de premier niveau. Ce sont en quelque sorte les « amis de vos amis », à un niveau professionnel.

» **Relations de troisième niveau :** c'est l'ensemble des personnes connectées à vos relations de deuxième niveau. Cet ensemble peut donc être très large, puisqu'il englobe tous les « amis des amis de vos amis » (toujours à un niveau professionnel).

Un dernier type de relations existe : les **personnes faisant partie des mêmes groupes LinkedIn que vous** sont considérées comme faisant partie de votre réseau. Tous les membres de LinkedIn correspondant à l'une des catégories ci-dessus constituent votre *réseau étendu*. Tous les membres de LinkedIn ne correspondant à aucune des catégories ci-dessus sont *en dehors de votre réseau*.

Nous verrons par la suite que les notions de réseau et de niveau de relation sont d'autant plus importantes que les moyens de contacter une personne diffèrent sensiblement selon votre lien avec celle-ci : un simple message suffira, par exemple, pour contacter une relation de premier niveau, tandis que l'emploi d'une **mise en relation** ou d'un **InMail** est indispensable pour les autres.

Info

Les **mises en relation** sont un moyen de contacter des relations de niveau 2 ou 3, grâce à vos relations directes. Les **InMails** sont des messages privés, permettant de contacter un membre LinkedIn directement sans passer par une mise en relation.

Personnaliser votre profil avec une photo

Si vous ne l'avez pas fait lors de l'inscription, il est important de définir une photo pour votre profil avant de continuer. Même dans un cadre professionnel, il est utile de mettre un visage sur un nom. Choisissez cette photo avec soin et n'oubliez pas qu'il s'agit d'un réseau professionnel ! Pour modifier votre photo de profil :

❶ Cliquez sur **Ajouter une photo** dans votre page d'accueil personnalisée.

❷ Cliquez sur le bouton **Télécharger la photo** et choisissez une photo parmi vos documents. Vous pouvez aussi lancer l'appareil photo pour prendre une photo immédiatement.

❸ Un aperçu de la photo s'affiche. Vous pouvez la zoomer, la recadrer, la rogner et la retoucher à l'aide des outils mis à disposition. Pour conserver vos modifications, cliquez sur **Modifier la photo**.

❹ Notez que vous pouvez aussi décider de restreindre la visibilité de votre photo de profil à vos relations directes ou votre réseau étendu, à tous les membres de LinkedIn, ou encore en faire une photo publique, qui sera référencée et associée à votre nom sur les réseaux sociaux.

❺ Cliquez sur le bouton **Enregistrer la photo**.

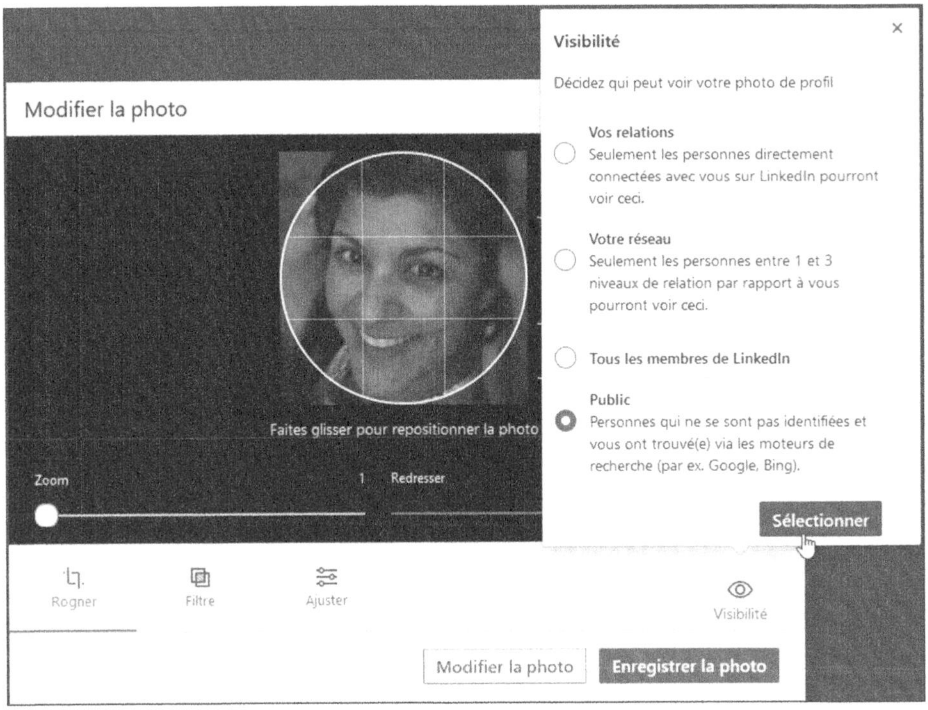

Figure 12.6 Ajustez la photo puis validez votre choix.

Utiliser LinkedIn dans un cadre professionnel

Votre profil est prêt ? Selon l'usage pour lequel vous l'avez créé, vous disposez désormais de deux stratégies : être très actif et présent sur le réseau ou plutôt passif. Certains membres se contentent de mettre à jour leur profil lorsque c'est nécessaire, tissent peu à peu leur réseau et gèrent les demandes de mises en relation ou message reçus. C'est essentiellement le cas des personnes en poste, ne cherchant pas à en changer.

En revanche, vous pouvez avoir un réel intérêt à être très présent sur le réseau : parce que vous êtes en recherche d'emploi ou créateur d'entreprise, gérez un projet dans le cadre de votre travail, ou tout simplement parce que c'est votre métier qui l'impose : veille, relations publiques, journalistes, communication, *etc.* Il s'agit alors d'utiliser le réseau de manière active : mise à jour régulière de votre profil et/ou de votre statut, recherche intensive de nouveaux contacts, participation à des débats ou des groupes, publication d'annonces, suivi d'entreprises ou de personnes… Nous allons passer en revue les différents outils mis à votre disposition par LinkedIn pour cela dans les sections qui suivent.

Info

Si vous souhaitez profiter au maximum de tous les outils offerts par LinkedIn et que votre projet le justifie, la souscription d'un abonnement payant – même pour une durée limitée – est judicieuse. Consultez la section « Compte Basic et comptes Premium », plus loin dans ce chapitre, pour plus d'informations à ce sujet.

Rechercher des personnes et entrer en contact

Rechercher des personnes intéressantes dans le cadre d'un projet professionnel, qu'il s'agisse d'un changement d'emploi, d'un recrutement, de la recherche de fournisseurs ou de la mise en place de partenariats, est l'une des principales activités auxquelles se livrent les membres de LinkedIn. Il peut donc paraître logique que nombre d'outils dédiés soient accessibles uniquement sur abonnement à un compte payant.

Prendre contact, mode d'emploi

La prise de contact avec un membre LinkedIn n'est pas aussi simple et rapide que sur les réseaux sociaux classiques, comme Facebook (où il est aisé d'envoyer une demande d'ajout à la liste d'amis ou un message). Il y a en effet de nombreuses règles à comprendre et à suivre pour contacter d'autres personnes sur le réseau professionnel.

Pour constituer votre réseau de départ, et trouver vos relations de premier niveau, l'outil **Trouver des relations** est incontournable. Il permet de trouver les membres LinkedIn par leur adresse e-mail. Donnez l'accès à LinkedIn à votre carnet d'adresses ou indiquez des adresses e-mail pour envoyer des invitations. Les personnes acceptant votre invitation deviennent automatiquement des relations directes. Jusqu'ici, c'est très simple : il suffit de connaître l'adresse e-mail d'une personne pour entrer en relation. Vous pouvez ensuite envoyer des messages à ces personnes sur LinkedIn (gratuitement et de manière illimitée, comme avec la messagerie électronique classique).

De même, lorsque vous parcourez le profil d'un membre LinkedIn, vous disposez de deux moyens d'entrer en contact. La première possibilité consiste à l'ajouter à votre réseau grâce à l'option **Se connecter** : libre au destinataire d'accepter ou non cette demande de mise en relation. Le deuxième moyen consiste à envoyer un message privé directement à ce membre. Ce type de message est aussi appelé « InMail » sur LinkedIn. L'envoi de messages à des membres ne faisant pas partie de vos relations LinkedIn est un service réservé aux membres Premium. Dans tous les cas, il est recommandé de vous présenter professionnellement (des informations issues de votre profil seront automatiquement jointes à votre message) et expliquer l'objet de votre demande de mise en relation. Encore une fois, libre ensuite à votre contact de vous répondre.

Astuce

Pour savoir combien de membres font partie de votre réseau, jetez un coup d'œil dans la colonne de gauche de votre page d'accueil LinkedIn. Un cadre indique le nombre de relations directes, le nombre de personnes faisant partie de votre réseau étendu, dont le nombre de nouveaux membres de LinkedIn.

Trouver une personne sur LinkedIn

Pour effectuer une recherche, saisissez un nom de personne, d'entreprise ou d'établissement dans la zone de recherche de la barre d'outils LinkedIn, en haut de page. Les résultats de la recherche s'affichent.

Une icône suit le nom des personnes de votre réseau étendu et indique votre niveau de relation avec celles-ci : 1er, 2e ou 3e. Le nombre de relations en commun apparaît au-dessous du résumé du profil (Figure 12.7).

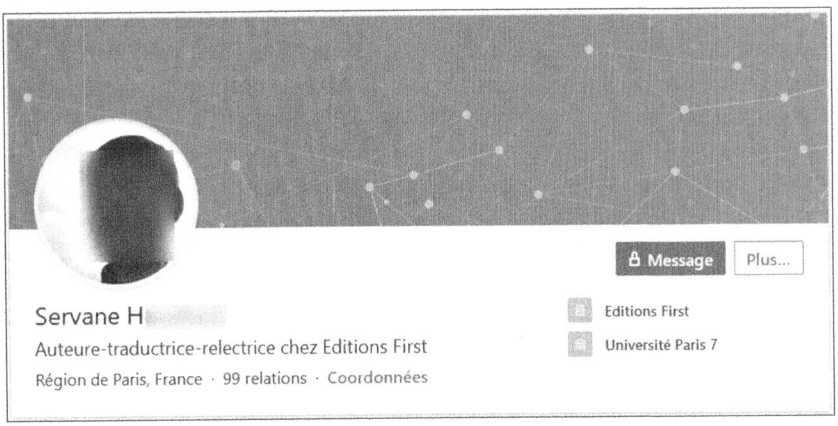

Figure 12.7 Le résumé de profil d'un contact trouvé avec l'outil de recherche.

Le bouton **Message**, disponible pour vos relations directes, permet d'envoyer un message. Le bouton **Se connecter**, disponible pour les membres de votre réseau étendu, permet d'envoyer une mise en relation. Pour envoyer un message privé, cliquez sur le bouton **Plus...**, puis sur **Message** (votre compte doit permettre l'envoi de ce type de messages).

Vous pouvez filtrer et trier les résultats de recherche par entreprises, niveaux de relations, lieux, et nombre d'autres critères. Utilisez les menus en haut et à gauche de la liste de résultats.

Info

Cliquez sur **Contacts** dans la barre d'outils LinkedIn pour afficher la liste des membres de votre réseau, voir des statistiques et ajouter des relations. Pour gérer vos invitations et messages reçus de la part d'autres membres, cliquez sur **Boîte de réception**.

Des outils ciblés pour les professionnels

Les outils mis à disposition des membres de LinkedIn pour communiquer avec leur réseau et le reste du monde sont nombreux et ciblés. Il s'agit bien sûr essentiellement d'outils à visée professionnelle, permettant de consulter et partager des informations ou d'échanger avec d'autres spécialistes. Voici un tour d'aperçu de ce que vous pouvez faire sur LinkedIn.

Publier un nouveau statut

Un profil professionnel évolue peu, en tout cas en dehors des périodes de changement d'emploi ou de situation. LinkedIn est toutefois un réseau très animé grâce aux publications de ses membres, sous forme essentiellement de statuts. Semblables aux statuts Facebook ou aux messages Twitter, ils permettent de partager une information ou une nouvelle avec votre réseau. Certains statuts sont automatiquement générés et publiés : les nouvelles connexions avec des personnes, l'ajout d'un groupe, *etc.*

Saisissez votre message et ajoutez éventuellement un lien vers un site Web. Avant de cliquer sur **Partager**, vous pouvez choisir le niveau de diffusion de votre statut : tout le monde ou uniquement les membres de votre réseau.

Astuce

Sur certains sites, vous verrez un bouton permettant de partager des éléments sur LinkedIn. Cliquez sur ce bouton pour créer un statut prérempli avec quelques mots et un lien vers la page Web concernée Il ne vous reste plus qu'à cliquer sur **Partager** pour partager l'information !

Votre page d'accueil LinkedIn affiche le fil des mises à jour de statuts effectuées par les membres de votre réseau (relations directes seulement : heureusement d'ailleurs !). Comme sur Facebook, les membres de LinkedIn peuvent réagir à une publication, grâce aux liens **J'aime**, **Commenter** ou **Partager** (republier comme statut) (Figure 12.8).

Figure 12.8
Notez que les réactions disponibles ici sont adaptées à la nature professionnelle de LinkedIn et de ses publications vous pouvez choisir parmi J'aime, Bravo, J'adore, Instructif et Intéressant.

Participer à des groupes

Les groupes permettent aux professionnels du même secteur ou ayant des intérêts communs de partager, publier et consulter des annonces, ou encore d'acquérir de nouveaux contacts. Un annuaire liste l'ensemble des groupes existants et LinkedIn vous fera régulièrement des suggestions. Cliquez sur le bouton **Rejoindre le groupe** si vous le souhaitez. Vous pourrez ensuite, par exemple, lancer une discussion ou un sondage auprès du groupe.

Pour gérer vos groupes et créer votre propre groupe, utilisez la barre d'outils LinkedIn : cliquez sur **Groupes**.

Info

Certains groupes sont ouverts, c'est-à-dire que vous pouvez voir et participer aux discussions sans avoir à en devenir membre au préalable. D'autres sont réservés aux membres et vous devez explicitement les rejoindre avant de pouvoir y participer.

Suivre des entreprises ou des personnes

Les entreprises ont rapidement compris l'intérêt d'un réseau social professionnel comme LinkedIn pour communiquer. Nombre d'entre elles, petites ou grandes, disposent d'une page d'entreprise sur le site. Cette page, créée et renseignée par leurs soins, leur permet de fournir des informations sur les produits et services qu'elles proposent, de diffuser leurs offres d'emploi, de commenter sur leur culture d'entreprise ou encore d'annoncer des développements, projets, *etc.* De nombreuses personnalités utilisent aussi LinkedIn afin de communiquer sur leurs activités professionnelles. La nuance entre suivre une personnalité et l'ajouter à son réseau est simple : par exemple, vous souhaiterez peut-être suivre les publications et activités de Richard Branson, le fondateur du groupe Virgin, ou encore de Michel-Édouard Leclerc, deux membres très actifs sur LinkedIn, mais n'avez probablement aucune raison ou légitimité à les ajouter à votre réseau.

Il peut donc être intéressant, en tant que professionnel d'un secteur donné, d'utiliser LinkedIn pour suivre des entreprises ou des personnalités. Un cadre dans la partie droite de votre page d'accueil LinkedIn vous suggère des entreprises et personnes à suivre. Vous pouvez aussi utiliser le champ de recherche la barre d'outils LinkedIn pour effectuer une recherche par nom.

Lorsque la page d'une entreprise est affichée, cliquez sur le bouton **Suivre**. Vous recevrez dès lors les mises à jour publiées par cette entreprise ou personnalité (Figure 12.9).

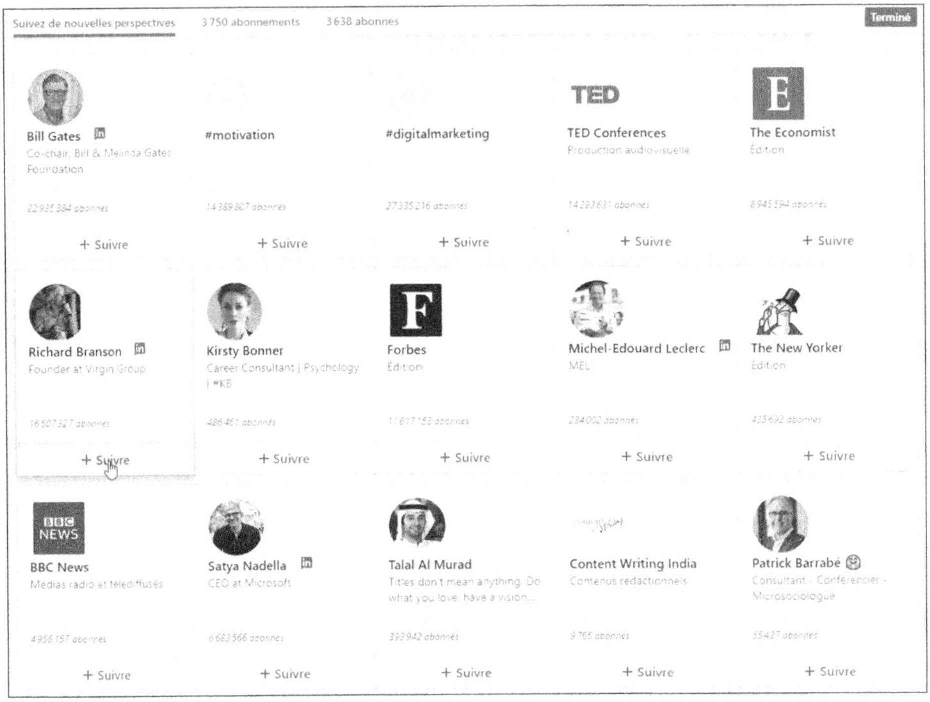

Figure 12.9 Suivez les entreprises et les personnalités qui vous intéressent.

Trouver un emploi ou recruter

L'onglet **Emplois** de la barre d'outils regroupe tous les outils utiles pour ceux qui cherchent un emploi ou, au contraire, souhaitent recruter pour un poste.

Vous pouvez ainsi consulter les offres publiées par des membres ou entreprises, mais aussi publier vos propres annonces (Figure 12.10).

Des offres personnalisées vous seront proposées en fonction de vos recherches précédentes et de votre profil LinkedIn.

Astuce

Qui a consulté votre profil ? Sur LinkedIn (contrairement à Facebook), il est possible de le savoir… mais vous devrez impérativement posséder un compte payant. Dans la partie droite de votre profil, un cadre indique les dernières consultations.

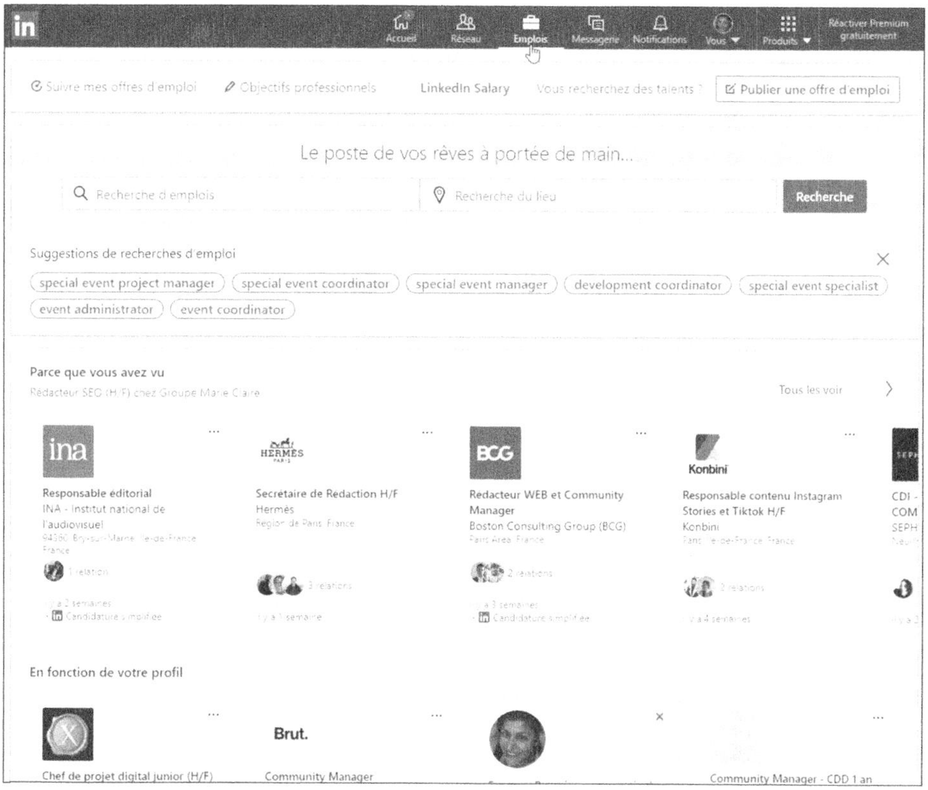

Figure 12.10
L'onglet Emplois de LinkedIn.

Compte Basic et comptes Premium

Comme expliqué précédemment, le compte offert par défaut aux nouveaux utilisateurs de LinkedIn est un compte « Basic ». Pour obtenir plus de fonctionnalités, LinkedIn offre des comptes Premium, dont les caractéristiques varient selon le type et le tarif.

Notez que le tarif et les options proposés par ces différents types de comptes payants varient régulièrement. Les limitations du compte Basic ne sont d'ailleurs pas clairement explicitées sur le site et évoluent elles aussi souvent.

Dans le cadre d'une recherche d'emploi ou en tant qu'employeur souhaitant recruter, mais aussi pour tout membre souhaitant tirer profit de LinkedIn pour réseauter de façon professionnelle, le passage à un compte payant est quasiment incontournable : il permet d'afficher des résultats de recherche complets, de consulter les profils d'autres membres sans restriction, de voir qui a consulté votre profil, d'envoyer un nombre de messages plus importants, entre autres options.

Les comptes Premium sont au nombre de quatre. Voici leurs spécificités :

» **Carrière :** ce type de compte est adapté à ceux qui cherchent un emploi. Il permet d'envoyer 3 InMails pour contacter tout recruteur ou auteur d'une annonce, ainsi que de figurer en tête de liste des candidats potentiels à un poste et d'obtenir des informations sur votre positionnement par rapport aux autres candidatures. À l'heure où ces lignes sont écrites, le tarif mensuel du compte Carrière est de 29,74 euros.

» **Business :** ce type de compte est idéal pour les membres souhaitant promouvoir leur activité et utiliser LinkedIn pour la développer. Avec 15 InMails, un accès aux fonctions de recherche avancée et la consultation illimitée des profils jusqu'au troisième niveau, ce compte répond en particulier aux besoins des professionnels de la vente et du marketing. À l'heure où ces lignes sont écrites, le tarif mensuel du compte Business Plus est de 44,62 euros.

» **Ventes :** ce type de compte offre encore plus de services que le compte Business Plus aux commerciaux. Outre les fonctionnalités du compte Business, recherche et création de listes de prospects ciblés avec le module LinkedIn Lead Builder et outils d'intelligence commerciale sont mis à la disposition des utilisateurs qui ont choisi ce type de comptes. À l'heure où ces lignes sont écrites, le tarif mensuel du compte Sales Navigator est de 59,49 euros.

» **Recrutement :** ce type de compte s'adresse aux recruteurs qui souhaitent trouver les meilleurs candidats pour un poste donné à l'aide de LinkedIn. Il offre toutes les fonctionnalités des autres types de comptes Premium, 30 InMails et des modèles de messages, des outils de recherche et de suivi des candidats, un design spécial pour les recruteurs. À l'heure où ces lignes sont écrites, le tarif mensuel du compte Recrutement est de 89,25 euros.

Info

Un point commun à tous les comptes : ils permettent de savoir qui a consulté votre profil au cours des 90 derniers jours.

Attention

Les caractéristiques des comptes Basic et Premium peuvent évoluer à tout moment. Les tarifs eux aussi peuvent varier et sont fournis ici à titre indicatif. LinkedIn propose régulièrement à ses membres des offres spéciales et des mensualités gratuites pour découvrir ses services Premium.

Attention

Notez enfin que la reconduction des abonnements est tacite. La résiliation d'un compte Premium et le retour vers un compte Basic sont toujours possibles, mais entraînent la perte immédiate des InMails et autres avantages cumulés.

Vous n'aurez aucun mal à passer du compte Basic à l'un des comptes Premium : LinkedIn vous le proposera dans de nombreux contextes, en particulier dès que vous souhaiterez contacter un autre membre par InMail ou savoir qui a consulté votre profil. Vous pouvez aussi cliquer sur le lien **Essayer Premium** (Figure 12.11).

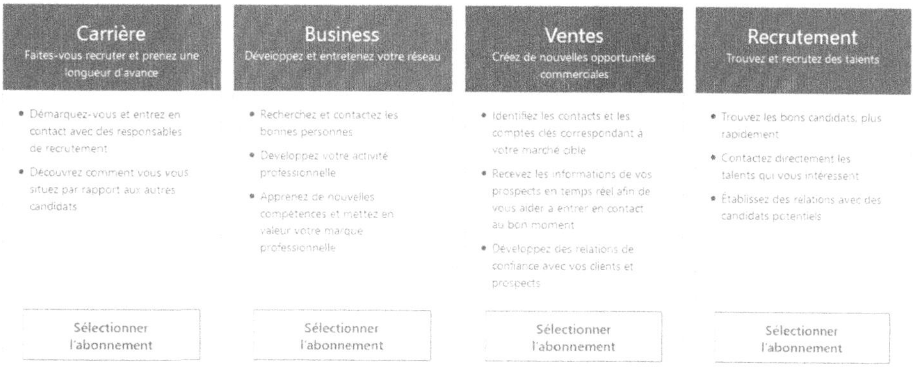

Figure 12.11
Les différents types de comptes Premium proposés par LinkedIn.

LinkedIn version mobile

Il existe plusieurs façons d'accéder à LinkedIn avec un appareil nomade. Voici tout d'abord l'adresse de la version mobile du site Web :

http://touch.linkedin.com

Cette version mobile allégée permet de publier un statut, consulter votre fil d'actualité et rechercher des personnes rapidement.

Des applications spécifiques sont disponibles gratuitement sur les plates-formes de téléchargement pour l'iPhone, les smartphones Android, BlackBerry et Palm. Cliquez sur **Mobile** dans le pied de page du site Web de LinkedIn pour plus d'informations.

D'autres réseaux sociaux professionnels

LinkedIn n'est pas le seul réseau social professionnel existant à l'heure actuelle. C'est toutefois le plus important en nombre de membres et en présence mondiale. D'autres réseaux sociaux professionnels ont été présentés au début de cet ouvrage, dont Viadeo, le principal concurrent de LinkedIn. Beaucoup de concepts sont semblables d'un site à l'autre.

À connaître aussi : **Shapr**, un réseau social professionnel disponible sur appareil mobile seulement et dont le concept se situe à mi-chemin entre Tinder (oui, vous avez bien lu, l'application de rencontre !) et LinkedIn. Des profils professionnels vous seront proposés et vous pourrez les accepter dans votre réseau. Si la réciproque est vraie, vous serez connectés !

Citons aussi **GlassDoor**, un site qui permet aux internautes de donner leur avis sur le processus de recrutement des entreprises et même d'indiquer les salaires proposés par poste.

Il existe aussi de très nombreux réseaux professionnels ciblés sur un type ou un secteur d'activité, voire sur un corps de métier. Un annuaire complet est disponible sur le Web à cette adresse :

http://www.placedesreseaux.com/annuaire-sommaire-sectoriel.htm

Enfin, des sites comme **Slack** ou **Yammer** permettent aux entreprises de créer leur propre réseau social interne. Profils et annuaires, groupes, messages, minimessages, bases de connaissances, partage de fichiers, solutions mobiles : tout est prévu pour une communication efficace au sein des moyennes et grandes entreprises.

DANS CE CHAPITRE

Découvrir l'interface de YouTube

Visionner une vidéo

S'abonner et donner son avis

Créer sa chaîne YouTube

Publier une vidéo

Passer à YouTube Premium

Chapitre 13
YouTube

Vous connaissez sans doute YouTube pour y avoir vu de nombreuses vidéos partagées sur les autres réseaux sociaux. Créé en février 2005, ce site a facilité le partage de vidéo sur Internet. Avant cette date, il n'était pas facile pour tout un chacun de trouver en ligne de l'espace de stockage et une bande passante suffisamment importants pour placer les vidéos. Racheté en octobre 2006 par Google, YouTube a depuis pris l'essor qu'on connaît.

YouTube n'est pas seulement un service qui vous permet de regarder les bêtises de petits chats ou les vidéos postées par les youtubeurs célèbres (des personnes qui publient régulièrement du contenu et qui peuvent même en vivre). Vous pouvez également mettre en ligne vos vidéos et, si vous téléchargez une vidéo familiale qui n'intéresse que quelques personnes, vous rendez l'accès privé et vous choisissez qui peut visionner votre vidéo.

Si vous ne souhaitez pas publier de vidéo, vous pouvez tout de même utiliser un compte Google pour accéder à YouTube. Le service gardera en mémoire vos habitudes de visionnage et chaque fois que vous visiterez la page d'accueil de YouTube, vous obtiendrez des suggestions qui vous correspondent. Vous pouvez aussi créer votre chaîne YouTube afin de créer des listes de lecture de vidéos que vous aimez et pour partager ces vidéos avec d'autres utilisateurs de YouTube.

Découvrir l'interface de YouTube

La page d'accueil de YouTube (**www.youtube.com**) change régulièrement pour vous proposer de nouveaux contenus. Si vous n'êtes pas connecté à l'aide d'un compte Google, le service ne peut pas conserver votre historique de navigation et, par conséquent, vous n'obtiendrez pas de suggestions adaptées à vos habitudes. Lorsque vous naviguez en mode non connecté, YouTube vous propose la liste des vidéos les plus populaires (Figure 13.1).

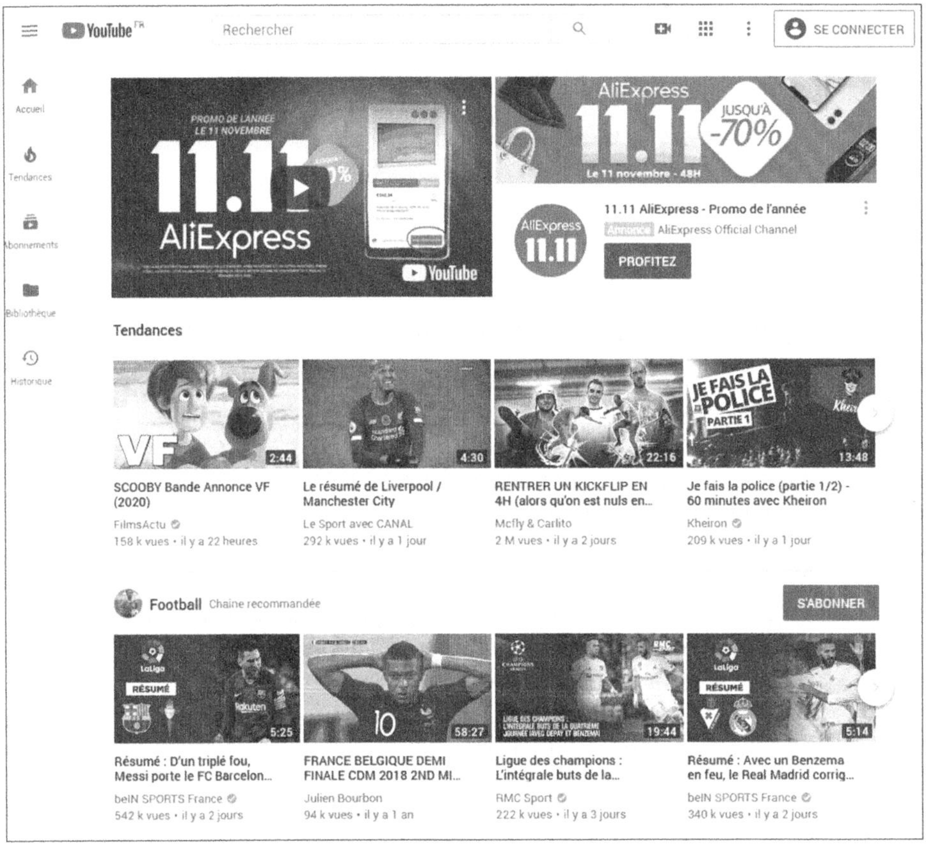

Figure 13.1 La page d'accueil de YouTube en mode non connecté.

Navigation en mode connecté

Pour votre connecter à votre compte YouTube, il vous suffit d'utiliser vos identifiants Google. Si vous ne possédez pas encore d'identifiants, vous pouvez en créer en suivant les instructions données au début du Chapitre 11. Vous accédez à la page d'identification ou de création des comptes à l'adresse https://accounts.google.com/.

Lorsque vous êtes connecté et que vous avez créé votre chaîne, vous obtenez une page d'accueil semblable à celle de la Figure 13.2. Le long du bord supérieur, vous trouvez les éléments suivants.

» **Bouton Guide :** ce bouton représentant trois barres horizontales donne accès à un menu.

» **Bouton YouTube :** le logo YouTube permet de revenir à la page d'accueil.

» **Zone de recherche :** c'est ici que vous recherchez des vidéos en utilisant différents mots-clés.

» **Bouton Mettre en ligne :** utilisez ce bouton pour mettre en ligne vos vidéos.

» **Applications YouTube :** ce bouton (un carré composé de neuf carrés) donne accès aux applications de YouTube, par exemple à Creator Academy, qui propose une formation ou des cours pour apprendre à utiliser YouTube.

» **Cloche de notification :** vous pouvez être notifié lorsque quelque chose se produit sur votre chaîne.

» **Icône de chaîne :** ce bouton montre soit l'icône associée à la chaîne, soit l'image associée à votre identifiant Google. Il donne accès à Creator Studio, qui est le centre de contrôle de YouTube.

Figure 13.2 La page d'accueil de YouTube lorsque vous êtes identifié avec votre compte Google.

1 Bouton Guide
2 Bouton YouTube
3 Zone de recherche
4 Mettre en ligne
5 Applications YouTube
6 Cloche de notification
7 Icône de chaîne

En cliquant sur le bouton **Guide**, vous ouvrez un menu déroulant sur la gauche (Figure 13.3). Notez que si la taille de la fenêtre de votre navigateur est suffisamment grande, le menu peut rester affiché en permanence. Ce menu propose les éléments suivants.

Figure 13.3
Le menu Guide.

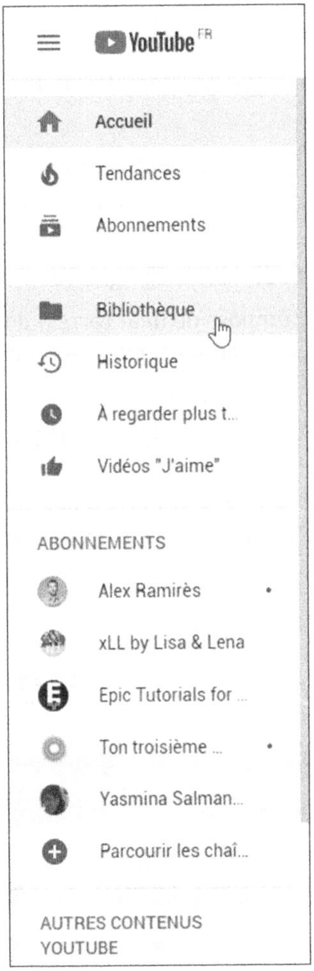

» **Accueil :** comme le logo YouTube, cette option vous renvoie sur la page d'accueil du site.

» **Tendances :** cette option permet d'afficher les vidéos les plus regardées.

» **Bibliothèque** : vos abonnements, playlists et historique regroupés en un seul lieu.

- **Abonnements :** cliquez sur cet élément pour gérer les chaînes auxquelles vous êtes abonné.
- **Historique :** choisissez cette option pour afficher votre historique.
- **À regarder plus tard :** cliquez sur cet élément pour afficher la liste des vidéos que vous avez marquées pour les visionner plus tard.
- **Vidéos « J'aime » :** vous trouvez ici la liste des vidéos auxquelles vous avez attribué un « J'aime ».
- **Abonnements :** cette section regroupe certains de vos abonnements.
- **Autres contenus YouTube :** accédez aux contenus réservés aux membres Premium, à des films, de jeux et des vidéos en direct.

Visionner une vidéo

Si vous êtes sur le site YouTube, c'est, entre autres, pour visionner des vidéos. Vous allez découvrir ici les outils qui sont à votre disposition lorsque vous utilisez le lecteur vidéo.

Lorsque vous cliquez sur une vidéo (présentée sur la page d'accueil par exemple), vous obtenez la page de lecture (Figure 13.4). Bien entendu, cette page contient le lecteur vidéo avec les commandes de lecture classique, mais elle donne également d'autres informations.

- **Lecteur vidéo :** l'élément central est le lecteur vidéo.
- **Infos :** sous le lecteur vidéo sont indiquées des infos sur la vidéo, dont le titre de la vidéo, le nombre de vues et une zone contenant des informations détaillées.
- **Commentaires :** tout le monde a une opinion, n'est-ce pas ? C'est également vrai sur YouTube, comme ailleurs. Vous trouvez donc un espace où les visiteurs laissent des commentaires. Il arrive même que le propriétaire de la chaîne se mêle à la discussion.
- **À suivre :** sur le côté droit de l'écran, vous trouvez des propositions de vidéos. YouTube essaie de deviner quelles sont les vidéos qui peuvent vous intéresser en fonction de celle que vous visionnez et de votre historique. Si l'option **Lecture automatique** est activée, les suggestions seront automatiquement lues à la fin de la vidéo en cours.

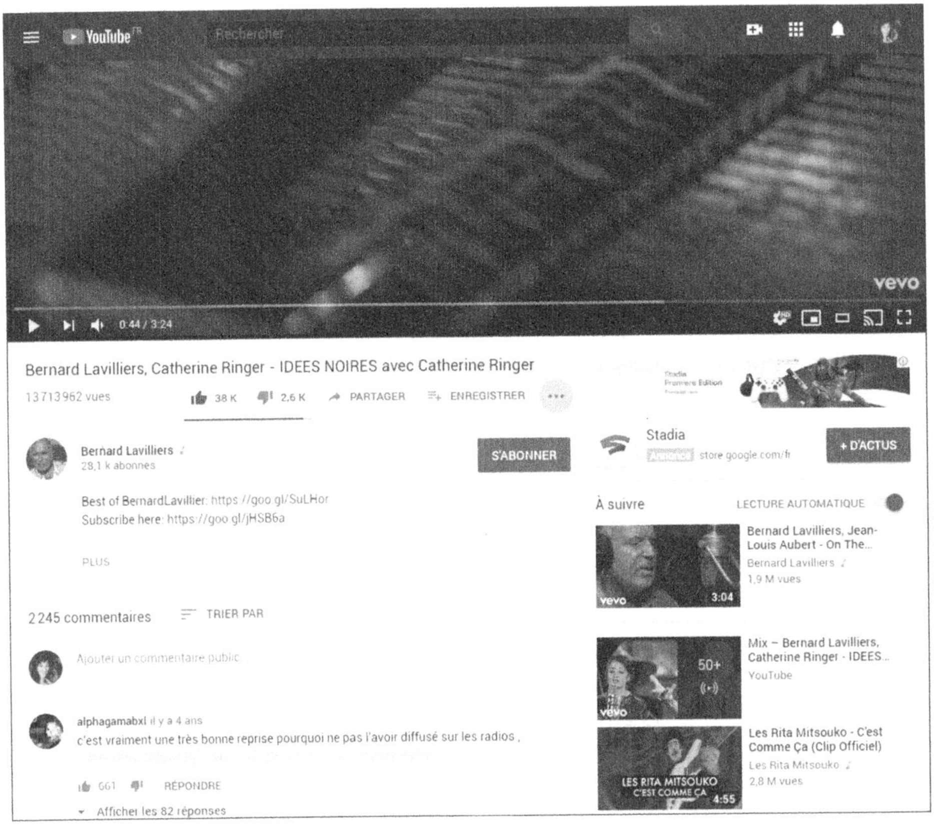

Figure 13.4 La page de lecture d'une vidéo.

Les informations sur une vidéo

Sous le lecteur vidéo, vous trouverez des informations au sujet de la vidéo. Celles-ci peuvent être très nombreuses dans la zone **Description** : la Figure 13.5 montre une petite partie de ces informations laissées par le gestionnaire de la chaîne.

Voici quelques-unes des informations les plus importantes.

» **Titre :** juste au-dessous du lecteur vidéo, en grandes lettres, est indiqué le titre de la vidéo. Au-dessous du titre est affiché le nombre de vues.

» **Pouces :** les boutons **Pouce en haut** et **Pouce en bas** permettent de faire rapidement connaître votre avis sur la vidéo : cliquez sur **Pouce en haut** si vous aimez et sur **Pouce en bas** si vous n'aimez pas la vidéo. Notez que vous devez être connecté pour pouvoir cliquer sur ces boutons.

Figure 13.5 La section des infos sur la vidéo.

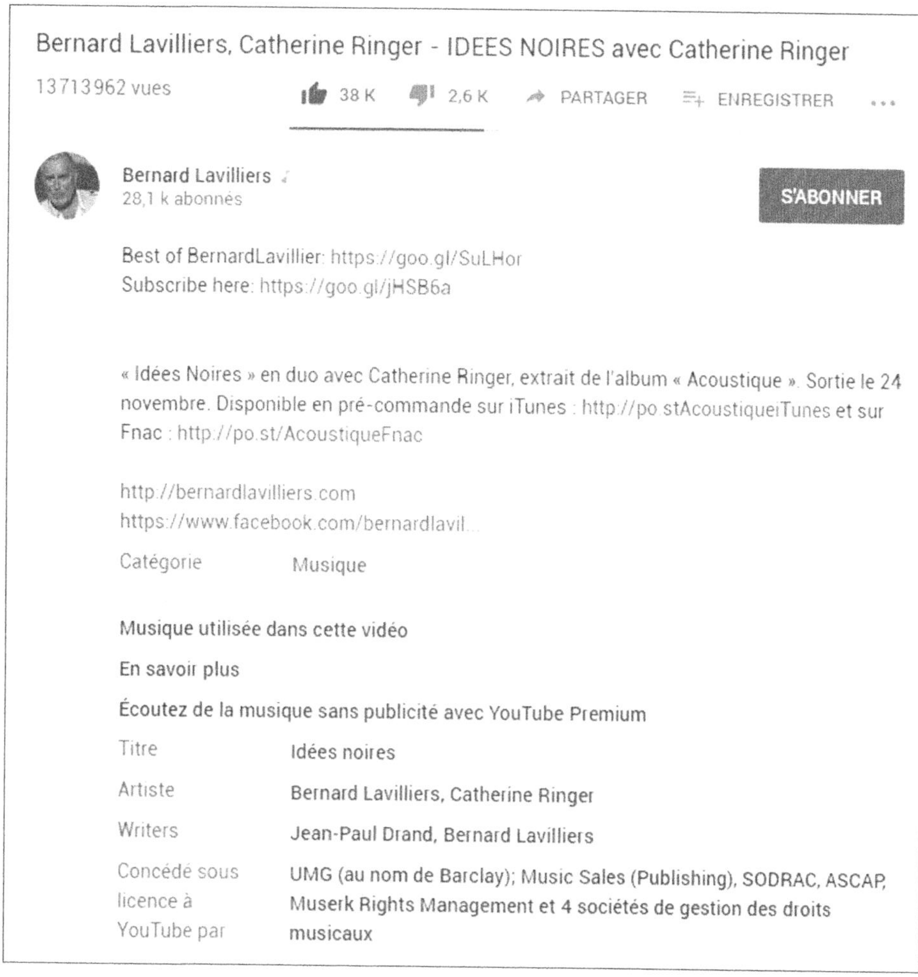

» **Partager** : lorsque vous cliquez sur ce bouton, vous obtenez différentes possibilités pour le partage de la vidéo, comme le montre la Figure 13.6. L'option **Démarrer à** permet de lancer la lecture de la vidéo partagée à un moment spécifique de celle-ci. Elle est par défaut paramétrée au moment précis de la lecture en cours lorsque vous cliquez sur le bouton **Partager** : malin !

Figure 13.6
YouTube propose plusieurs options pour partager une vidéo.

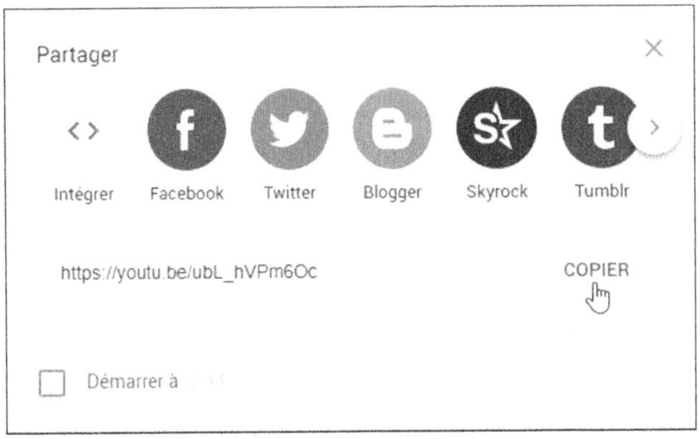

- **Enregistrer :** cette option permet d'ajouter la vidéo à une liste de lecture ou dans la liste des vidéos à regarder plus tard.
- **... :** ce bouton donne accès à un menu. L'une des options permet de signaler à YouTube un problème avec la vidéo. Une autre option permet de traduire les vidéos.
- **Informations sur la chaîne :** sous le titre se trouvent le nom de la chaîne et son logo (appelé *icône de chaîne*).
- **Abonnement :** le bouton **S'abonner** est situé à droite de l'icône de chaîne. Si vous n'êtes pas abonné, il s'affiche en rouge et indique le nombre d'abonnés. En cliquant dessus, vous vous abonnez. Le bouton devient alors gris et prend la forme d'une cloche qui permet de configurer la manière dont vous souhaitez recevoir les notifications de la chaîne. Pour vous désabonner d'une chaîne, il suffit de cliquer sur le bouton gris **Abonné**.
- **Plus :** ce bouton permet d'obtenir plus d'informations sur la vidéo, à condition que le gestionnaire de la chaîne l'autorise.
- **Description :** cette option offre toutes sortes d'informations que le gestionnaire de la chaîne juge utiles pour vous.
- **Commentaires :** la partie inférieure de la fenêtre affiche les commentaires laissés par les visiteurs, ainsi que les éventuelles réponses du gestionnaire de la chaîne. Vous avez également la possibilité d'écrire un commentaire (il est nécessaire d'être connecté).

Les contrôles de lecture

Les contrôles de lecture s'affichent en bas de la fenêtre de la vidéo. Ils disparaissent au bout de quelques instants et il suffit de passer la souris sur la vidéo pour qu'ils apparaissent de nouveau (Figure 13.7).

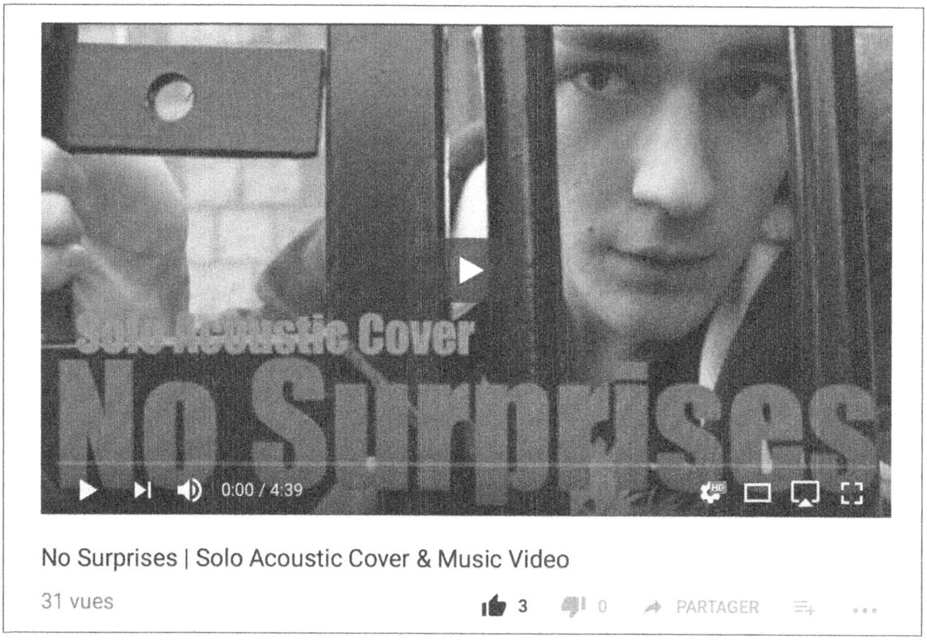

Figure 13.7 Les contrôles de lecture de YouTube.

Vous trouvez, de gauche à droite, les boutons suivants :

- **Pause/Lecture :** cliquez pour mettre en pause et cliquez de nouveau pour relancer la lecture.
- **Suivante :** permet de passer à la vidéo suivante. La liste des vidéos à venir est affichée à droite dans le volet **À suivre**.
- **Volume :** vous pouvez régler le volume ici, en plus du volume de votre ordinateur.
- **Temps de lecture et durée totale :** le premier chiffre indique la position de la tête de lecture, le deuxième chiffre correspond à la durée totale de la vidéo.
- **Paramètres :** ce menu permet de configurer certains éléments de la vidéo, par exemple la qualité, pour l'ajuster manuellement à votre débit Internet.
- **Mode cinéma :** le lecteur change de ratio pour afficher la vidéo en mode CinémaScope.
- **AirPlay :** ce bouton est présent sur les Mac si vous possédez une Apple TV.
- **Plein écran :** la vidéo s'affiche sur la totalité de l'écran. Pour sortir de ce mode, il suffit d'appuyer sur la touche **Échap**.

S'abonner et donner son avis

Pour pouvoir vous abonner à une chaîne, mais aussi pour donner votre avis, vous devez vous connecter.

Être abonné à une chaîne YouTube permet de recevoir des notifications lorsque de nouvelles vidéos sont disponibles. Pour vous abonner :

❶ **Cliquez sur le bouton S'abonner en bas à droite de la vidéo.**

❷ **Le bouton devient Abonné et une cloche apparaît à droite du bouton (Figure 13.8).**

Figure 13.8 Abonnez-vous à une chaîne YouTube.

❸ **Pour obtenir des notifications, cliquez sur la cloche. Deux petits traits dans la partie supérieure indiquent que la notification est active.**

Les gestionnaires de chaînes YouTube ont également besoin de votre avis sur les vidéos qu'ils mettent en ligne. Sur YouTube, vous pouvez dire que vous aimez en cliquant sur le pouce en l'air, ou que vous n'aimez pas en cliquant sur le pouce en bas.

Vous avez aussi la possibilité de laisser un commentaire en cliquant dans la zone **Ajouter un commentaire public**. Vous pouvez également répondre à des commentaires d'autres personnes en cliquant sur **Répondre**.

Créer sa chaîne YouTube

Si vous possédez un compte Google, il vous suffit de vous connecter avec les identifiants de ce compte dans YouTube en cliquant sur le bouton **Connexion** qui se trouve en haut à droite de la fenêtre (si vous vous êtes connecté dans une autre application de Google, vous êtes automatiquement connecté sur YouTube). Un simple compte Google peut être suffisant si vous souhaitez uniquement regarder des vidéos. En revanche, si vous souhaitez mettre vos propres vidéos sur le site, vous devrez activer votre chaîne. Une fois que vous êtes connecté et sur la page d'accueil de YouTube, procédez comme suit.

❶ Cliquez sur l'icône de chaîne en haut à droite de la page d'accueil pour afficher un menu déroulant (Figure 13.9).

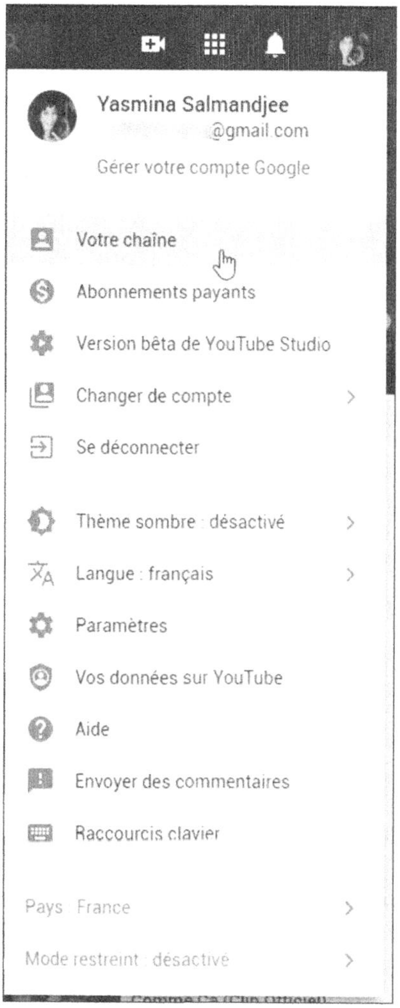

Figure 13.9 Votre menu YouTube.

❷ Pour créer une chaîne, cliquez sur le lien **Votre chaîne**. La boîte de dialogue **Utiliser YouTube** avec le nom d'utilisateur s'ouvre.

❸ Choisissez le nom de votre chaîne. Vous avez la possibilité d'utiliser le nom associé à votre compte Google ou de personnaliser le nom en cliquant sur le lien **Utiliser un nom d'entreprise ou un autre nom**.

❹ Choisissez une catégorie pour votre chaîne dans la liste déroulante au-dessous du nom de la chaîne.

❺ Indiquez que vous êtes d'accord avec les conditions d'utilisation de Google+ en cochant la case correspondante.

❻ Cliquez sur le bouton **OK**.

Valider votre chaîne YouTube

Avant d'utiliser votre chaîne, vous devez la valider pour prouver à YouTube que vous êtes un humain et non pas un robot d'Internet. Pour cela, connectez-vous à votre compte YouTube et cliquez sur l'icône de chaîne en haut à droite pour afficher un menu déroulant. Cliquez ensuite sur l'icône en forme de roue dentée. Dans la nouvelle page qui s'ouvre, cliquez sur le lien **Afficher les fonctionnalités supplémentaires**, puis cliquez sur le bouton **Valider**. Suivez les instructions pour terminer la validation de votre compte.

Publier une vidéo

Vous rentrez du ski ou d'un séjour sur une île paradisiaque et vous avez créé une vidéo de vos aventures. Vous pouvez mettre votre vidéo en ligne pour que le monde entier en profite ou donner accès à votre vidéo à quelques personnes seulement.

Quelle que soit la page sur laquelle vous vous trouvez, vous disposez du bouton **Mettre en ligne** dans le coin supérieur droit, à gauche de l'icône en forme de cloche. Pour télécharger votre vidéo, procédez comme suit.

❶ Connectez-vous à votre compte YouTube.

❷ Cliquez sur le bouton **Mettre en ligne** afin d'afficher la fenêtre d'importation (Figure 13.10). Choisissez de mettre en ligne une vidéo enregistrée sur votre ordinateur ou de diffuser en direct.

Figure 13.10 La fenêtre d'importation.

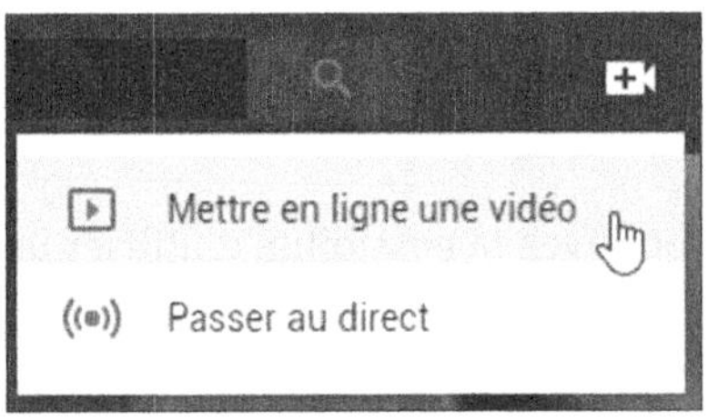

❸ Sélectionnez une option de confidentialité dans le menu déroulant.

❹ Utilisez l'une des trois méthodes suivantes pour sélectionner le fichier vidéo à importer.

- *Sélectionnez les fichiers à importer :* cliquez sur la grosse flèche, puis sélectionnez les fichiers à importer dans la fenêtre qui s'ouvre.
- *Faites glisser les fichiers à importer :* glissez-déposez les vidéos à importer au centre de la fenêtre.
- *Importez vos vidéos à partir de Google Photos :* cliquez sur le bouton **Importer**, puis sélectionnez les vidéos dans votre compte Google+.

❺ Si la méthode que vous avez choisie le nécessite, cliquez sur **OK**.

Les fichiers sont envoyés sur YouTube. Pendant le transfert, vous obtenez un nouvel écran dans lequel vous pouvez saisir des informations sur votre vidéo (Figure 13.11). Elles seront utiles surtout si votre vidéo est publique : les moteurs de recherche pourront ainsi en connaître le sujet.

Figure 13.11 Saisissez les métadonnées dans le Gestionnaire de vidéos.

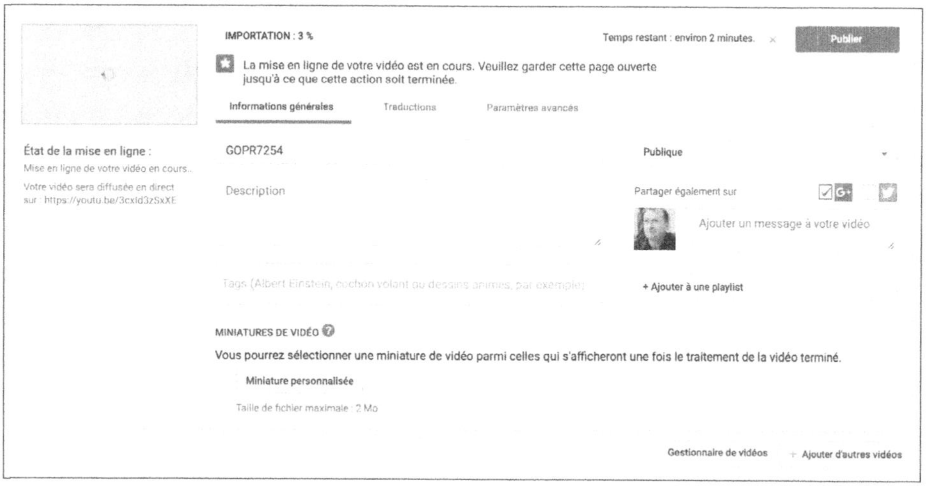

Attention

Attention ! Votre vidéo doit respecter les droits d'auteur, et cela commence par les images. Vous ne pouvez pas reprendre une vidéo réalisée par une autre personne pour la mettre en ligne, à moins d'avoir l'autorisation de l'auteur. Par exemple, un extrait de film ou de série. Si vous êtes l'auteur de la vidéo, attention à la musique d'accompagnement. Là encore, vous ne pouvez pas utiliser une musique pour laquelle vous n'avez pas les droits.

Passer à YouTube Premium

YouTube Premium est un nouveau service proposé par YouTube à ses membres, depuis juin 2018.

Le compte Premium, payant, donne accès à des vidéos sans publicités, ainsi qu'à des contenus exclusifs (films et séries originales) et des fonctionnalités avancées telles que le téléchargement ou la lecture en arrière-plan sur appareil mobile.

À l'heure où ces lignes sont écrites, le tarif de YouTube Premium est de 11,99 euros par mois, avec un mois d'essai gratuit. Notez qu'un tarif spécial est disponible pour les étudiants (6,99 euros par mois) et qu'une offre famille permet à plusieurs membres d'une famille – jusqu'à cinq – d'accéder à YouTube Premium à des conditions avantageuses.

Pour vous abonner, cliquez sur le lien **YouTube Premium** puis sur **Essayer gratuitement** (Figure 13.12).

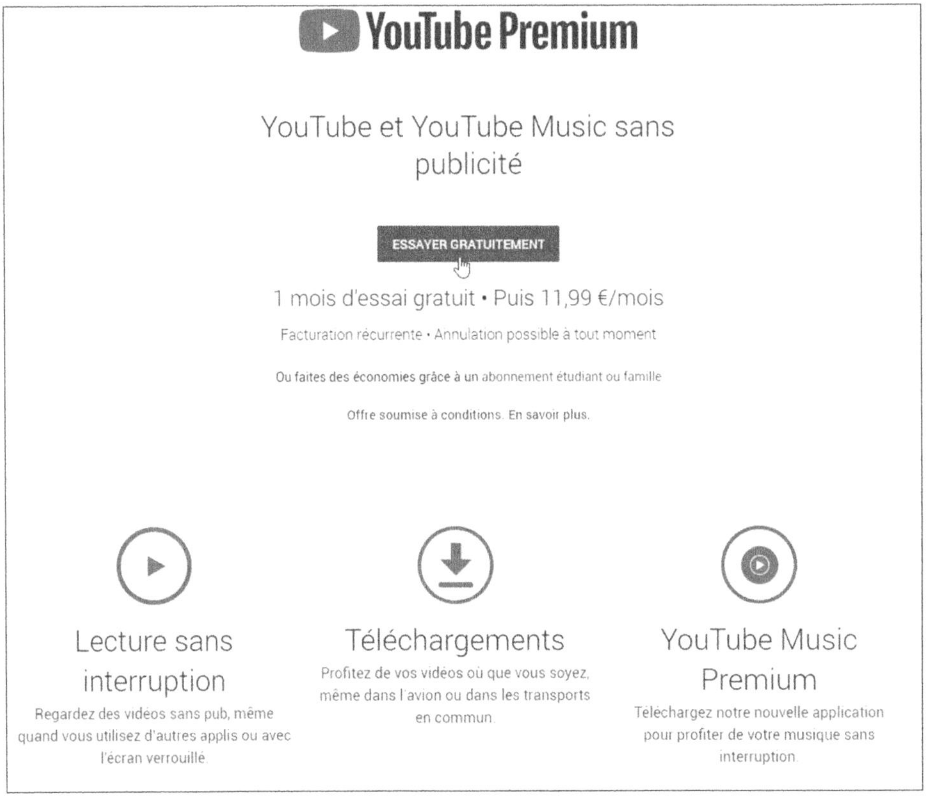

Figure 13.12 Essayez les fonctionnalités de YouTube Premium.

DANS CE CHAPITRE

Installer l'application et créer votre compte

Régler les notifications

Publier une photo

Aimer, commenter et partager des photos/vidéos

Rechercher et ajouter des contacts

Utiliser la fonction Story

Chapitre 14
Instagram

Créé en 2010 et racheté deux ans à peine plus tard par Facebook pour la somme astronomique d'un milliard de dollars, Instagram, avec ses 400 millions d'utilisateurs, est *le* réseau social de référence pour les amateurs de photos et les photographes, amateurs ou professionnels ! C'est même l'un des réseaux sociaux les plus populaires après Facebook, en nombre d'utilisateurs ! C'est à l'origine un service accessible uniquement sur smartphone *via* une application mobile.

L'idée est de permettre aux membres de partager très simplement des photos depuis leur smartphone. Embellir ses photos à l'aide de filtres est un jeu d'enfant. Les utilisateurs d'Instagram peuvent se suivre les uns les autres, attribuer des « J'aime » aux photos qui leur plaisent et ajouter des commentaires (exactement comme sur Facebook ou Twitter, mais les publications sont ici exclusivement des photos et des vidéos).

Si certains membres d'Instagram utilisent l'application à des fins privées (il est même possible de protéger son compte par mot de passe), nombreux sont ceux qui s'en servent pour promouvoir leur image. Les célébrités et les marques utilisant la photo ou la vidéo comme un moyen de communication ne se comptent plus !

Installer l'application et créer votre compte

Instagram est, comme expliqué précédemment, un réseau social créé à l'origine sous la forme d'une application mobile et dédié aux utilisateurs de smartphones exclusivement. Il faut dire que le concept même du site utilise une fonctionnalité propre aux smartphones : la possibilité de prendre des photos et de les partager immédiatement grâce à la connexion Internet.

Instagram est aujourd'hui consultable *via* le Web – vous pouvez y afficher le flux de photos des utilisateurs que vous suivez et aimer des photos – mais le processus d'inscription et de publication de photos ou de vidéos se fait exclusivement depuis un appareil nomade, *via* une application mobile. Le téléchargement de cette application et l'utilisation d'Instagram sont gratuits.

Pour utiliser Instagram :

1. Commencez par vous rendre dans la boutique d'applications de votre appareil (Figure 14.1) : App Store pour les iPhone et machines Apple, Play Store pour les smartphones Android et Microsoft Store pour Windows Phone.

Figure 14.1 Téléchargez l'application Instagram gratuitement depuis la boutique d'applications de votre smartphone.

2. Si vous faites partie des membres de Facebook, l'inscription sur Instagram ne prendra que quelques secondes : cliquez sur le bouton **Facebook**. Si vous êtes déjà connecté sur Facebook avec votre téléphone, vous disposez du bouton **Continuer en tant que *VotreNom***. Vous pouvez aussi créer un compte sans connexion avec votre profil Facebook, à partir d'une adresse de messagerie ou d'un numéro de mobile. Si vous avez un compte Instagram et ne souhaitez pas utiliser Facebook, touchez **Connexion** (Figure 14.2).

Figure 14.2
Utilisez vos identifiants ou votre compte Facebook pour vous connecter.

❸ Renseignez les différentes pages pour effectuer votre inscription. L'une des fenêtres vous propose d'utiliser les contacts de votre appareil et de les rechercher sur Instagram (Figure 14.3).

Figure 14.3
Recherchez vos connaissances sur Instagram.

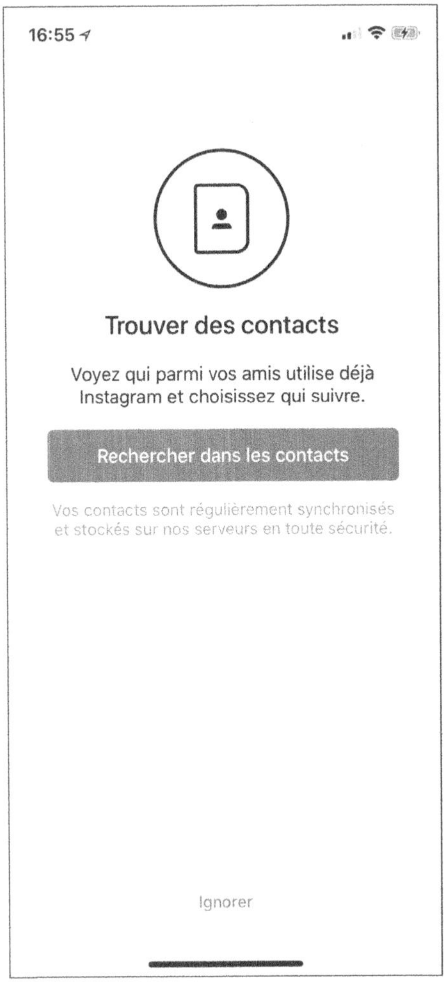

❹ Vous avez aussi la possibilité d'ajouter une photo de profil à votre compte (Figure 14.4).

Figure 14.4
Ajoutez votre photo de profil.

5. Un dernier écran (Figure 14.5) vous propose de découvrir des contacts. Si vous ne vous êtes pas connecté à Facebook et si vous n'avez pas utilisé les contacts de votre téléphone, vous avez encore la possibilité de le faire. Une liste de suggestions de contacts s'affiche. Sélectionnez ceux qui vous intéressent en touchant **Suivre** ou touchez **Masquer** pour ne pas voir les contacts qui ne vous intéressent pas.

6. Touchez **Terminé** lorsque vous avez fini.

Figure 14.5 Sélectionnez des contacts.

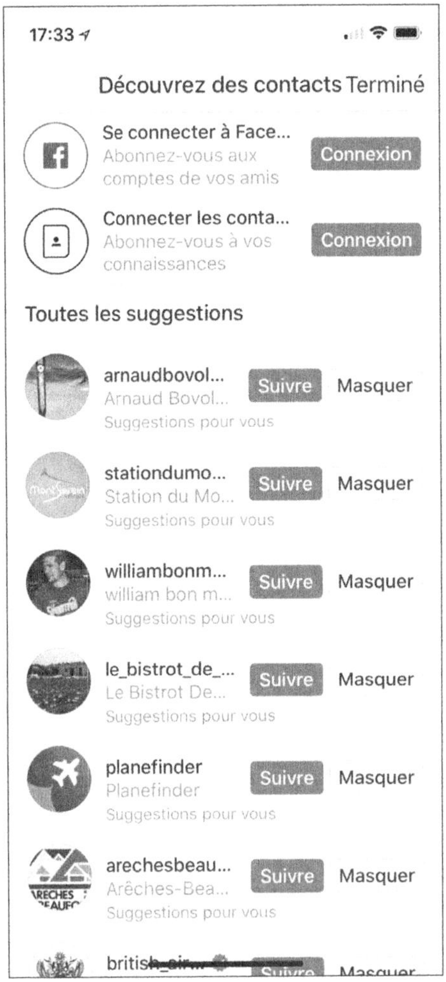

7. Pour recevoir des notifications, activez-les dans les écrans qui s'affichent.

8. Un nouvel écran vous propose de consulter et de stocker vos contacts régulièrement. Si vous craignez pour votre vie privée, cliquez sur **Annuler** plutôt que sur **Autoriser l'accès**.

9. Une fois que vous avez terminé, le flux Instagram s'affiche (Figure 14.6). En haut d'écran, vous pouvez accéder aux Stories des membres Instagram que vous suivez.

Figure 14.6 Le flux Instragram.

Régler les notifications

Vous activez les notifications pour être averti sur votre téléphone qu'une personne que vous suivez a publié quelque chose. Si les notifications vous dérangent, vous pouvez les désactiver.

❶ Touchez l'icône affichant votre photo en miniature en bas à droite de l'écran.

❷ Touchez **Paramètres** (Figure 14.7) puis **Notifications**.

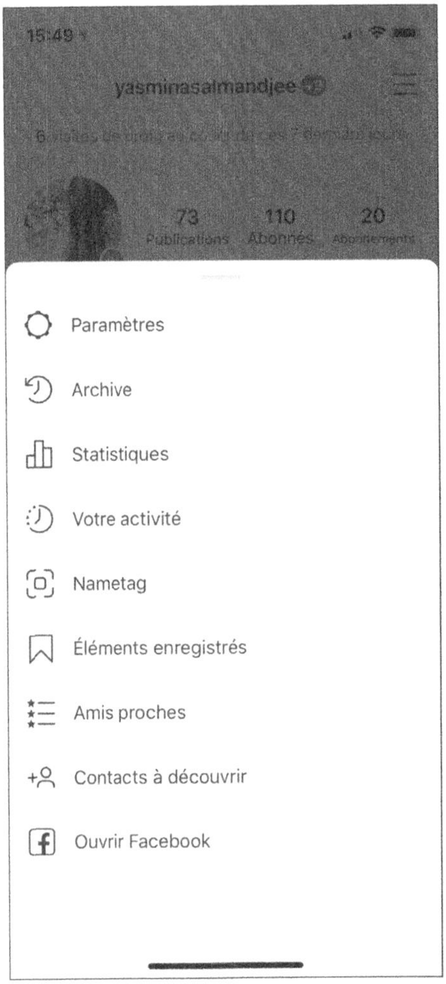

Figure 14.7 Affichez les paramètres.

❸ Dans la liste qui s'affiche, indiquez les notifications que vous souhaitez recevoir (Figure 14.8), par exemple, pour être informé qu'une personne a « aimé » l'une de vos publications. Notez que vous pouvez restreindre ces notifications en acceptant uniquement celles qui concernent les personnes que vous suivez.

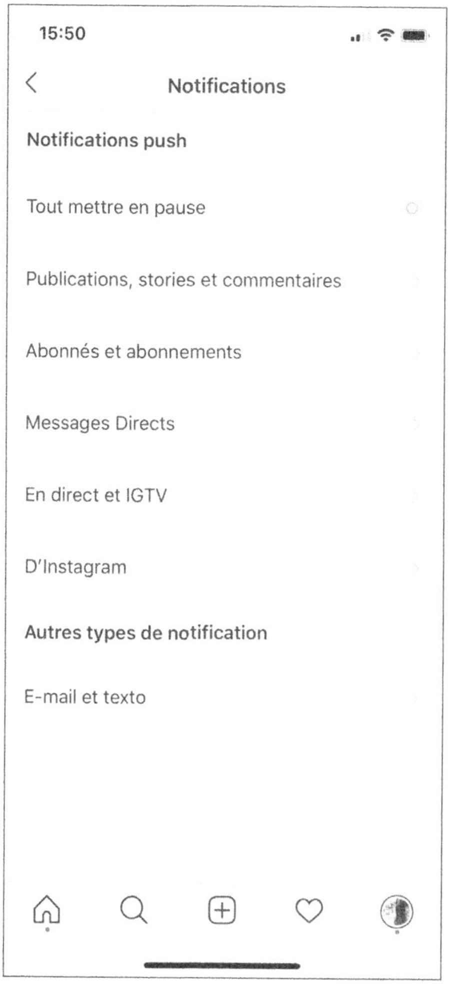

Figure 14.8 Réglez les notifications d'Instagram.

❹ Revenez à l'écran précédent pour choisir l'option **E-mail et texto**.

❺ Dans la liste qui s'affiche, indiquez le type de notifications que vous acceptez de recevoir (Figure 14.9).

Figure 14.9 Réglez les notifications par e-mail et texto.

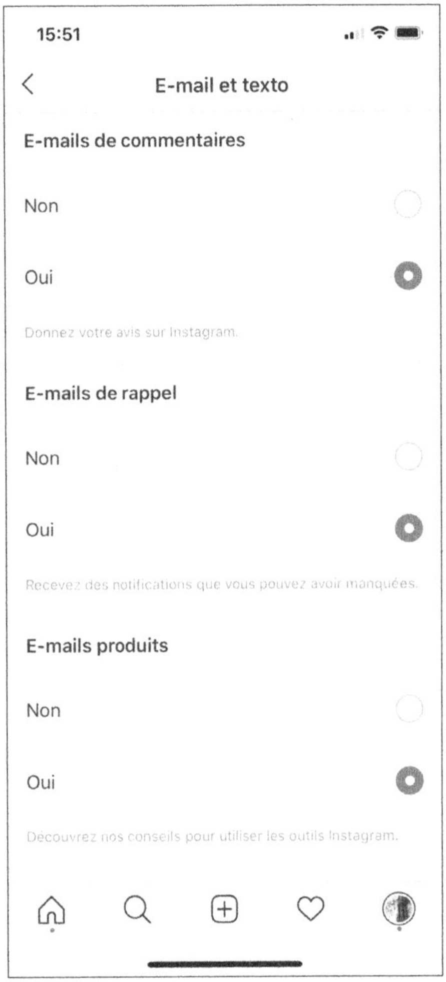

Publier une photo

Votre inscription effectuée, il est temps de publier votre première photo !

❶ Cliquez sur le bouton [+] dans la barre d'outils en bas de l'application.

❷ Cliquez sur **Bibliothèque** pour afficher les photos de votre bibliothèque, sur **Photo** pour prendre une photo, ou sur **Vidéo** pour filmer une courte vidéo.

❸ Si vous avez choisi **Bibliothèque**, vos photos s'affichent. Touchez la vignette de la photo à publier (Figure 14.10). Si vous avez choisi **Photo** ou **Vidéo**, prenez une photo ou filmez.

❹ Cliquez sur **Suivant**.

Figure 14.10
Choisissez une photo dans votre bibliothèque d'images.

Info

Notez que vos publications sont par défaut publiques, mais il est possible de modifier ce réglage. Pour protéger votre compte par mot de passe et en faire un compte privé, allez dans les réglages et activez l'option **Compte privé**.

❺ C'est le moment d'améliorer votre photo ! Grâce aux filtres et outils Instagram, vous pouvez transformer une photo « correcte » en œuvre d'art. Touchez le bouton **Filtres** pour appliquer un filtre. Parcourez la galerie de filtres en bas d'écran et touchez simplement une vignette pour appliquer un filtre de façon dynamique à l'image. Vous pouvez en changer autant de fois que vous le souhaitez. Pour revenir à la photo d'origine, sélectionnez **Normal** (Figure 14.11).

Figure 14.11 La liste des filtres offerts par Instagram est longue ! Certains apportent une touche de lumière, du contraste ou modifient les couleurs ; d'autres créent un effet vintage ou mélancolique, par exemple. À vous de choisir !

❻ Touchez le bouton **Modifier**, puis **Luminosité** pour changer la luminosité de la photo. Vous pouvez faire défiler les autres boutons pour choisir les types de modifications à apporter à votre photo. Il est par exemple possible de modifier le contraste (Figure 14.12).

Figure 14.12

Ajustez la luminosité ou les paramètres avancés de l'image.

Info

Décrire l'ensemble des filtres et des réglages d'image d'Instagram mériterait un ouvrage à part entière, alors même que les effets disponibles évoluent régulièrement et que leur intérêt varie beaucoup d'une photo à une autre. La meilleure manière de bien les utiliser est de les essayer !

❼ Cliquez sur **Suivant**. Vous pouvez alors indiquer une légende, identifier des personnes ou spécifier un lieu, exactement comme sur Facebook (consultez la deuxième partie de cet ouvrage). Comme sur Twitter ou Tumblr, vous pouvez indiquer des tags avec le caractère **#**.

❽ Touchez le bouton **Partager** (Figure 14.13).

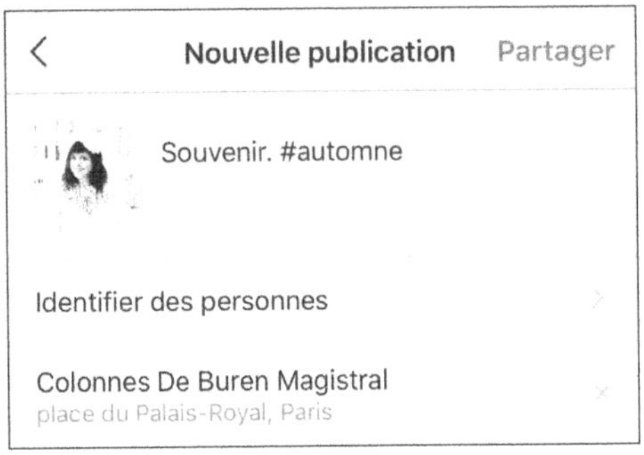

Figure 14.13 Ajoutez des détails concernant votre photo (facultatif).

Astuce

Avec Instagram, vous pouvez partager vos photos sur les principaux réseaux sociaux. Utilisez les boutons **Facebook**, **Twitter**, **Tumblr** et **Flickr** pour partager la photo sur ces réseaux sociaux, après avoir indiqué vos identifiants de connexion pour chacun d'eux.

Info

Instagram permet également à ses membres d'échanger des messages privés grâce à l'outil **Instagram Direct**. Pour partager une photo en privé, touchez **Direct** en haut d'écran, puis **Photo**.

Publier une vidéo

Instagram permet aussi de partager des vidéos et de leur appliquer des filtres. La vidéo ne doit pas excéder 60 secondes. Vous pouvez la filmer en continu (en gardant le doigt appuyé sur le bouton d'enregistrement) ou en plusieurs fois et créer ainsi un montage.

Aimer, commenter et partager des photos/vidéos

Pour interagir avec la communauté des utilisateurs Instagram, vous pouvez, comme sur Facebook, « aimer » et commenter les photos publiées :

» Touchez simplement le bouton ♥ pour « aimer » une photo.

» Touchez le bouton ○ pour commenter une photo.

» Pour partager une photo avec l'un de vos contacts Instagram, touchez le bouton .

» Touchez le bouton ••• pour voir les options de signalement, de partage sur Facebook et Twitter, ou encore copier l'URL de la photo et activer les notifications concernant cette publication : vous serez alerté à chaque nouvelle interaction sur la photo concernée (Figure 14.14).

Figure 14.14 Les outils pour aimer, commenter et partager une photo.

Info

Pour suivre d'autres utilisateurs d'Instagram, effectuez une recherche ou explorez les publications récentes. Instagram vous suggérera aussi régulièrement des personnes à suivre. Lorsque la personne figure déjà parmi vos abonnés, le bouton affiche **S'abonner en retour**.

Rechercher et ajouter des contacts

Lorsque vous configurez Instagram, vous avez la possibilité de retrouver vos contacts en utilisant l'application de gestion de contacts de votre téléphone ou *via* votre compte Facebook. Notez que vous pouvez continuer de rechercher des contacts à tout instant, même après la configuration de l'application.

Si vous n'avez pas envie que l'application fouille dans vos contacts et votre compte Facebook ou si vous souhaitez trouver une personne qui ne fait pas partie de vos contacts, Instagram propose une fonction de recherche.

❶ Touchez l'icône de la loupe 🔍.

Une liste de suggestions apparaît.

❷ Touchez la zone **Rechercher** (vous pouvez aussi directement toucher cette zone sans cliquer sur la loupe au préalable).

❸ Saisissez le nom d'utilisateur, l'adresse mail ou le nom et le prénom du contact que vous recherchez (en fonction des informations que vous possédez).

❹ Une liste de propositions s'affiche.

❺ Touchez le contact souhaité dans la liste (Figure 14.15).

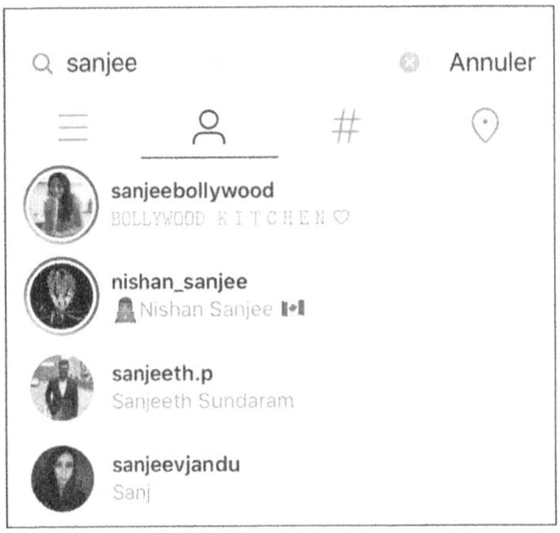

Figure 14.15 Touchez le contact souhaité dans la liste.

❻ Touchez **S'abonner** pour ajouter le contact à vos abonnements Instagram (Figure 14.16).

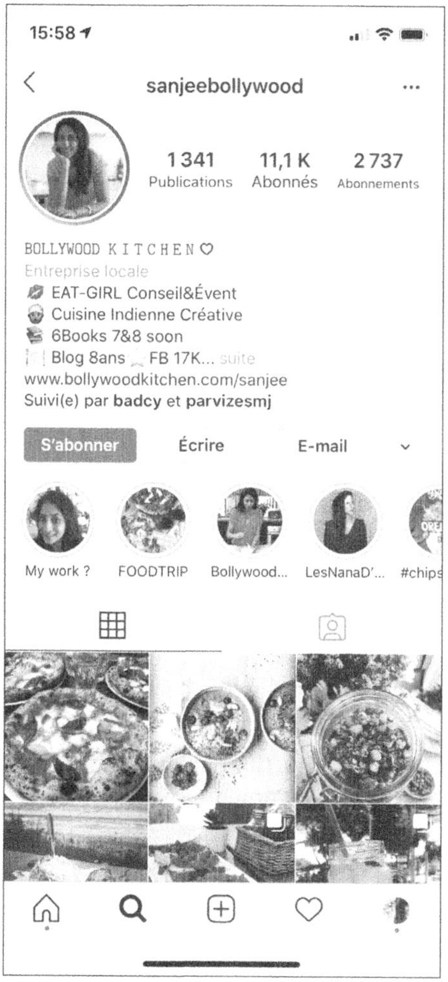

Figure 14.16 Touchez le contact souhaité dans la liste.

Les Stories

Une **Story** Instagram est un diaporama de plusieurs images et vidéos qui est voué à disparaître au bout de 24 heures. Exactement comme sur Facebook ou Snapchat. Lancées en août 2016, les Stories Instagram ont déjà séduit les utilisateurs et les entreprises.

Les Stories Instagram s'affichent en haut de l'application sous forme de ronds avec une photo de profil. Les Stories que vous n'avez pas encore vues sont entourées d'un cercle de couleur.

Si la Story contient une vidéo en direct, un cercle de couleur et la mention **Direct** s'affichent. Sur le fil d'actualité, seules trois Stories apparaissent ; s'il y en a plus, vous les obtenez en faisant glisser le menu horizontal (Figure 14.17).

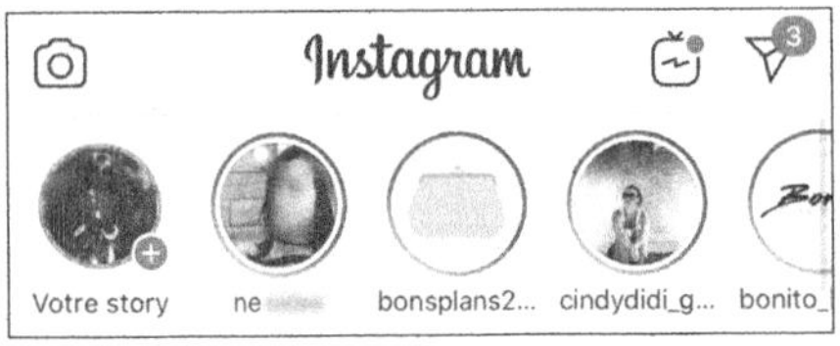

Figure 14.17 Affichez une Story.

Pour visionner une Story, appuyez sur la photo de profil. Les Stories s'affichent automatiquement en plein écran, de profil en profil.

Vous pouvez effectuer différentes actions :

» Naviguer à l'intérieur en appuyant à droite de l'écran pour avancer ou à gauche pour revenir en arrière.

» Passer d'une Story à une autre en mode manuel en balayant vers la droite ou la gauche.

» Quitter une Story pour revenir sur le fil d'actualité en balayant vers le bas ou en appuyant sur **x**.

» Commenter *via* la messagerie privée (si la fonctionnalité n'est pas désactivée). Notez qu'il n'est pas possible de laisser un commentaire public.

Vous pouvez également découvrir des Stories de comptes que vous ne suivez pas en sélectionnant l'onglet **Explorer**.

Fonctionnement des Stories

Les Stories Instagram permettent de partager des photos et des vidéos pendant des intervalles maximaux respectifs de 5 et 15 secondes. Elles disparaissent 24 heures après leur publication. Vous pouvez utiliser plusieurs éléments pour vos créations, des stickers ou des emojis entre autres.

Les Stories peuvent contenir des vidéos en direct. Ces dernières disparaissent dès que leur diffusion est terminée. Aucun *replay* n'est disponible.

Créer une Story

Pour créer une Story Instagram, touchez votre icône de profil en haut à gauche de votre écran ou balayez vers la droite à partir de votre fil d'actualité.

Appuyez sur le déclencheur pour prendre une photo ou maintenez votre doigt appuyé pour enregistrer une vidéo (Figure 14.18).

Figure 14.18
Créez votre Story.

Plusieurs options sont disponibles dans le menu en bas de l'application vidéo (Figure 14.19).

Figure 14.19
Les options pour créer une Story.

Les principales options sont les suivantes :

- **Créer :** pour insérer du texte libre.
- **Standard :** pour partager une photo ou une vidéo.
- **Boomerang :** pour intégrer une mini-vidéo en boucle.
- **Mains libres :** pour enregistrer une vidéo sans avoir à maintenir le doigt appuyé sur l'écran.
- **En direct :** pour réaliser une vidéo *live*.
- **Musique :** pour ajouter un titre musical à votre Story vidéo (Figure 14.20).

Figure 14.20 Ajoutez de la musique.

Une fois votre Story publiée, elle reste visible pendant 24 heures auprès de vos abonnés. Vous pouvez consulter le nombre de vues ainsi que les noms des abonnés l'ayant visualisée. Si vous avez reçu des réactions par message, vous pouvez y répondre.

Partie 4
Les dix commandements

Partie 4

Les dix commandements

Dans cette partie…

DANS CE CHAPITRE

Flickr
•
Foursquare
•
Kickstarter
•
Medium
•
Pinterest
•
Spotify
•
Tik Tok
•
Tinder
•
Twitch
•
Yelp

Chapitre 15
Dix réseaux sociaux spécialisés

Flickr

Flickr est un site Web de partage de photos existant depuis 2002. C'est donc l'un des plus anciens réseaux présentés dans cet ouvrage ! À l'origine, c'est un site destiné aux photographes amateurs, mais aussi aux professionnels souhaitant disposer d'un espace en ligne pour stocker et exposer leurs photos à la fois (bien qu'il soit possible d'enregistrer ses photos de façon privée, la plupart des membres de Flickr utilisent le site pour partager leurs œuvres avec le public). Aux premières heures, Flickr se fondait sur une sorte de forum de discussion (un *chat*) pour le partage. Aujourd'hui, c'est plutôt le concept de « galerie en ligne », avec des fonctionnalités de classement et des outils de gestion avancés, qui est sa marque de fabrique. Il est par exemple possible de nommer rapidement les photos, d'ajouter des mots-clés et une description, ainsi que de géolocaliser les clichés. Autre fonctionnalité majeure : les groupes thématiques.

Astuce

Attention : notez que le partage sur Flickr, qui rend la photo visible et récupérable de tous sur le Web, n'abstient pas du respect des droits d'auteur. L'option par défaut est d'ailleurs **Tous droits réservés**, mais chaque utilisateur peut décider du niveau de protection de ses photos, par le biais des licences Creative Commons (voir encadré ci-dessous).

Creative Commons

Avec l'avènement d'Internet et la dématérialisation des œuvres, de nombreuses questions relatives au droit d'auteur et à la propriété intellectuelle ont été soulevées. Le Creative Commons (aussi connu sous le sigle CC) est une organisation à but non lucratif ayant créé plusieurs licences, dites « licences Creative Commons », dont le but est d'offrir un système légal aux personnes souhaitant libérer leurs œuvres des droits de propriété intellectuelle standard, afin d'encourager la circulation libre des œuvres.

La législation relative au droit d'auteur dépend de chaque pays et est parfois jugée trop restrictive. Les licences CC permettent donc d'offrir des travaux au public, en les libérant d'une partie ou de la totalité du droit d'auteur.

Creative Commons est destiné aux personnes dont l'ambition est de contribuer au patrimoine créatif commun (d'où son nom).

Foursquare

Foursquare est le plus connu des réseaux sociaux fondés sur la géolocalisation. C'est une application pour appareils nomades (smartphones, tablettes, montres connectées comme l'Apple Watch), qui utilise les fonctionnalités de localisation intégrées pour permettre aux membres d'indiquer le lieu où ils se trouvent, et ainsi recommander des endroits pour sortir ou à visiter, des restaurants, des boutiques, *etc.* On appelle ces visites des « *check-in* », ou « enregistrements ». L'aspect communautaire est renforcé par un système de points et de badges accumulés à chaque interaction, et un « jeu » dans lequel les visiteurs les plus assidus d'un lien en deviennent le « maire » virtuel.

Info

Foursquare a été présenté au début de cet ouvrage. Reportez-vous à la section « Petit historique des réseaux sociaux » du Chapitre 2 pour plus d'informations à ce sujet.

Info

Voici quelques autres réseaux sociaux fondés sur la géolocalisation : Swarm, qui est en fait un complément et une déclinaison de Foursquare ; Nextdoor, pour créer un réseau social urbain privé dans une communauté, un quartier ou à l'échelle d'une ville ; et, enfin, Waze, une application de navigation et d'info trafic communautaire à l'échelle mondiale.

Kickstarter

Kickstarter est un réseau social et un site de *crowdfunding*. Ce terme anglais signifie littéralement « financement par la foule » et se traduit plutôt par « financement participatif » ou « financement solidaire » en français. Il désigne une nouvelle technique de financement de projets et de création d'entreprises ayant vu le jour puis pris son envol grâce à Internet et aux réseaux sociaux.

Astuce

Il existe de très nombreuses autres plates-formes de crowdfunding à l'heure actuelle : KissKissBankBank, Indiegogo, My Major Company, Ulule figurent parmi les plus utilisées.

S'appuyant sur Internet et les réseaux sociaux, Kickstarter, et les autres sites de crowdfunding, met en relation des porteurs de projets et les personnes souhaitant investir dans ces projets. Cela s'applique à de nombreux domaines : les innovations technologiques, bien sûr, mais aussi la musique ou le cinéma, la mode et même la bande dessinée. Le principe est simple : chacun peut proposer un projet en créant une page dédiée sur un des sites Web mentionnés plus haut. En contrepartie de leur argent, les porteurs de projets offrent aux internautes finançant le projet une contrepartie, allant du remerciement symbolique à la précommande de l'objet commercial qui fait l'objet de la levée de fonds lui-même, en passant par des « goodies » et autres petits cadeaux. C'est ainsi, par exemple, que vous pouvez commander le skateboard du futur, si cela vous en dit, ou figurer au générique du prochain jeu vidéo à la mode, ou encore aider un chanteur inconnu mais talentueux à enregistrer son premier album.

Parmi les projets les plus connus ayant bénéficié du crowdfunding, citons l'album du chanteur Grégoire, avec My Major Company, ou encore « Le tour du monde en train de Sacha », un enfant atteint du syndrome de Williams Beuren. Parmi les projets les plus originaux, on trouve un drone piloté par la pensée, un bateau-robot, une lampe écologique, un arbre lumineux, un casque de vélo pliable...

Certains projets sont carrément fous, ce qui ne les empêche pas pour autant de trouver un financement : une statue à la gloire de Robocop (67 436 dollars récoltés, pour un objectif de 50 000 dollars) ; un film sur la distribution gratuite de 1 000 glaces à des inconnus (600 personnes impliquées) ou, encore plus incroyable, le projet « étoile de la Mort », initié par et pour des fans de *Star Wars*, afin de financer la construction d'une réplique de l'étoile de la Mort, la célèbre station spatiale imaginée par George Lucas, qui reçut tout de même près de 330 000 livres sterling sur les 20 millions espérées (le projet fut donc abandonné...).

Le crowdfunding connaît actuellement un véritable boom dans les énergies renouvelables : depuis quelques mois, on compte de nombreux projets de parcs éoliens ou solaires financés par des plates-formes participatives.

Medium

Medium n'est pas ce que son nom peut évoquer et n'a aucun lien avec des pratiques spirituelles ou divinatoires ! C'est une plate-forme de publication de textes, articles et autres contenus écrits, qu'on pourrait qualifier d'« hybride » entre site de création de blogs et réseau social. Le site a d'ailleurs été créée en août 2012 par Evan Williams et Biz Stone, les fondateurs respectifs de Twitter et Blogger !

Les articles publiés par des auteurs, journalistes, bloggeurs, ou encore des entreprises ou des marques, sont généralement longs et l'interface minimaliste du site permet de se concentrer sur le contenu. Art, culture, entrepreneuriat, technologie, développement personnel, voyage, politique, on y trouve toutes les tendances et thématiques populaires.

À la différence d'un blog personnel, qui doit trouver son public, un écrit – on parle aussi de « lettres » ici – ou une collection d'articles sur Medium est mis en avant auprès de la communauté des lecteurs du site. On privilégie ici le contenu à son auteur. À la différence de Twitter ou d'autres réseaux sociaux axés sur la réactivité à l'actualité du moment, on trouve sur Medium moins d'informations « brûlantes » ou éphémères, et plus de contenu de fond, qualitatif et spécialisé. Comme sur la plupart des réseaux sociaux, la communauté peut lire, aimer et commenter les contenus proposés et l'échange est encouragé.

Très active et populaire aux États-Unis et dans les pays anglophones en général, Medium reste confidentiel en France. La communauté des utilisateurs francophones est toutefois très active et pointue.

Pinterest

Pinterest, l'un des derniers grands succès dans le domaine des réseaux sociaux, est fondé sur le partage de contenus en relation avec les centres d'intérêt de ses utilisateurs, suivant un principe consistant à « épingler » des images et liens trouvés sur le Web au sein d'un tableau virtuel. Lancé en 2010, le nom de ce réseau social est un mot-valise formé de « *pin* », épingler, et « *interest* », intérêt.

C'est surtout pour tout ce qui concerne les contenus d'« inspirations », au sens large du terme, que Pinterest séduit un public de plus en plus nombreux : images relatives aux passions et hobbies, idées de décoration ou de coiffure, DIY (*Do It Yourself*) et customisation, recettes, *etc.* Remplaçant astucieusement les favoris, Pinterest permet de sauvegarder vos images et liens sous la forme d'un élégant *board*, ou tableau thématique, et surtout de partager ce tableau avec les autres membres. De la même manière, vous pouvez trouver des contenus ciblés en parcourant les boards des autres membres. Pinterest est aujourd'hui l'un des sites les plus visités au monde quotidiennement.

Info

Parmi les nombreux autres sites et réseaux de partage de favoris, citons Delicious (aussi connu sous son ancien nom, del.icio.us), qui permet de partager et classer des signets Web ; Reddit, dont l'originalité repose sur le système de soumission des liens au vote des autres utilisateurs ; ou encore Flipboard, qui organise des liens sous la forme d'un magazine.

Spotify

Spotify est une petite révolution pour les amateurs de musique, et qui n'aime pas la musique ? Après des années de lutte de l'industrie musicale contre le téléchargement illégal (voir l'encadré ci-dessous consacré à Naspter), Spotify propose un service d'écoute de musique numérique illimitée, avec une offre gratuite financée par la publicité et une autre par abonnement : les pirates n'ont plus d'excuse, car ce sont des millions de titres qui sont désormais accessibles de façon tout à fait légale.

Le service Premium sans aucune publicité et permettant de stocker la musique « hors connexion » coûte 9,99 euros par mois à l'heure où ces lignes sont écrites : on peut comprendre pourquoi cet excellent rapport qualité-prix a déjà conquis plus de 100 millions d'utilisateurs dans le monde (sur plus de 210 millions de membres au total). La version gratuite limite le nombre d'heures d'écoute total (10 heures par mois) et le nombre d'écoutes d'un même morceau (5 fois).

Techniquement, il s'agit de *streaming* (voir encadré ci-dessous) et non de téléchargement (à l'exception de la fonction de stockage hors connexion évoquée précédemment).

La dimension sociale qui vaut à Spotify de figurer dans ces pages repose sur un système de recommandations et de listes de lecture partagées : les membres peuvent ainsi découvrir de nouveaux artistes et morceaux.

Info

Parmi les autres réseaux sociaux et services d'écoute de musique, citons Deezer et Apple Music, en concurrence directe avec Spotify, ainsi que SoundCloud, une plate-forme audio permettant aux musiciens et créateurs de sons de mettre leurs œuvres à disposition du public (et en proie à des difficultés financières à l'heure où ces lignes sont écrites). Et, bien sûr, l'ancêtre de tous ces sites, tombé en désuétude aujourd'hui : Myspace. Consultez le Chapitre 2 pour plus d'informations à ce sujet.

Napster

Napster, créé par Shawn Fanning et Sean Parker, était le plus célèbre programme d'échange de fichiers musicaux d'ordinateur à ordinateur (*peer-to-peer*). Un concept complètement illégal, bien sûr, même s'il n'y a qu'une petite lettre de différence entre « partage » et « piratage », surtout du point de vue de l'industrie musicale. Il se dit tout de même que ses créateurs ont tout tenté pour rentrer dans le droit chemin et négocier des licences d'exploitation des catalogues de musique auprès des maisons de disques… En vain.

Le programme disparaît en 2001, soit deux ans à peine après son lancement suite à un retentissant procès aux États-Unis. Mais trop tard : non seulement Napster a profondément bouleversé l'industrie de la musique, mais de plus, le logiciel est déjà devenu culte. Hélas, après le rachat en 2002 du nom et du logo par Roxio, une société spécialisée dans les logiciels de gravure CD, Napster tombe définitivement de son piédestal au fil des ans, devenant un service d'écoute de musique par abonnement qui ne trouvera jamais son public (certainement la faute à Apple, qui réussit à imposer son système de contrôle anticopie lié à l'iPod, la fameuse DRM, incompatible avec celui de Napster/Roxio).

Le streaming

Ce procédé est utilisé pour les vidéos à la demande ou l'écoute de musique « en ligne » avec des services comme Spotify ou Deezer. Ces applications donnent accès à un catalogue quasi illimité : vous ne téléchargez pas les morceaux pour les écouter, mais profitez du streaming pour écouter ceux de votre choix.

Notez qu'en réalité, il y a bien une opération de téléchargement qui se passe, dans une mémoire spéciale dite « tampon », qui sert à éviter qu'un ralentissement de votre connexion Internet n'interrompe la diffusion. La mémoire tampon permet un stockage provisoire et de taille réduite, sans créer de fichier à proprement parler sur la machine utilisée pour la lecture.

Tik Tok

Tik Tok, aussi appelée Douyin en Chine, et largement inspirée d'une application qu'elle a depuis rachetée – Musical.ly –, propose de partager de courtes vidéos musicales. L'idée étant de permettre aux membres de chanter en play-back les paroles de leurs artistes préférés, ou encore de rejouer les répliques de films cultes, le tout très facilement, puis de partager leurs créations avec leur communauté. Les « hashtags » y sont incontournables – ce sont les mots-clés permettant de rechercher des vidéos – et le concept de « challenges » rencontre un très grand succès : il s'agit de défis lancés entre utilisateurs sur un thème donné.

Elle rencontre un immense succès auprès des adolescents et amateurs de chansons du monde entier depuis quelques mois.

Tinder

Tinder est un réseau social dont le principe est de permettre à ses membres de faire de nouvelles rencontres. Lancée en 2012 aux États-Unis, le succès de cette application mobile est fulgurant. Le principe est simple : faites défiler des profils d'utilisateurs (filtrés selon plusieurs critères de votre choix : sexe, âge, localisation géographique) et indiquez par un simple geste sur l'écran de votre smartphone si le profil vous plaît ou non. Ce fameux geste consistant à faire glisser vers la droite lorsque vous appréciez le profil (on peut aussi appuyer sur le bouton en forme de cœur) et faire glisser vers la gauche dans le cas contraire (ou appuyer sur la croix rouge) est emblématique de Tinder (on parle de « *swipe* » en version originale). Autre concept fort : le « *match* » qui survient lorsque deux utilisateurs se sont mutuellement « aimés ». Dès lors, ils peuvent s'échanger des messages, et plus, si affinités, comme on dit.

Info

Il existe d'autres applications de rencontres et sites Web considérés comme des outils de réseautage social : Happn, dont la particularité est de découvrir les personnes que vous avez croisées et pourriez souhaiter retrouver ; Once, qui permet de faire une rencontre par jour et pas plus ; ou encore le site Badoo, un site Web qui reprend un peu les codes de Facebook.

LOL

Les sites de rencontres, dont le très connu et ancien Meetic, peuvent être considérés comme les premiers réseaux sociaux, bien avant l'avènement de Facebook, Twitter et tous les autres. Il s'agit en effet de mettre en relation des personnes, par le biais d'Internet : c'est exactement la définition d'un réseau social !

Twitch

Twitch est la principale plate-forme communautaire dédiée aux jeux vidéo. Les utilisateurs peuvent diffuser en direct les vidéos de leurs parties : cela peut paraître étonnant, mais des millions d'utilisateurs en regardent d'autres jouer ! Ce site est devenu incontournable pour tous les amateurs de jeux vidéo, qu'on appelle aussi « les gamers ». Les parties diffusées peuvent être celles d'anonymes, mais ce sont surtout les retransmissions des compétitions de jeux vidéo regroupant les meilleurs joueurs qui rencontrent le plus grand succès, avec des audiences se chiffrant en dizaines de millions de spectateurs !

Yelp

Yelp est un site permettant à ses membres de trouver et recommander des lieux dans leur ville ou leur quartier, avec un accent important mis sur l'aspect communautaire. En d'autres termes, c'est un site qui permet à ses utilisateurs de donner leur avis sur les commerces locaux, qu'il s'agisse d'un restaurant, d'un bar, d'un hôtel, d'un salon de coiffure, *etc.* Il est ensuite possible de partager ces avis avec ses amis.

Info

Impossible de ne pas mentionner TripAdvisor, le site de référence pour trouver des avis de voyageurs du monde entier sur les hôtels, lui aussi orienté vers le réseautage social.

DANS CE CHAPITRE

Google+
•
Vine
•
Tumblr
•
Viadeo
•
Copains d'avant
•
Myspace
•
Path
•
App.net
•
Friendster
•
Friendfeed

Chapitre 16

Dix réseaux sociaux tombés dans l'oubli

Google+

Google+ est le réseau social lancé par Google en 2011. C'est l'un des nombreux produits Google, comme le moteur de recherche du même nom, la messagerie Gmail, le *chat* GTalk..., et malgré cet atout et une arrivée en fanfare, l'intérêt pour Google+ est très vite retombé. En dépit de ses 60 millions de membres à la fin de son année de lancement, celui qu'on surnomme parfois G+ ne révolutionne pas les réseaux sociaux et n'est pas radicalement différent de Facebook. Plusieurs concepts sont mis en avant sur ce réseau : les fameux « cercles » d'amis et les « communautés », par exemple. Comme sur Facebook, on peut publier des mots, des photos, des vidéos ou des liens. On retrouve les notions de profil, notifications, commentaires et partage. Le « J'aime » de Facebook s'appelle ici « +1 », le fil d'actualité devient le « flux Google+ » et les publications sont des « posts ». Google+ est très peu utilisé aujourd'hui.

Vine

Vine était une application de partage de vidéos spécialement conçue pour les smartphones et les appareils nomades, appartenant à Twitter, qui a mis fin à son déploiement en 2016, après un succès éphémère. Les vidéos duraient six secondes et étaient lues en boucle. Le système de capture vidéo (il fallait toucher l'écran et on pouvait faire des pauses entre deux enregistrements au sein d'une même vidéo) permettait de créer des effets originaux ou inattendus.

L'application n'a pas réussi à survivre au succès de ses concurrents, dont Boomerang d'Instagram, Tik Tok ou Snapchat.

Tumblr

Lancé en 2007, Tumblr était une plate-forme de blogging orientée réseau social, très populaire auprès des adolescents et des communautés LGBTQ. Acheté pour un milliard de dollars en 2013, Tumblr a été revendu pour une somme dérisoire. On dit aujourd'hui que le départ de son fondateur David Karp en 2017 a signé son arrêt de mort. Autrefois très permissive, la modération puis l'interdiction totale des contenus pornographiques ou érotiques lui ont fait perdre une grande partie de sa communauté.

Viadeo

Il serait exagéré de soutenir que Viadeo est « tombé dans l'oubli » : plus de 6 millions de membres y ont encore un profil... Force est de constater néanmoins que la bataille des réseaux sociaux professionnels à laquelle se livraient Viadeo et LinkedIn dès le début des années 2000 a été largement remportée par ce dernier. Le principal « défaut » de Viadeo par rapport à son concurrent ? Son orientation « locale », nationale, alors que LinkedIn est ouvertement tourné vers l'international. Il faut dire que Viadeo a été créé en 2005 en France. Le site s'appelait alors Viaduc. Malgré tous ses efforts, dont son changement de nom, pour conquérir le monde, et malgré des fonctionnalités similaires, Viadeo a connu un échec retentissant sur le marché chinois et aux États-Unis.

Copains d'avant

Créé en 2001, Copains d'avant rencontre un grand succès auprès du public français qui découvre Internet... et qui ne connaît pas encore Facebook. Retrouver ses camarades de classe et anciens amis ou collègues, cela ne vous rappelle rien ?

C'est l'un des premiers réseaux sociaux « made in France » et plus d'un million d'utilisateurs le rejoignent durant les mois qui suivent son lancement. Certainement grisé par ce succès, le site propose dès 2002 un abonnement payant pour pouvoir communiquer avec les autres membres. Ce modèle ne survivra pas à l'arrivée fulgurante de Facebook sur le marché français.

Myspace

Myspace est un site que l'on peut qualifier de « mythique », c'est l'un des premiers et plus employés des réseaux sociaux des années 2000. Lancé en 2003, un an après Friendster, décrit plus loin, et orienté vers la musique et la promotion des artistes, ce site mettait gratuitement à disposition de ses membres un espace offrant de multiples fonctions : blog, messages, photos et, surtout, stockage et lecture de musique. Le groupe Arctic Monkeys rencontre ainsi le succès en 2006 grâce à une page Myspace créée par l'un de leurs fans, alors qu'eux-même disent ne jamais avoir entendu parler du site à cette époque !

LOL

Tom Anderson et son associé Chris DeWolfe sont les fondateurs du site et ceux qui l'ont utilisé se rappellent peut-être leur tout premier « ami » sur Myspace : Tom !

Le site est racheté en juillet 2005 par l'entreprise de Rupert Murdoch, News Corp., l'un des plus grands groupes médiatiques du monde. Il tombe alors peu à peu en désuétude.

Coup de grâce, Myspace annonce en 2019 avoir perdu l'ensemble des données musicales téléchargées entre 2003 et 2015 suite à une migration de serveur ratée...

Path

Créé en 2010 par Dave Morin (un ancien de Facebook) et le duo Shawn Fanning/ Dustin Mierau (ex-Napster), Path se qualifiait lui-même d'« anti-Facebook ». C'était un réseau social qui ambitionnait de concurrencer, voire de remplacer Facebook auprès d'utilisateurs à la recherche de « plus de confiance et d'intimité ». Le concept fondamental de Path étant d'être un réseau fermé et de permettre le partage de publications avec un nombre restreint d'amis. À taille humaine, donc : chaque utilisateur était d'ailleurs limité à 50 contacts au départ, une limite qui sera vite levée.

Malgré un pic à 15 millions d'utilisateurs, et une proposition de rachat par Google pour 100 millions de dollars, Path annonce l'arrêt de son activité en septembre 2018, écrasé par... Facebook.

App.net

Un site de microblogging à la manière de Twitter mais avec une nuance de taille : un financement payant, sur abonnement, plutôt que par la publicité. Voilà le concept d'App.net.

En 2012, à son lancement, App.net attire l'attention, d'autant que l'inscription se fait par invitation exclusivement des membres existants. Malheureusement, très peu d'utilisateurs prolongent ou renouvellent leur abonnement et le site ferme en 2018.

Friendster

Friendster est le pionnier des réseaux sociaux : né en 2002, soit un an avant Myspace et deux ans avant Facebook, le site se paye même le luxe d'être le premier à refuser une offre d'achat de la part de Google – 30 millions tout de même ! – en 2003.

Friendster ne survit pas à la déferlante Myspace et décline peu à peu. Aujourd'hui, Friendster n'a pas complètement disparu : c'est un réseau social concentré sur le jeu, essentiellement actif en Malaisie (le site a été vendu à la société malaisienne Mol).

FriendFeed

FriendFeed était plus un agrégateur de données qu'un réseau social à proprement parler. Créé par d'anciens employés de Google, le site regroupait en une seule plate-forme les données issues des principaux réseaux sociaux, médias et blogs. Les flux et fils d'actualité de Facebook, Twitter et bien d'autres y étaient centralisés et il était possible de publier sur plusieurs réseaux directement. Le service est finalement racheté par Facebook en 2009.

Index

C

D

J

K

L

M

N

O

P

Q

R

S

T

U

V

W

X

Y

Z

Imprimé en France par EPAC Technologies
N° d'impression : 4550414301020
Dépôt légal : janvier 2020